BANDITI SE

9

www.milieuedizioni.it

Cover: Francesca Rossi

Fotografie: © Beatrice Mancini

PIPINO

Vincenzo Pipino

Memorie di un ladro filosofo

Quando il furto diventa un'arte

Con i ritratti
di Beatrice Mancini

PROLOGO

La mia è stata un'esistenza alquanto, e forse troppo, turbolenta, vissuta quasi interamente fuori dalla legalità.

Quando ero adolescente e libero, la mia fantasia non si fermava di fronte a nessuna barriera: fantasticavo sempre di cambiare il mio destino dedicandomi appassionatamente al furto, l'ultima frontiera che demarca i confini di quei valori collettivamente riconosciuti che definiscono l'esistenza di un essere umano.

Diventato più esperto e forse anche più colto, ho scoperto che il mio destino non si sarebbe potuto cambiare. Adesso che si avvicina la luce del tramonto della vita, ripercorro a ritroso la mia storia.

Senza aver frequentato nessuna scuola, se non la strada, oggi ho capito che se solo avessi modificato prima me stesso, con la volontà avrei potuto cambiare la mia vita e, chissà, forse avrei avuto anche la forza di cambiare il mio destino.

Su di me sono piovuti tanti, forse troppi, titoli di cronache giudiziarie, in parte fantastici, in parte reali con pretese di scientificità oggettiva a cui vanno aggiunti gli articoli di studio con taglio sociale, psicanalitico ed esistenziale. Per le cronache di giornale sono sempre stato e resterò sempre: il ladro gentiluomo, il Fantomas della laguna, l'uomo d'oro, il ladro filosofo, il sindacalista delle carceri, Lupin, il ladro scrittore, il ladro internazionale, l'avvocato per antonomasia.

Per anni e anni mi sono portato dietro questa fama, anche se la verità è che sono semplicemente un ladro.

Certo, un furto è sempre un furto, un peccato, ma quelli che ho commesso si devono considerare peccati fuori dall'ordinario: peccati sì, ma veniali perché mi ritengo solo un *liberatore* di oggetti, un vendicatore delle trascuratezze e degli assopimenti di amanti e mariti troppo torpidi o pigri, di ricchi che dimenticano quello che hanno o che non sanno di avere.

Un po' di verità deve pur esserci se in me il furto ha preso la forma femminile e civettuola della vendetta amorosa contro l'egoismo di chi ama troppo, o troppo poco, e tiene serrato in casa, ben nascosto, l'oggetto amoroso o addirittura lo ignora lasciandolo appeso a una parete come si dimentica, abbandonata, la passeggera amante di una serata.

Della sottrazione, io ho fatto la ribellione di chi si sente prigioniero, il canto dell'oggetto che vuole riacquistare la libertà di farsi guardare e apprezzare.

Il furto è un'avventura emozionante, è segreto e scoperta, in definitiva uno svelamento: un palazzo violato è, per me, una vergine che si concede al migliore dei campioni.

Il furto è poesia in libertà, rispetto dell'opera, amore, passione e, soprattutto, rispetto per il derubato: lasciandogli sempre la possibilità di difendere le proprie ricchezze senza usare nessuna violenza.

L'amore per il furto è come l'amore che si fa in piedi o seduti, da malati o da sani: l'atto conserva tutta la fantasia di essere altro dal quotidiano.

La bellezza e il mistero degli oggetti, di quelli che ho rubato, intendo, non possono mai vivere agganciati a una parete; bisogna amarli, farli uscire dai loro scrigni e portarli in giro nelle nostre avventure, anche se dalla maggior parte dei loro viaggi sono dovuti tornare, alla fine, dov'erano prima. Oggetti finiti nell'oblio per decenni e che una volta liberati hanno respirato qualche ora d'aria, di quelle che si concedono ai detenuti per poi farli rientrare nelle loro *celle*.

Sì, ho di solito restituito il cosiddetto *maltolto*, ma per me *bentolto*. Non potendo mettermi a casa la spiaggia di Malibù, vado a Malibù e rubo: lo faccio con l'occhio, che è finestra sul mondo, come un qualsiasi fotografo ma, quando sottraggo, e cioè rubo, provo una sensazione differente, generata dal tatto che mi ha permesso di possedere poesie impossibili.

Qualcuno potrebbe criticare questa mia filosofia, ma credetemi, non ho l'intenzione di vantarmi di nulla, al contrario, avrei preferito non essere quello che oggi sono. Come si usa dire, nessuno può sfuggire al proprio destino e il mio è stato sovente avverso.

"Tutto il mondo è un teatro e tutti gli uomini e le donne non sono che attori: essi hanno le loro uscite e le loro entrate; e una stessa persona, nella sua vita, rappresenta diverse parti..." (William Shakespeare).

Aggiungerei: *"Però se avete un ladro per nemico, state attenti alle vostre ricchezze".*

Il furto è un dilemma che investe tutto il mondo vive in ogni cultura e società. Per capire l'azione del furto dobbiamo anzitutto porci alcune domande: Che cosa significa rubare? Per quale ragione le persone rubano, anche se non ne hanno alcun bisogno? È un peccato rubare? Ci dovrebbe essere una pena, e quale pena, per aver rubato? Come si può perdonare chi ha commesso questo peccato se spinto dalla necessità?

Nel mio libro *Rubare ai ricchi non è peccato*, ho narrato le gesta e la nascita di un ladro *onesto*. Ho avuto parecchie recensioni da parte di autorevoli testate giornalistiche: il Sunday Times, Le Monde, L'espresso, Il Giornale, il Tempo, Gioia e altre. Sono stato invitato anche tre volte in televisione. Mai, dico mai, nessuno mi ha fatto direttamente la domanda: Come ci si può difendere da un ladro?

Allora mi limito a dire: state attenti alle pubblicità ingannevoli, ad allarmi, a porte blindate, a telecamere a circuito chiuso, a finestre anti intrusioni. Suggerisco inoltre, se vi succede di essere derubati, di guardate prima di tutto in casa vostra. I ladri si annidano dentro i vostri averi ben coperti da mandanti apparentemente occulti, ma in realtà vicinissimi alla vostra famiglia.

Tuttavia, le cronache giudiziarie sono piene d'intrusioni nelle ville, nei negozi, nelle case, nelle banche con aggressioni folli e il tutto, a volte anche per un solo pugno di euro.

Sono stato chiamato, e continuo, a dare consigli a persone terrorizzate dai ladri violenti. Ma quando spiego mi dicono: Ma come? Tutto qui!

Quel "Tutto qui" vale più di un'assicurazione contro i furti!

Chi, infatti, meglio di un ladro esperto può dare consigli per tutelarsi da un furto?

Sono fermamente convinto che il furto sia un *business* spesso inteso come attività principale che contribuisce in notevole misura alla produzione del fatturato del nostro Paese. Non è possibile, infatti, che non si riescano a prevenire certe irruzioni scellerate nelle ville, nei negozi, nelle case e via di seguito.

Atteso che, in un modo o nell'altro, non pensiamo di essere tutti dei ladri per ragioni di sopravvivenza condizionata al nostro tipo di civiltà, è certo che dall'accattone al capo di Stato, sia esso un re o un borghese, dall'imprenditore all'operaio, tutti rubiamo e in tutti i modi possibili, sempre e comunque, che si tratti di valori materiali o di capacità astratte; rubiamo, secondo noi, a titolo di giusta refusione, credendoci onesti, nella misura in cui riteniamo di essere stati derubati dagli altri.

In questa mia nuova avventura — un avvenimento puramente letterario — racconterò anche di come i benestanti funzionavano da basisti, per noi ladri, con specifica direttiva di rubare a loro stessi.

Non esiste un furto importante che non sia premeditato: nulla è fatto a caso; esiste sempre un mandante occulto che proviene dal mondo dei facoltosi, cioè da chi non ha bisogno di rubare, ma che lo fa per hobby, per vendetta, per invidia, per mascherare la propria ricchezza o per far danno a qualche concorrente.

Un ladro, potrebbe anche rubare una tonnellata d'oro, una camionata di dipinti, argenti o mobilia antica, gioielli a profusione, ma se non ha un ricettatore, uno che abbia i soldi veri, che se ne fa di tutta quella merce?

Il ladro professionista viceversa, ruba su commissione e sa bene dove fare sparire la merce ancora prima di rubarla.

Dovrei aprire due scuole: l'una per insegnare come rubare *onestamente*, l'altra per insegnare come difendersi dai ladri violenti.

Essendo un'impresa utopica mi limiterò solo, in questo nuovo racconto, a spiegare alcune mie imprese *suggerite* dai cosiddetti benestanti.

SUA MAESTÀ LA ROULETTE CARO, L'IMBATTIBILE

Vi sono personaggi che più di altri, per la singolarità delle idee o per la stravaganza delle imprese compiute, sono stati capaci di caratterizzare un dato momento storico.

A questo proposito Venezia, nella sua storia, può annoverare diverse personalità insolite e fuori dal comune portatrici di un ricco e variegato ingegno. Sono i protagonisti della nostra quotidianità, custodi della memoria storica di un'epoca.

Anni Settanta.

Mi chiamò il capo della Squadra mobile di Venezia, il dottor Salvatore Barba, per darmi appuntamento alle 19 al bar ristorante Al Teatro in Campo San Fantin.

Quando fissava un appuntamento fuori dal suo ufficio, voleva indicare che agiva da solo: tipico comportamento in bilico tra legalità e illegalità.

Era arrivato prima di me, era intento a leggere il giornale seduto a uno dei tavolini del bar, ex locanda ottocentesca oggi meta di famosi artisti e cantanti lirici.

"Ciao grande capo! Come va?".

"Sto leggendo l'articolo, ti va alla grande, Pipino...".

"L'articolo? Quale articolo?".

"Quando i gatti sono sfamati, i topi ballano, vero?".

Il riferimento era chiaro: in casa del pittore Virgilio Guidi, da me svaligiata, soggiornava una decina di gatti rosso malpelo.

"E io che cosa posso fare per te?" chiesi sorpreso.

"Rispondere a una sola domanda, anzi, a una richiesta imperativa".

"Sputa!".

Barba stava trattando la restituzione del bottino del furto, un fatto che aveva suscitato abbastanza clamore in città. L'appartamento di Virgilio Guidi, il pittore delle marine, dei volti di donna, delle baronesse, ideatore di un sintetismo plastico luce-forma-colore, era stato completamente ripulito.

"Ti concedo due giorni di tempo per restituirmi il malloppo rubato ieri sera in casa del mio amico Guidi".

"Ordine imperativo, grande capo!".

Era un uomo molto loquace, ma altrettanto deciso nel reclamare i bottini rubati nelle case patrizie della città. S'inventava le più assurde tecniche investigative, sembrava che tutti i cittadini di Venezia fossero suoi amici e, inoltre, millantava sempre di avere le prove inequivocabili della mia partecipazione ai furti.

C'è da dire che non mi ha mai convocato per furti che non ho commesso, pur non essendo l'unico ladro di Venezia.

Una volta aveva rilasciato una clamorosa intervista, ripresa dai giornali locali, dove per scusarsi con la nobiltà veneziana, incazzatissima per i furti subiti nelle loro casate, aveva dichiarato: "Signori per proteggere la città di Venezia dai ladri, mi ci vorrebbe un poliziotto per ogni numero civico e uno sui tetti di ogni casa della città".

Sempre lui, in un'altra occasione, aveva ammesso l'errore di aver allertato l'Interpol di Parigi dell'arrivo dei sette uomini d'oro, come racconto in *Rubare ai ricchi non è peccato*.

In casa del pittore Guidi avevamo purtroppo lasciato una traccia molto evidente, ma non mi riferisco certo alla possibilità che qualcuno ci avesse adocchiato o che avessimo seminato in giro impronte digitali: l'arte del ladro è di sapersi camuffare e noi in questo eravamo molto esperti.

La traccia infatti consisteva nel *non* aver danneggiato un importante mobile del Settecento veneziano che Gino, ostinatamente non aveva voluto scassinare e dove erano custoditi i gioielli della convivente del pittore. Quel maledetto cassetto del mobile era chiuso a chiave e Gino, per non rovinarlo, aveva avuto l'accortezza di aprirlo senza scalfirlo minimamente. Questa, per il capo, era una prova certa della nostra partecipazione al furto.

"Bene! cercherò di far girare la voce; può essere che si riesca a trovare questo malloppo, ma non credo che i ladri, dopo una scalata di dieci metri, restituiscano il tutto per fare una cortesia al tuo amico pittore, non ti pare?".

"Certo che no! Ad ogni cosa c'è sempre un adeguato rimedio".

Si trattava esclusivamente di stabilire il compenso per il trasporto del bottino sottratto.

"Ti sei reso conto dove sei seduto, grande capo?".

Lo vidi agitarsi nervosamente, roteare la testa in basso, poi in alto, a destra e a sinistra, come se cercasse chissà cosa.

"Che c'è? Dove *minchia* mi sono seduto?" domandò con il suo inconfondibile accento napoletano.

"Lo vedi questo raffinato edificio a due piani, con questa grande facciata a capanna che risente degli influssi della tarda architettura cinquecentesca? Osserva in alto quel grande frontone a base rotta, che s'interseca con una spaziosa nicchia contenente in rilievo e bassorilievo la figura di Cristo crocefisso. E ora, osserva bene le tre sculture che decorano la facciata in corrispondenza degli angoli del frontone: vedi quei due angeli al centro della Vergine Maria?".

"Ebbene," proseguii "in questo edificio un tempo c'era la sede della Confraternita intitolata a Nostra Donna, la quale, avendo assunto l'incarico di accompagnare i rei al patibolo e alla tomba, si chiamava Santa Maria della Giustizia o della Buona Morte. E dove sei seduto tu, una notte del mese di giugno del 1622, fu uccisa con dodici ferite nella testa una cortigiana, per rubarle quanto possedeva".

"*Minchia!* dove cazzo mi sono seduto, su un cimitero? Dai, forza, alzati da questo tavolino che porta pure sfortuna: uccide più la jella che non una pallottola".

Sapevo bene quanto fosse superstizioso, atteggiamento del resto comune a molti napoletani quanto la fede nella smorfia, l'allegria e il lamento: una cultura molto diversa da quella veneziana che invece ama l'umorismo, le beffe e che fa vanto della propria storia, dei propri tesori artistici, non nascondendo un certo gusto per l'esagerazione e l'autoelogio.

"Cameriere, cameriere: dove sta *o' trombone*?" urlò il capo, in preda al panico.

"Dica dottore, desidera qualcosa?".

"Sì, ci sposti di tavolo, per cortesia".

"Certo" rispose il cameriere, indicando un tavolino nel plateatico adiacente al Teatro La Fenice.

"Allora Pipino, dov'eravamo rimasti?".

"Al malloppo del tuo amico pittore, all'imperativo...".

"Ecco, bravo, appunto! Esigo che la merce sia immediatamente recuperata, senza se e senza ma!".

"Con un adeguato compenso per il trasporto!".

"Certo, per questo ci mettiamo d'accordo...".

"Sì, ok, ma prima ti chiedo di dare un'altra occhiata a quel meraviglioso edificio".

"*Mo' i t'aggia accir'r*, se non la smetti con quel cazzo di palazzo!".

"Guarda solamente il plateatico e poi, se ti va, dai qualche occhiatina a quello splendido palazzo...".

"Beh, che ha di strano? Non vedo nulla di particolare".

"Te la spiego io la particolarità, grande capo".

Quel palazzo era un pezzo fondamentale della nostra cultura, al cui interno vi erano numerose stanze di rilevanza storico-artistica e che ancora oggi rappresenta la Grande Scuola di San Fantìn ed è inoltre un'importante sede dell'Ateneo veneto.

"Vedi quelle fissazioni sui bianchi marmi del palazzo che reggono i tendaggi del plateatico, non vedi lo scempio, la violenza, l'abuso e la quasi totale copertura della facciata causata da tavolini e tendoni piazzati lì dal ristorante? Ma qual è quel pazzo che ha concesso tanta sfrontatezza? Non è forse anch'esso un ladro? O peggio, un assassino della storia della mia città?".

"Senti chi parla! Il predone dei furti, il ladro delle opere d'arte, il saccheggiatore delle gioiellerie e delle case patrizie. Bell'esempio di civiltà e di educazione civica...".

"Ehi, ehi, grande capo, vedi per caso un'aureola sulla mia testa? Certo, non sarò uno stinco di santo tuttavia non ho mai distrutto nulla, forse qualche coppo vecchio, qualche abbaino, ma non ho mai stuprato pezzi di storia della mia città e poi, diciamolo pure, tutto quello che ho rubato, è sempre tornato integro al proprietario. Guarda lassù – indicandogli l'ultimo piano del ristorante – c'è un attico, un club privato, dove si radunano i politici per prendere decisioni e spartirsi i pezzi della città, un *gratta e vinci* perenne! Quelli non sono forse ladri? Sono persone oneste secondo te?".

"Ok, va bene, però, a me questa morale del bene e del male non mi fa né caldo né freddo".

Nel frattempo si era avvicinato un tipo tutto agitato con l'aria sospetta che sembrava uscito da un film dell'orrore.

"Buona sera dottore e buona sera anche a lei, agente"dice rivolgendosi a me.

Consegnò un fascicolo al capo.

"Ecco, dottore, qui c'è la grande truffa! Ora vado, non vorrei che qualcuno mi notasse...".

"Ma chi *minchia* è quello lì? Mi ha scambiato per un agente di polizia, ma ti rendi conto? Ho l'aspetto di un poliziotto secondo te?" domandai indignato.

"Beh, e che c'è di strano? Non è forse in tutte le bocche il modo di dire, epidittico e certamente vero, o ladro o poliziotto? Pertanto in un certo senso, siamo simili".

"Sì, simili, come due fratelli siamesi, uno bianco e uno nero!".

"Dai un'occhiata a queste scartoffie, questi sì che sono dei veri ladri, altro che un ladruncolo come te che rischia la vita scalando palazzi, bighellonando sui tetti con il serio rischio di sfracellarsi".

Per la verità, quei pezzi di carta, al momento, non mi svelavano nulla di speciale, solo numeri e schemi strani, però intuivo che si trattava di roulette: forse un sistema di gioco.

Tuttavia non si trattava di un sistema di gioco fondato sulla roulette, con i soliti e inutili sistemi di probabilità basati sulla matematica, ma di una vera e sicura possibilità di vincita per sbancare una roulette!

La tecnica.

Ca' Vendramin Calergi, uno dei casinò tra i più affascinanti e attraenti d'Europa, per giunta in una delle più belle città al mondo: Venezia!

Un custode, un noto funzionario e dei croupier dipendenti del casinò, tutti diretti da Ein Deutscher, hanno profanato sua Maestà, la regina delle roulette, la Caro.

Il trucco, se pur complesso, nella sua dinamica, era anche molto semplice e nello stesso tempo ingegnoso.

Chi non conosce una roulette?

La roulette consiste in un disco, diviso in trentasette (o trentotto, in quella americana) settori numerati da zero a trentasei colorati alternativamente di rosso e nero, mentre lo zero (0), come il doppio zero (00) quando è presente, è normalmente colorato di verde o di bianco (in pochissimi casi). Il disco è fatto ruotare nella sua sede dal gestore del banco, il croupier, che in seguito vi lancia una pallina, originariamente in avorio, oggi in resina o teflon. La pallina è fatta ruotare in senso opposto a quello della roulette, e si ferma cadendo in uno dei settori numerati, determinando il numero vincente.

Ein Deutscher, esperto di roulette aveva studiato in particolare le Caro in dotazione al casinò di Venezia. In realtà nei magnifici saloni del casinò vi erano due tipi di roulette, una era la famosa Jost e l'altra, appunto, la Caro, quest'ultima in maggioranza: ce n'erano circa una ventina.

Ein Deutscher, aveva scoperto che le *alette* delle Caro, a differenza delle Jost con le *alette* a incastro, erano avvitate sotto le ruote delle roulette e quindi lo svitamento di una parte delle stesse, avrebbe prodotto una sorta di rotazione prolungata della pallina. Sbattendo su una di queste, non essendo le alette né rigide né ben fissate, la pallina scivolava più facilmente nel settore numerico nel quale erano state fatte le puntate organizzate.

Le giocate però, non dovevano destare un particolare sospetto da parte dell'amministrazione del casinò, in particolare per la compilazione del *Borderò,* la distinta dei pagamenti e degli incassi giornalieri.

Le roulette per un calcolo rigoroso devono unicamente incassare utili e non subire perdite per non destare sospetti nei tavoli da gioco.

Per questo motivo, Ein Deutscher, aveva escogitato un piano infallibile. Aveva preso precisi accordi con i complici del casinò e faceva arrivare delle coppiette da diverse città europee indicando loro le roulette dove puntare e i numeri dei settori.

Le vincite per ogni roulette non dovevano superare il milione e mezzo di lire ma fatto un calcolo matematico, su circa venti roulette Caro in dotazione al casinò, Ein Deutscher riusciva incassare la bellezza di circa venti milioni al giorno. Una cifra enorme se si pensa che il giochino durava da diversi anni. Un *prurito* per il casinò, ma una bella cifra per Ein Deutscher & company.

Tra i tanti miei *hobby* vi è era anche quello del gioco e, al casinò, avevo gettato parecchi soldi…

Il grande capo mi studiava dalla punta dei piedi fino al cervello: sembrava leggere i miei pensieri.

"Che c'è? Ti tremano le mani piene di fiches gettate sul tappeto verde delle roulette Caro?".

"Anche le mani fanno fatica ad assopirsi nella notte, grande capo, se solamente penso al casinò...".

"Beh, tu non pensarci: le mani, le sai usare molto bene quando abbranchi la refurtiva".

"No, grande capo, sto solo pensando a quello stronzo di croupier che pur sapendo ed essendo un amico, non mi ha mai dato la *dritta*!".

"Eh, caro Pipino, domani avrà una bella sorpresa: gliela darò io la *dritta*!".

"Perché domani?".

"Perché domani farò un'irruzione spettacolare a quei tavoli verdi di speranze morte".

"Come domani? Perché tutta questa fretta?".

"Eh, eh, furbacchione, non pensarci nemmeno per un secondo!".

"Ma cosa stai rimuginando grande capo? Pensavo al tuo amico pittore nel caso si recuperasse la refurtiva..." affermai in un maldestro tentativo di rimandare la sua irruzione.

"*A cervèlla'e ll'ommo è 'na sfoglia e' cepolle*" (La mente dell'uomo è delicata ma, nello stesso tempo, molto complicata e capace di qualsiasi cosa).

In realtà, un riverbero improvviso aggrediva la mia mente attraverso un doloroso flashback.

Il mio *nulla presente* era parcheggiato in quelle roulette: mi sforzavo di capire quello che dovevo memorizzare, cercavo di ricordare e passare oltre i numeri della serie che avevo giocato per circa una quindicina di volte e che non era mai uscita.

La serie nelle roulette è composta di dodici numeri giocabili con sei *fiches* su sei cavalli, i numeri sono 5-8, 10-11, 13-16, 23-24, 27-30, 33-36 e si trovano, sul cilindro, in maniera diametralmente opposta a quelli vicini a zero.

Tutti numeri che abbracciano un terzo di fetta della roulette. Più di una volta ho perso una somma abbastanza considerevole. Tra i matematici delle roulette è convinzione che su dieci colpi giocati di fila nel settore della serie, si ha la possibilità di azzeccarne almeno tre.

"E tu non pensare che ti può fare male alla testa: non ho fretta, ti aspetto dopodomani in ufficio".

"Suvvia grande capo, sii buono, perché non mi lasci fare una puntatina domani al casinò? In fondo mi vado a riprendere qualche soldino che mi hanno fregato".

"Domani? Certo! Domani oltre all'irruzione, ti farò fermare perché ogni volta che vai al casinò, il giorno dopo succede sempre qualche furto in città".

"Ah sì! E chi ti dice che dopodomani verrò in ufficio?".

"Verrai, mio caro mascalzone, eccome se verrai...".

Quando si tratta con un poliziotto, non si può mai sapere se sei tu che stai trattando con lui, o lui con te.

"Ok".

"Bene, mi sembra che ci siamo capiti! Ora puoi andare perché sto aspettando degli amici per cena".

La chiacchierata era finita così, nel modo in cui terminava sempre:

il capo a *raccattare* i soldi per il riscatto del malloppo, e io a preparare il piatto della *colazione*.

E dove potevo andare se non al casinò?

Ero corso a casa a prendere settecentomila lire e immediatamente mi ero fiondato a giocare alla roulette Caro, piazzandomi al tavolo del mio mio amico croupier.

La scena era stata surreale quando, dopo avergli consegnato nove fiches da cinquantamila lire, mi domandò: "Prego, dove le piazzo?".

"Sui numeri vincenti" ribattei io con un filo di voce appena sussurrata, ma molto decisa.

"Come? Scusi? Non ho capito! Dove le devo piazzare?".

"Lo sai molto bene dove furbacchione, se non vuoi che domani sguinzagli una squadra di carabinieri, finanzieri, poliziotti, pompieri, guardie forestali, agenti di custodia e tutto l'esercito italiano, a far controllare tutte le roulette Caro truccate dal tuo padrino Ein Deutscher...".

"Insomma le piazzi sì o no?"gli chiesi in tono perentorio.

Poco dopo le otto fiches da cinquantamila lire erano piazzate, guarda caso, proprio sulla serie: dodici numeri giocabili con sei fiches a cavallo dei numeri 5-8, 10-11, 13-16, 23-24, 27-30, 33-36 più due pieni sull'uno e il sei e due numeri orfanelli vicini alla serie.

È stato dimostrato che dai sistemi basati sulle probabilità nessuno è mai riuscito a ottenere risultati realmente soddisfacenti. Alle roulette ogni giro è una nuova scommessa e il risultato non è mai determinato da quelli precedenti. In sostanza la probabilità di vincere è la stessa per ogni giro, d'altronde la ruota non ha memoria! Ma se le roulette fossero truccate?

"Insomma tiri o no questa cazzo di pallina?" incalzai io.

"Sì, sì...".

Non lo persi d'occhio nemmeno un istante. Vidi la sua mano *truffaldina* piazzarsi sulla pallina, il suo polso ruotare verso destra, il dito carico come una molla, a stento fissato dal pollice. Scrutai la pallina partire di scatto come una pallottola. I bulbi oculari di tutti i giocatori fissavano languidi il rotolio della sferetta, mentre la voce squillante del croupier urlava: "*Les jeux sont faits, rien ne va plus*".

"*On, rouge, impair, plein, rien pour la series*".

La voce del croupier che indicava il mio pieno da cinquantamila lire somigliava in modo bizzarro a quella di un istrione. Doveva pagare con il sorriso e addolcirmi per la mancia, farmi sentire a mio agio, con la speranza, per lui, che me ne andassi via, e in fretta.

Non era uscita la serie, ma il *furbastro* aveva coperto con i due numeri cosiddetti orfanelli, il 6 e l'1. Avevo puntato quattrocentomila lire e ho vinto esattamente un milione e quattrocentomila lire.

"*Les jeux sont faits, rien ne va plus.*"

La voce del croupier pareva quella di una corda di un violino stonato.

Gettai altre fiches da cinquantamila lire: sette per l'esattezza, perché il numero 1 era già *coperto* dal pieno.

"Ripetimi il gioco, quello che tu sai".

"*Les jeux sont faits, rien ne va plus*".

Stesso giro e identica corsa.

"*Onze, noir, impair, serie*".

"*Et voilà! Les jeux sont faits!*".

Annunciai la serie: 8, 11, 23 e 30 e presi la vincita del numero 11.

Il croupier a questo punto si fece complice e mi bisbigliò sottovoce di puntare due fiches anche sul 10 e sul 36 che completavano i sei numeri centrali della serie.

"*Les jeux sont faits, rien ne va plus*".

Mentre la pallina iniziò a girare gettai due fiches da cinquantamila annunciando: "10 e 36 pieni".

La mia puntata al tavolo era complessivamente di novecentomila lire.

"*Rien ne va plus*"urlò il croupier bloccando tutte le puntate.

Seguii il percorso della pallina che girava veloce e impazzita intorno al vortice della ruota. Cominciò la discesa, la fase più frizzante per un giocatore: *tic, tic, tic,* saltella nella ruota. La vidi cadere nel settore *voisins du zero,* scivolare verso gli orfanelli cascare nel numero trentaquattro, che fa parte degli ultimi tre numeri vicini alla serie, incredibilmente saltò dal numero come se qualcuno da sotto il tavolo l'avesse spinta fuori: bingo!

"*Trente-six, rouge, pair, plein, serie*".

Le due vincite, fin qui giocate, furono pari a cinque milioni di lire.

Mugolii, una ressa di giocatori si avvicina al tavolo: lacchè, adulatori e ispettori: tutti che si congratulano. Una sola puntata con una vincita di tre milioni e cinquecentocinquantamila lire non era cosa da poco, all'epoca.

Avevo la sensazione di trovarmi scaraventato in quel mondo tenebroso, emozionante e furfantesco di accaniti giocatori d'azzardo, vagabondi, playboy, furfanti di lusso accompagnati da seducenti signorine di compagnia, ma anche da matematici delle probabilità per sopraffare il banco. Una ressa di vite disorientate, vissute tra i prati verdi e confusi dei tavoli dei casinò con occhiate ingannevoli di rimpianti azzardati.

Vite che si consumano con i ritmi esasperanti e con la piacevole speranza di pagarsi rigorosamente e abbondantemente l'eccitazione, la suspense e il brivido di quei maledetti giri della pallina sul *tamtam* di sogni inattuabili dove, alla fine, non ci sono vincitori, ma solo roghi di sospiri destinati a convertirsi velocemente in oblii.

Tutti sanno che la roulette è un gioco di fortuna. Molti giocatori prendono appunti, fanno pronostici convinti di anticipare il gioco, tentando di prendersi vantaggi in un *bing* che è solamente fortuito. Costoro vanno avanti imperterriti e alla fine del gioco si ritrovano a fare i conti con cospicue perdite. È solamente un'illusione della mente sperare di vincere grazie a qualche sistema al casinò.

Nessun mito, nessun calcolo, può aiutare i giocatori nella loro illusoria ricerca della *supremacy* evasiva del gioco, posto chiaramente che la roulette non sia truccata.

Osservai il croupier che era incollato a me come una foglia d'edera. Mi scrutò, come per suggerirmi qualcosa; ma erano troppi gli occhi puntati su quel tavolo. Volevo dirgli: "E mo' che faccio?".

Fu lui a prendere l'iniziativa.

"Serie per tutto signore? Che fa?".

Serie per tutto? È un azzardo penso, o forse un invito. Ero quasi ai massimi della puntata.

Avevo vinto in due giocate un totale di cinque milioni. Se avessi giocato la serie per tutto più i cinque numeri pieni, escluso il 36 *imprigionato* dalla vincita, la puntata e la posta in gioco sarebbero diventate abbastanza alte.

"Vada la serie per tutto: 8, 11, 23 e 30 per cinquantamila".

Mi sentivo tutti gli occhi puntati addosso, eppure nessuno ha giocato la serie, tranne una vecchietta che ha azzardato mettere mille lire sul 36 appena uscito e seimila lire nella serie.

"Metti un cavallo da cinquantamila lire sul 33-36, poi ci vediamo a mezzanotte, davanti al cinema Italia, a due passi del casinò" bisbigliò quasi impercepibilmente il croupier.

L'invito era chiaro.

"Les jeux sont faits, rien ne va plus".

Lanciai la fiche da cinquantamila lire e dissi: "Cavallo 33-36".

Questa volta non seguo la pallina. Con la massima nonchalance, ordinai una coca-cola. In realtà avevo il cuore in gola. Per un attimo il tempo si fermò, non sentivo nemmeno il tintinnio della pallina lanciata con forza dal croupier.

"*Trente-six, répétition, rouge, pair, plein, serie*".

Stentavo a crederci, ma vidi chiaramente il croupier porre la paletta sopra il 36. La ripetizione del numero è capitata molte volte, perché non doveva *accadere* anche a me?

Strepitii, resse, tutti i giocatori si riavvicinano curiosi al tavolo, soprattutto quelli con le mani in tasca e con gli occhi puntati sempre verso i tappeti che coprono tutti i pavimenti del casinò nella speranza di trovare qualche fiches. Pacche sulle spalle, salamelecchi, congratulazioni.

Non so se li avete mai notati i giocatori che entrano nei casinò raggianti come girasoli, per poi uscire con le mani in tasca a testa bassa e con i soliti discorsi: *se avessi giocato in quel tavolo, se avessi puntato i vicini allo zero, se, se, se…*

Mi era venuto in mente Aleksej Ivànovic il personaggio creato da Dostoevskij nel suo capolavoro, *Il giocatore,* nel quale analizza il gioco d'azzardo in tutte le sue forme, scritto dallo stesso autore per pagarsi i debiti di gioco!

Aleksej decide di scommettere per aiutare economicamente una sua amica, e una sera in particolare comincia a vincere, vince e vince; preso dalla follia, pensa di scommettere tutti i soldi accumulati, ma all'ultimo secondo fugge via.

Questo libro l'avrò letto una decina di volte, si trovava in tutte le biblioteche delle carceri.

E io che faccio, fuggo?

In tasca avevo più di dieci milioni: una cifra enorme.

Osservai il croupier, oramai mi aveva coinvolto suggerendomi di mettere una fiche da cinquantamila lire a cavallo del 33-36.

Lo guardai, si stava grattando il naso: un nuovo invito? Non potevo giocare la serie per tutto perché ero uscito dai massimi consentiti. Azzardo? Continuare o non continuare? Questo è il dilemma! E la grattatina del naso del croupier?

"*Faites vos jeux, messieurs*".

Fanculo al dilemma amletico, continuai.

Durante le mie giocate, vedevo solamente le mani del croupier, anche se non riuscivo a scorgere bene il suo volto. Lo sentivo vicino, perciò dovevo assolutamente essere vigile. Dovevo giocare prestando attenzione agli ispettori, ai giocatori e a tutto ciò che accadeva attorno a me, e quando ho capito che era inutile tentennare, ho gettato sul tavolo un milione e ottocentomila lire, e arrogante, ho annunciato: "Serie da duecentomila, 5, 8, 10, 11, 23 e 30 pieni da centomila".

Il 36 e il 33 erano già *coperti* dal cavallo dalla giocata precedente.

"*Les jeux sont faits, rien ne va plus*".

La puntata d'azzardo è servita!

Questa volta seguii la pallina, la scrutai nel suo giro vorticoso. Iniziò la discesa e rallenta la sua corsa. La vidi ruzzolare nuovamente nei vicini dello zero, *tic, tic, tic,* saltella, scivola tra gli orfanelli e... bingo!

"*Huit noir, pair, plain serie*".

Vidi la paletta del croupier che come una bacchetta incantata fa scomparire velocemente dal tavolo verde tutte le fiches perdenti e subito dopo sovrapporsi al numero 8, il mio pieno incluso il cavallo da duecentomila lire della serie: una vincita di sette milioni e centomila lire. Roba da sogno.

Ormai avevo vinto abbastanza, una vincita considerevole facendomi credere un delatore.

Se avessi giocato ancora avrei attirato l'attenzione degli ispettori che erano già, quasi tutti, al mio tavolo. Mi assalì una specie di paura ma, in quei momenti dove il gioco si fa duro come l'azzardo del coraggioso, decisi di andare avanti.

La sfida per l'azzardo è stabilire un obiettivo e il percorso da fare, come una chiamata all'avventura che invoca il rischio o il prezzo da pagare, per raggiungerlo: come del resto per me era il furto.

Audaces fortuna iuvat!

Un imprevisto stava per cambiare tutti i miei piani di gioco: il cambio del croupier.

Può succedere, è già capitato, che il croupier inconsapevolmente, ma anche consapevolmente, misuri l'azione della pallina e la faccia cadere in un certo settore. Per questo motivo il croupier lancia la pallina di volta in volta in direzione contraria al disco della roulette: una volta a destra, una a sinistra e così via per rendere il gioco più difficile al matematico della roulette.

A quel tempo non c'erano ancora le telecamere, ma solo un capo ispettore seduto su uno scranno sopra il tavolo. Aveva il compito di vigilare la regolarità del gioco e soprattutto di stare attento alla *pous-*

sette, trucchetto piuttosto organizzato, per il quale servivano almeno due complici.

La spinta: è la classica *poussette*. Il giocatore mette una fiche su un numero o sulle combinazioni di facile accesso (dozzine o colonne) e, con grande destrezza, nel puntare piazza il gettone sulla combinazione risultata vincente.

Le due fiches: il *poussettista* punta quando il croupier ha già annunciato il *rien ne va plus* e il numero è appena uscito. Pone due fiches, una fiche grossa sopra una più piccola (di diametro) sul numero uscito. Il croupier annulla la puntata in ritardo, il *poussettista* ritira la fiche grossa lasciando però quella piccola. Un suo complice si presenterà a riscuotere la vincita della fiche piccola.

Un trucchetto ormai quasi del tutto scomparso considerato il piazzamento di telecamere a circuito chiuso: un occhio magico che vede persino la marca delle tue mutande...

Presi la grossa vincita mentre vidi cambiare il croupier che mi saluta augurandomi un buon proseguimento. Aveva fissato appuntamento a mezzanotte a pochi passi dal casinò. Guardai l'orologio, mancava ancora mezz'ora.

Il rischio reale non si annida solamente nelle case da gioco, al contrario anche nelle situazioni della vita. Una vita senza rischio, non varrebbe la pena di essere vissuta. Il rischio si annida dappertutto.

Nel mio caso tanto per dire, se decido di fare un furto so che potrebbe andare male e che potrei essere arrestato. Tutto sta nel rischio e nella capacità di saper scegliere l'obiettivo e nell'osservare le situazioni. E poi terminare. Sicuramente, nulla avrebbe senso senza l'azzardo dell'azione.

E il croupier stava giocando d'azzardo fuori dalla casa da gioco, dove è severamente proibito frequentare giocatori o intrattenere rapporti fuori dal casinò, poiché vi è il serio rischio di perdere anche il posto di lavoro.

Nel caso specifico poi, con un personaggio come me...

E mo' che faccio?

Se avessi smesso di giocare avrei destato sospetto per il cambio del croupier, ma non mi andava nemmeno di giocare per perdere quella favolosa vincita.

Una giocata? Sì, una sola, l'ultima puntatina per depistare eventuali sospetti. La dovevo fare assolutamente.

"Faites vos jeux, messieurs".

Al mio tavolo persiste la solita ressa, tutt'intorno, giocatori, uomini e donne d'ogni età, città e d'ogni condizione, e molti veneziani, volti noti, in parte seduti, moltissimi in piedi, si agitavano per piazzare le fiches sui numeri rossi e neri dei corrispondenti quadrati del tappetto verde. Sembrava che tutti attendessero la mia chiamata, più di tutti il croupier che mi stava fissando.

Vero è che i croupier sono imparziali, ma solo apparentemente, poiché il loro compito consiste nel fare il gioco del casinò ai danni dei giocatori, questo naturalmente nell'ipotesi che vogliano fare carriera.

Decisi l'ultima puntata.

"Serie da centomila: 5, 8, 10, 11, 23 e 30 pieni da centomila" annunciai gettando sul tappeto un milione e duecentomila lire, con la consapevolezza di regalare una mancia al casinò.

"*Les jeux sont faits, rien ne va plus*".

Ero capitato al casinò per un caso fortuito, in verità per una restituzione del malloppo di un furto e ora ne stavo compiendo un altro, ma che senso di colpa potevo avere? Di soldi me ne avevano già *rubati* abbastanza ed era giunta l'ora che anche il casinò me ne restituisse un po'.

Il proiettile d'avorio cominciò la sua imponente corsa, correva con grazia nella roulette: *tic tic tic*. S'intravedeva una miriade di mani che tremano, occhi che sembravano implorare: vai vecchia puttana malvagia, donna maestosa, scendi e sbatti le chiappe sul mio numero.

"*Trente, rouge, pair, plein, serie, passe*!".

"*Le jeux sont faits, bonne nuit tout le monde messieurs*" dissi ad alta voce dopo aver incassato la vincita di cinque milioni e duecentocinquantamila mancia inclusa.

Mi avviai verso il cassiere con un pacco di fiches e con lo stupore contrariato degli ispettori e del croupier che intendevano *acchiappare* un po' dei soldi che avevo vinto. Erano ventitré milioni e trecentomila lire, meno i settecentomila miei che avevo prelevato a casa. In totale la vincita era di ventuno milioni e seicentomila lire, mance e varie, inclusi gli extra.

"Le faccio un assegno, signore?".

"Ma quale assegno? Me li dia in contanti prego".

"Guardi che sono tanti, è una grossa somma per andare in giro a quest'ora".

In verità a quel tempo vi era un personaggio con dei complici, che compivano delle rapine fuori dal casinò.

Attendevano all'interno del casinò mischiandosi con i giocatori poi, se notavano la riscossione di qualche vincita sostanziosa, li rapinavano nelle *calli* della città.

Ma era affare di *casa nostra* e io, non potevo essere rapinato.

Sono uscito dal casinò con quattro mazzette nuove di zecca da cinque milioni cadauna più gli spiccioli.

Mezzanotte era passata da dieci minuti.

Raggiunsi il croupier che mi attendeva impaziente nei pressi del cinema Italia.

"Oh, finalmente! Quanto abbiamo vinto?".

"Quanto abbiamo vinto?".

"Guarda che sei hai vinto è solo per merito mio. Al primo colpo, sono stato io che ho coperto il numero uno e poi se ben ti ricordi, sempre io ti ho suggerito di mettere un cavallo sul 36-33 — quella puntata era per me — e ancora ti ho invitato di ripetere la serie per tutto e in fine, ti ho suggerito di continuare il gioco con la mia grattatina al naso".

"Ma che bravo! E se avessi giocato i vicini allo zero?".

"La pallina l'avrei lanciata nel settore dei vicini allo zero".

"Mi spieghi come avresti fatto, perché, posto che la roulette fosse truccata, come poteva la pallina non cascare in un altro settore?".

"Vedi, non è facile spiegarti: quando voglio che la pallina entri in un settore, esempio la serie che hai giocato, io faccio partire la pallina quando il numero zero si trova esattamente sul mio *lancio*, e quando voglio farla sbattere sul settore dei vicini allo zero, la faccio partire dal numero cinque".

"E allora il trucco dello svitamento delle alette inventato da Ein Deutscher a che cazzo serve?".

"Quello mi aiuta a far scivolare la pallina dove voglio io, si tratta di un sistema di *equipe* e io pensavo che tu fossi d'accordo con Ein Deutscher quando mi hai sussurrato quell'intimidazione".

"No, caro mio, io non ero d'accordo con nessuno, a parte che di soldi ne ho persi, e, parecchi, proprio sul tuo tavolo e quindi non devo dare compensi a nessuno".

"Almeno dammi la vincita del cavallo che ti ho suggerito di puntare: tu non puoi nemmeno immaginare cosa succede questa notte quando faranno i conti del *borderò*. Potrebbero controllare la roulette e mettermi nei guai se scoprono qualcosa. E poi butti all'aria tutto il nostro sistema di gioco".

"Ma che bella combriccola di furfanti che siete: meno male che non tutti i croupier sono come te, poveri giocatori! Ora ascoltami bene:

questa sera mi trovavo casualmente con il capo della Squadra Mobile al bar Theatro, e mentre stavamo chiacchierando, si è avvicinato un tipo che gli ha consegnato delle carte che svelano il trucco delle roulette Caro. Tutto qui!".

"Era un tipo così e così...".

"Sì!".

"Ah, ho capito, è quello stronzo che ha perso una grossa cifra credendo di giocare nella roulette Caro e invece ha giocato nella Jost. Quel figlio di puttana ha fatto la spia".

"Appunto!".

"Ora stammi bene a sentire perché domani sarà fatta un'irruzione al casinò e sequestreranno tutte le roulette Caro. Cerca di prendere le tue precauzioni del caso. Questo è il mio contributo per la vincita e ti raccomando io non ti ho detto nulla perché nulla sapevo: Ok?".

L'irruzione, eseguita da una schiera enorme di forze dell'ordine, provocò un grande scandalo a Venezia e non solo.

Parecchi clienti abituali del casinò avevano tentato di fare causa alla casa da gioco, ma tutto era finito in una bolla di sapone. La Caro era riuscita a dimostrare che in ogni caso non le poteva essere addossata nessuna colpa, rilevando giustamente che il *borderò* delle loro roulette era sempre in utile e, inoltre, le forze dell'ordine non erano riuscite a trovare alcuna complicità dei croupier nei giochi.

Il casinò ne era uscito miracolosamente pulito, anche se in seguito erano stati arrestati parecchi croupier per combine e indagato il direttore. Tutti assolti meno uno: quello innocente, che ancora oggi sta aspettando la revisione del processo per la condanna subita e per il suo licenziamento.

Questa può sembrare un'opinione piuttosto particolare. Non nego che lo sia. Ciò che intendo dire è che l'imputato innocente ha meno possibilità di essere assolto rispetto quello colpevole: il primo non conoscendo la sua presunta responsabilità non può far altro che negare, il secondo conoscendo i fatti di cui è imputato può facilmente difendersi entrando nel merito.

"*Un colpevole punito è un esempio per il popolo; un innocente punito è attore che riguarda tutte le persone oneste*" (Jean de Bruyère).

E di *attori* innocenti ve ne sono a iosa nelle carceri del nostro paese. Credetemi.

La prima casa da gioco è nata proprio a Venezia. La magica città nata sull'acqua ha costruito il casinò più antico del mondo.

Inaugurato nel 1638, il casinò di Venezia è da sempre centro d'attrazione internazionale: giochi classici in un ambiente sontuoso, divertimento innovativo affidato alla scuola dei migliori professionisti, con il privilegio di una cornice unica. Per non parlare del giro di interessi e affari che ruotano attorno.

Per esempio nell'attico che avevo indicato al dottor Barba, c'era un politico che riceveva regolarmente una tangente sul gioco *Trente et Quarante* che si giocava all'interno del casinò.

Con il passare degli anni il giro d'affari diventava sempre più grosso, tanto da attirare l'attenzione di Felice Maniero che aveva iniziato a interessarsi al controllo delle bische clandestine e ai cambisti del casinò di Venezia.

Dopo l'irruzione al casinò fui convocato d'urgenza dal grande capo, questa volta nel suo sconquassato ufficio.

"Cosa hai combinato ieri sera al casinò? Brutto delinquente…".

"Ho fatto solo una puntatina prima che tu mi sbarrassi!".

"Una puntatina?".

"Sì" risposi "una puntatina...".

"Una puntatina da venti milioni?".

"Suvvia, grande capo! Ma chi ti ha riferito queste fesserie?".

Il capo era informato nei minimi dettagli della mia giocata truffaldina e siccome non aveva nessun elemento per imputare chicchessia, voleva sapere da me se il croupier era d'accordo. Naturalmente negai.

"Piuttosto, dimmi tu com'è andata l'operazione".

"Di merda! Ho fatto sequestrare tutte le roulette truccate e niente più: grazie alla tua giocata e sono sicuro che sia stato proprio tu a fare la spiata".

Il grande capo era inviperito, ma sotto sotto si vedeva che dentro esplodeva di gioia come un fuoco d'artificio.

L'avevo capito quasi immediatamente, nel momento in cui pretese il malloppo del suo amico pittore, senza *do ut des*.

"Ma ti rendi conto grande capo? Cosa gli do ai ladri: una cambiale?".

"Una cambiale di qualche annetto di galera te la regalo io se non mi restituisci il malloppo".

"Imperativo?".

"Imperativo!".
"Ma perché non passi alla Buon Costume, grande capo?".
"E perché dovrei passare alla Buon Costume?".
"Perché almeno là, avresti la possibilità di trovarti una fidanzata!".

Avevo consegnato il malloppo, dopo aver ricompensato il mio compare Gino.

Il grande capo nel corso del suo mandato, ha collezionato una piccola pinacoteca, frutto delle nostre scorribande, fatte negli studi di pittori e nelle nobili casate.

I suoi recuperi erano sempre ricambiati con regalini da parte dei derubati.

Gino Rossi, Carlo Dalla Forza, Guido Cadorin, Cosimo Privato, Filippo De Pisis, Virgilio Guidi, Giovanni Pontini, Emilio Vedova, Tancredi Parmeggiani, Renato Borsato, Mario De Luigi, Ettore Tito, Armando Pizzinato, Felice Casorati e altri. Tutti artisti che all'epoca erano poco quotati e poi sono passati per la biennale di Venezia.

Non male per un funzionario dello Stato: non vi pare?

LA CONTESSA BIANCA BEVILACQUA

Alcuni, ma ritengo che siano veramente i più ingenui, sostengono erroneamente che i ricchi non rubino. Il significato che si conferisce al termine "rubare" è qui fondamentale. La ricchezza di pochi non motiva e alimenta da sempre la miseria di molti?

Come diceva Bertold Brecht: "Che cos'è una rapina in banca a confronto della fondazione di una banca?".

È mia convinzione che il furto si possa considerare come una restituzione, una ripresa di possesso.

A questo punto qualcuno si chiederà: ma Pipino ce l'ha con i ricchi?

Per niente, anzi: i ricchi sono i miei migliori "amici". Senza di loro sarei finito in qualche fabbrica-prigione a lavorare, comunque per loro, ma in cambio di un salario da fame e di una misera pensione.

La pensioncina oggi ce l'ho ugualmente per aver contribuito, da ladro, al mantenimento di quella ricchezza che muove i capitali e gli equilibri di potere nelle sue varie forme.

Era trascorso quasi un anno da quando ero evaso dal carcere di massima sicurezza della Plan de l'Orbe, in Svizzera.

Gino, invece, si trovava ancora lì per espiare gli ultimi mesi di detenzione in attesa di essere scarcerato per buona condotta. In realtà aveva avuto delle piccole noie con la direzione di quel carcere, poiché sospettato di avermi aiutato in quella famosissima evasione. Comunque in seguito non hanno trovato nessun elemento che giustificasse un suo benché minimo coinvolgimento. *Il tempo è galantuomo* si dice in giro e lui ha espiato due anni di detenzione tranquilli. In realtà eravamo condannati a tre anni, ma nelle carceri svizzere, con una buona condotta si beneficia di un bonus pari a un terzo della pena. Gino era ormai prossimo alla fine della pena.

Venezia, all'epoca, aveva subito quattro furti clamorosi, il più eclatante era quello delle monete d'oro rubate dalla Sala Napoleonica del Museo Correr, successivamente restituite.

Un particolare curioso: la guardia notturna, dopo aver scoperto il furto, si era *autorapinata;* si era dato due o tre botte in testa con la pistola d'ordinanza dichiarando poi all'autorità giudiziaria di essere stato aggredito durante la notte. Inizialmente imputato e poi prosciolto, dopo il ritrovamento delle monete, è emerso che il guardiano stava semplicemente dormendo.

Alcune monete poi, sono finite nel Principato di Monaco dando adito ad una guerra diplomatica tra il principe Ranieri — che ne reclamava la paternità — perché, a suo dire, *donate* dai suoi antenati della dinastia della Grimaldi, alla nostra Serenissima e il sindaco di Venezia che ne ha giustamente preteso la restituzione.

Il fatto che *donate* sia un eufemismo, lo lascio al giudizio della dinastia Grimaldi...

Dalla Collezione di Peggy Guggenheim, nel settecentesco palazzo Venier dei Leoni sul Canal Grande - una delle raccolte più rappresentative della pittura del XX secolo - sono state rubate opere di Pablo Picasso, del periodo cubista, quadri di Georges Braque, Juan Gris, Albert Gleizes, Fernand Léger, Raymond Duchamp, e poi Marcel Duchamp, Giacomo Balla, Umberto Boccioni, Gino Severini, Robert Delaunay, Constantin Brancusi. Kandinsky, Malevic', Mondrian, De Chirico, Klee, Chagall, Max Ernst, Giacometti, Miró, Manritte, Alexander Calder, Joseph Cornell, Jackson Pollock e Arshile Gorky.

Tutte le opere sono state in seguito riconsegnate alla Peggy Guggenheim Foundation, che deve essere riconosciuta da tutti i veneziani come mecenate illuminata perché ha voluto donare la sua collezione alla città di Venezia.

Un altro clamoroso furto riguarda il dipinto di Giovanni Bellini, detto anche il Giambellino, sottratto dalla Basilica dei Santi Giovanni e Paolo, a sua volta riconsegnato intatto. Infine in Campo del Traghetto, a Santa Maria del Giglio, dall'abitazione di Roberta de Camerino, stilista arcinota, sono sparite per un periodo tele di notevole pregio, poi restituite previo un piccolo contributo.

Uscito dal carcere Gino festeggiò in un famoso ristorante di Venezia. Aveva un residuo di pena di quaranta giorni da espiare a causa di una condanna per ricettazione di sei sottobicchieri in argento trovati in casa sua durante una perquisizione.

Ormai i furti consumati in città erano troppi e tanta allora era la voglia di *vendetta*...

Quei sottobicchieri, rivendicati da una contessa derubata, erano in realtà della famiglia di Gino da tempo immemorabile.

È il solito *peccato* dei nostri investigatori: "Sono suoi, cara contessa?".

"Va bene, ci dica dove li ha acquistati?".

Lo avevano chiesto anche a Gino...

Sarebbe semplice, no?

Invece nulla: la semplice affermazione di proprietà diventa possesso!

Perché è, in definitiva, una... Contessa!

Così è andata, del resto è successo anche a me. Una volta durante una perquisizione in casa hanno sequestrato vari gioielli di mia moglie tra cui un Cartier in oro massiccio che una compiacente *nobildonna* ha immediatamente reclamato come suo.

Per fortuna in una foto scattata a Cortina un anno prima del furto, si notava, in bella mostra, sul polso di mia moglie, il Cartier sequestrato. La *nobildonna* mentiva, ma per il giudice si era solo confusa.

Quel residuo di pena di quaranta giorni tormentava Gino, che non accettava di espiarli.

Anche lui ha una dignità!

"Ma scusa Gino e *chissenefrega?* Quaranta giorni di riposo non ti faranno male e poi a casa non ti manca nulla. Starò io vicino alla famiglia".

"Di riposo? Ma se ho appena *riposato* due anni in carcere in Svizzera!".

"Allora, che intenzioni hai?".

"No e poi no! In galera per questa storia, io non ci vado!".

"Bene, che facciamo?".

"Andiamo in *latitanza*. Ho trovato un alloggio a San Lorenzo, un quartiere di Verona e un lavoretto a casa di una contessa, facile, facile: un basista, il conte A.A., lo stesso informatore del duca Decaze, mi ha messo in contatto con un miliardario veronese. Dobbiamo trovarci a Verona in casa di questo basista che ci illustrerà, dove, quando e come si dovrà agire!".

Si trattava di svaligiare la casa della contessa Bianca Bevilacqua, che abitava sul Lungadige e per l'occasione Gino aveva trovato un alloggio in loco.

"Bene, tu ricercato e io sorvegliato speciale: facciamo scopa, andiamo...".

Non era un alloggio quello di Gino, ma un vero magazzino: una stanza di dieci metri quadri con branda, tavolino, due sedie sgangherate, lavabo, servizi igienici inesistenti e una lampadina al centro della stanza che oscillava come un impiccato. Una finestra, che si affacciava su un giardino, munita di grosse sbarre completava il tutto.

Una vera cella di prigione!

Gino aveva stabilito che dovevamo mangiare in quel bugigattolo perché anche a Verona eravamo purtroppo conosciuti: avevamo già svaligiato due gioiellerie e una pellicceria lasciando il nostro *marchio*...

Una sera, mentre cucinava, mi disse: "Avrei bisogno di un vasetto di pelati per la pasta".

"Va bene, ci penso io!"risposi incominciando a *martellare* la porta d'entrata di quel bugigattolo.

"Che fai sei impazzito!".

"No, chiamo l'agente di custodia e mi faccio prestare un pelato dalla cella di fronte... !".

"Ho capito, per questa sera ceniamo fuori".

"Hai capito anche che al 324 – civico del carcere di Venezia – ci avresti passato solo quaranta giorni?".

Due giorni dopo la *presa* del bugigattolo – la nostra residenza veronese – ci presentammo a casa del basista miliardario. Abitava in una maestosa mansarda con sottostante appartamento enorme nel Lungadige: alle pareti c'era in bella mostra una favolosa collezione di dipinti: Lilloni, Carrà, Carena, Modigliani, Fattori, De Chirico, Boccioni, Balla, Sironi, Severini, Rosai e via di seguito.

"*Compagni! Noi vi dichiariamo che il trionfante progresso delle scienze ha determinato nell'umanità mutamenti tanto profondi, da scavare un abisso fra i docili schiavi del passato e noi liberi, noi sicuri della radiosa magnificenza del futuro*".

E ancora, argenteria antica, mobilia da sogno, tappeti antichi, e porcellane da sballo.

"Ma che cazzo andiamo in cerca di avventure, svaligiamo questa casa, altro che la contessa!".

"Calma Pipino, questo è il nostro basista".

Il miliardario, avvisato dal nostro basista, conte veneziano, della nostra professionalità e serietà ci fece accomodare su un divano settecentesco e mentre ci spiegava il da farsi ci offrì da bere.

Si trattava di svaligiare, infatti, l'appartamento della contessa Bianca Bevilacqua, lui si accontentava solamente di un plico sigillato che la contessa aveva in casa, il resto era nostro.

Ci indicò l'indirizzo: l'appartamento che era simile al suo con mansarda e abitazione sottostante, sul Lungadige.

La contessa era solita assentarsi nel weekend e, di conseguenza, dovevamo operare tra il sabato e la domenica.

Gino e io avevamo già un piano d'attacco: a ridosso del palazzo, ve ne era un altro quasi diroccato che ci avrebbe permesso di arrivare attraverso i tetti al palazzo della contessa, e da lì alla mansarda.

Facile per ladri esperti come noi.

Non abbiamo impiegato molto a capire che la casa era al momento incustodita. Telefono e campanello suonavano a vuoto, la via era libera.

Erano le diciannove, troppo presto per entrare in azione anche se all'interno non c'era anima viva il rischio di un ritorno imprevisto non va mai sottovalutato. Il momento migliore sarebbe stato quello delle due di notte: a quell'ora è difficile che torni a casa qualcuno.

Decidiamo quindi di prendere tempo e cenare in un ristorante del centro. All'una finalmente entriamo in azione. Piovigginava. Il percorso sui coppi bagnati è sempre pericoloso, bisogna essere cauti e lenti perché scivolare è molto facile.

Perfettamente sincronizzati e muniti di tutti gli attrezzi da lavoro, arrivammo sul tetto del palazzo accompagnati dalle note di una famosa canzone: "*La pioggia cade su di noi...*".

Mentre stavo per scendere nella mansarda, vedo Gino scivolare e prontamente aggrapparsi a un'antenna della televisione che però non regge il peso e comincia a flettersi verso il basso. Lo afferro all'istante per il bavero e lo trascino di peso a cavallo del tetto: salvo!

"Cazzo Gino, stai attento se non vuoi essere raccolto con un cucchiaino".

Non sarebbe stato né il primo né l'ultimo a sfracellarsi: in quei tempi si poteva morire per una presa mancata, non come oggi per un colpo di pistola.

Cautamente, ci calammo nella terrazza della mansarda, entrambi bagnati come due pulcini: la pioggia non accennava a cessare, e a differenza di altre volte in cui ci era stata complice per via del rumore, in quest'occasione invece rendeva più difficile l'andirivieni sui tetti.

Scendemmo sul terrazzo con la solita cautela: una, due, tre, quattro, cinque, sei finestre…

"Fermo! Da una delle finestre esce una luce molto tenue: forse c'è qualcuno che sta dormendo".

"Ma va là! È impossibile, con tutte quelle telefonate e suonate di campanello qualcuno avrebbe risposto: tu hai la mania dei fantasmi".

"Ah sì! Allora guardaci tu dentro quella finestra, perché a me viene da ridere…".

Gino guarda dentro e… lo vede!

Era il maggiordomo: russava come una falegnameria!

"Via! Andiamocene da qui".

Ecco, questi sono gli imprevisti che un ladro deve sapere dominare e gestire in fretta.

L'adrenalina che si sprigiona in quegli attimi è come un'esplosione di potenza impressionante che solo un ladro esperto sa affrontare e controllare.

Che fare? Combattere o fuggire? Il cuore comincia a pulsare martellando il tempo dell'imprevisto. Bisogna assolutamente non farsi prendere dal panico, ragionare, riflettere. Poi, invitare il battito del cuore a rallentare e fare scendere la pressione: l'adrenalina è al top, deve essere assorbita dal sangue per non far impazzire le cellule nervose.

"Calma, ragioniamo... questa è la mansarda: se noi entriamo dall'ultima finestra e scendiamo con cautela al piano di sotto, quello che sta russando come un ghiro non si accorgerà di nulla, ormai siamo a un passo dall'obiettivo, perché rinunciare proprio ora?".

Gino, mi fa notare una livrea attaccata su un attaccapanni: è enorme, sembra quella di un gigante.

Esita, è indeciso, perplesso…

Il miliardario non ci aveva avvisato di questo popò d'intoppo.

Lo istigo: "*E el late pa' i fioi*?"(e il latte per i bambini?).

Questo era il nostro modo di dire, una frase di circostanza, che spronava a delinquere, come un amuleto che porta fortuna: i bambini devono pur mangiare, non vi pare? Va bene! Anche se non siete d'accordo, per il modo di mungere le *mucche grasse*, fa lo stesso.

"Ok" rispose Gino "io mi occupo della finestra, tu controlla l'energumeno perché, se si sveglia, sono cazzi amari".

In cinque minuti, che parevano un'eternità, Gino riesce ad aprire la finestra del bagno della mansarda senza fare il benché minimo rumore.

L'energumeno continuava a ronfare tra le ali di Morfeo, sfiorato magari da un bel mazzo di papaveri sulle palpebre per condurlo nel mondo dei sogni.

Entriamo nel bagno della mansarda.

"Cazzo! La porta è chiusa dall'interno!".

In quell'occasione dovevamo veramente fare attenzione, perché non conoscendo la casa, anche il minimo rumore poteva risuonare all'interno dell'abitazione e svegliare il gigante.

E dai e dai, finalmente riusciamo a entrare e raggiungere il piano nobile nel silenzio più assoluto.

Le stanze erano notevolmente sobrie, poca la merce da portare via: notiamo un paio di pellicce e un po' di argento.

Delusione totale, nel nostro lavoro questo capitava spesso, ma non certo quando eravamo inviati da un basista.

"Ma che dritta è questa? Dove ci ha mandato, sto miliardario del cazzo?".

"E che ne so io? Dai, animo, cerchiamo questo plico, magari glielo facciamo pagare..."

Abbiamo setacciato l'intero appartamento senza trovare nulla: né gioielli né denaro né il plico.

Mentre stavamo per uscire mi cadde l'occhio su un'icona, appesa a quasi due dita dal soffitto e chiesi a Gino di prenderla perché mi sembrava del Trecento.

Gino mi fa salire sulle sue spalle per prenderla e... sorpresa!

L'icona copriva una cassaforte a muro: una *Lips Vago* con serratura a chiave.

Solitamente le casseforti a muro si trovano dietro i quadri, ad altezza d'uomo. Quella invece si trovava a due dita dal soffitto! E chi avrebbe mai pensato di cercarla lassù?

Ripasso mentalmente tutti i cassetti aperti nell'appartamento e *vedo* la chiave della *marmota*.

Recuperata la chiave risalii sulle spalle di Gino. La cassaforte era piena come un uovo: gioielli in quantità e soldi.

Tirai fuori anche un bustone grosso. Era sigillato, con sopra scritto: "Da aprire in caso della mia morte".

Il plico che voleva il miliardario?

Il plico è molto pesante, guardai Gino: "Che facciamo?".

"Niente, non aprirlo: è un sacrilegio".

"E se fosse pieno di soldi?".

"Ma quali soldi: non vedi? È un testamento e dobbiamo rispettare la volontà di chi l'ha scritto".

Aveva ragione.

"E al miliardario, cosa diciamo?".

"Nulla: lasciamolo intatto dentro la cassaforte. Al miliardario diciamo che non abbiamo trovato niente, non possiamo profanare un plico che deve essere aperto in caso di morte".

"D'accordo, in fondo questo miliardario del cazzo, non ci ha detto niente, né dell'energumeno né della cassaforte... e sai cosa ti dico? Nemmeno ci andiamo da quello lì... ".

Dopo alcuni giorni, già più della metà dei gioielli erano stati venduti.

Due orecchini di smeraldi tempestati di brillanti di notevole valore, li porta ancora oggi un'attrice famosissima, ma non vi posso dire chi, per il semplice fatto che le glieli ha regalati suo marito e lei è all'oscuro del fatto: rispettiamo quindi la privacy!

La contessa tramite quotidiani locali e nazionali aveva offerto sedici milioni per il recupero dei gioielli. A quel tempo era veramente una somma notevole!

Questo, perché aveva intuito la sensibilità e la riservatezza dei ladri che non avevano voluto violare quella grossa busta: cosa insolita per qualunque ladro.

Ricordo che poco dopo un ispettore di polizia veneziano mi ha detto: "Sono certo che quel furto commesso a Verona nell'appartamento della contessa Bevilacqua è opera tua e di Gino, il marchio è il vostro".

C'è tutt'oggi una leggenda sulla contessa Bevilacqua: sembra che, prima di morire, abbia seppellito una carrozza piena d'oro, assieme a buona parte dei propri gioielli, sotto le mura di un castello; una vera e propria fortuna che sarebbe ancora conservata sotto il maestoso maniero. Essendo la contessa, l'ultima di questo nobile casato, sembra che abbia voluto nasconderla a tutti.

Comunque è un segreto che ha portato con sé nella tomba e che gli attuali proprietari, nonostante i tanti lavori di scavo e di restauro, non sono ancora oggi riusciti a svelare.

E io, che credo alle favole e alle leggende, non vorrei violare nemmeno questo segreto!

Dopo un paio di mesi sono tornato con Gino sul Lungadige dal miliardario. Avevamo già impacchettato tutti i quadri e un sacco pieno di argenteria e gioielli vari quando sentiamo qualcuno che tenta di entrare in casa ma trova la porta chiusa dall'interno: la prudenza non è mai troppa, siamo riusciti a fuggire. Era una normale precauzione chiuderci dentro gli appartamenti, nel caso il proprietario arrivasse all'improvviso, non solo per evitare contatti fisici con il padrone di casa, ma per avere anche un vantaggio nella fuga.

E noi, in quest'occasione senza alcun problema, siamo fuggiti. Da dove? Da dove eravamo entrati: dai tetti naturalmente.

Come si dice? Quando uno nasce con la camicia… morirà in smoking!

ASSALTO AI CAMBI VALUTA

Il gentleman è per definizione una persona di animo nobile e modi signorili al quale si attribuisce d'istinto un requisito aristocratico dato come presunta garanzia di ricchezza e onestà.
Apparentemente infatti costui non ha alcuna necessità di rubare per vivere.
È dunque legittimo pensare che un tale soggetto non rubi allo scopo di procurarsi altre ricchezze bensì per il piacere dell'avventura, operando, magari senza intenti malvagi, attraverso altre persone solo per la gioia di far emergere la sua genialità.

"Io non farei mai il cambista" affermò Gino mentre sorseggiava un bicchiere di vino bianco al bar del casinò.

"Nemmeno io! E poi, figurati, lavorano venti ore al giorno, sempre seduti all'interno del casinò; se un operaio lavorasse venti ore al giorno, compreso le festività, guadagnerebbe il doppio".

"Già! Li hai visti? Assomigliano tutti ad Arpagone ossessivamente legati al dominio del denaro".

"Beh, evidentemente il denaro gioca brutti scherzi: adesso lo vedono come Pinocchio crescere sugli alberi, in realtà lo usano come un vero e proprio investimento di strozzinaggio".

"I nostri amici sono tornati indietro di qualche secolo, quando a Venezia c'era Shylock, quel ricco usuraio ebreo".

"Dai Gino, non esagerare! In fondo sono meno usurai del Monte di Pietà della Cassa di Risparmio: ti ricordi di quando andavamo a impegnare oro e pellicce? Pagavano come dei veri strozzini, e poi si dice che loro non fanno nulla di male!".

Passarono alcuni mesi da questa chiacchierata.

Rividi Gino dopo un viaggio alle Seychelles, mi sembrava impossibile. Era in compagnia di un gruppetto di amici con i quali si era associato e sembrava che fosse un capo o perlomeno che avesse un ruolo importante in quel giro d'affari.

Si trattava di una combriccola di "quasi" incensurati, tutti bravi ragazzi, circa una decina, dediti all'usura. Usura è un termine eufemistico poiché elargivano soldi con un tasso d'interesse del 10% ai soli giocatori del casinò: industriali, politici, imprenditori, avvocati, cantanti, attori, viziosi e fannulloni provenienti da tutta Italia.

Il reato di usura in quel periodo era previsto dall'articolo 644 del codice penale, come un reato che si consumava nel momento in cui una persona, approfittando dello stato di bisogno di qualcuno, si faceva dare o promettere, per sé o per altri, interessi o vantaggi sproporzionati rispetto al valore della prestazione. Tre erano, quindi, gli elementi essenziali che dovevano coesistere per formulare l'incriminazione: lo stato di bisogno del richiedente, la volontà di chi presta soldi per approfittarne e il carattere usuraio degli interessi o dei vantaggi pattuiti.

E qual era lo stato di bisogno di quegli sfaccendati giocatori del casinò: il vizio?

"Blitz notturno al casinò; arrestati sette cambisti colti in flagrante, con mezzo miliardo tra contanti e assegni: prestavano soldi ai giocatori, con l'accusa di usura e violenze". Titolavano le cronache nel 1996.

Nondimeno la Procura della Repubblica di Venezia, fino ad oggi non è riuscita a provare un bel niente d'illecito nei confronti di questi *cambisti*.

In verità, il casinò e le autorità tolleravano la presenza dei *cambisti* giacché il cambio fidi non concedeva con molta facilità prestiti e se lo faceva, era sempre in maniera molto contenuta. In pratica, in soldoni contanti, era proprio il lavoro dei *cambisti* che rimpinguava le casse del casinò e, di conseguenza, quelle del Comune di Venezia.

Torniamo ora indietro di circa sedici anni, nel novembre del 1980, al famoso blitz notturno al casinò di quei *magnifici sette* capeggiati da Felice Maniero, il quale impose con la minaccia delle armi il divieto ai *cambisti* di elargire prestiti ai giocatori. Fu un giochino anche troppo facile se si pensa che aveva a che fare con persone innocue e inermi.

In realtà Maniero voleva sostituire ai cambisti di allora una sua squadra: ma questa, suo malgrado, non era in grado di svolgere alcuna attività di *pronta cassa*; e la cosa fu evidente non perché a Maniero mancassero i soldi ma perché i suoi affiliati non erano capaci di sostituire i vecchi cambisti.

Così decise di imporre la sua *protezione* in cambio di una tangente di un milione e mezzo di lire al giorno.

I *vecchi cambisti* tornano alle proprie lucrose attività, previo naturalmente il pagamento della tangente che era divisa tra una quindicina di persone della banda del Brenta. Ben poco se si pensa agli introiti che Maniero riusciva procurarsi in quell'epoca.

Ricordo le scemenze delle cronache di quei tempi: *"Tredici delitti in quattro anni, tutti impuniti, tutti legati da un'unica trama: al mondo dei cambisti del casinò, moderni usurai che prestano contanti, ad altissimi tassi d'interesse, ai giocatori in difficoltà, con pretese estorsive".*

"I veneziani, violenti, forti, pronti a tutto controllavano lo spaccio tra le calli veneziane, gestivano i motoscafisti abusivi al Tronchetto e, sempre tramite Maniero, si erano assicurati una percentuale sui cambisti dei casinò veneziani". (sic!)

Quattro anni di guerra all'interno della banda del Brenta: tredici cadaveri che apparentemente sembrano venire da storie diverse, pur sempre di malavita, ma che invece erano legati a un unico ambiente: quello di Felice Maniero.

Di tutti questi morti ammazzati, tra il 1980 al 1984, escluso Ottavio Andrioli, nessuno aveva legami con i *cambisti* del casinò.

Ricordo le interviste ai vari *boss* al servizio dello Stato, presi dal panico investigativo e dall'assoluta incapacità di dare corpo a questa mattanza omicida. Affermare che i *cambisti* erano in contatto con mafiosi e che vi era un vero e proprio giro di estorsioni nel recupero crediti erano parole al vento.

Mai, dico mai, vi è stato un solo tentativo di estorsione da parte dei *cambisti* per il recupero degli assegni inevasi, eppure in quei tempi si parlava di qualche miliardo all'anno di assegni a vuoto.

A Maniero questo non interessava perché era fuori dal giro, anzi, perché i *cambisti* lo hanno sempre tenuto fuori dai loro affari, lo tenevano lontano come la lebbra. Pagavano e subivano in silenzio il racket estorsivo al punto tale che, dopo il suo pentimento, avrebbero potuto anche chiedergli i danni in qualità di vittime del delitto.

Sarà poi lo stesso Maniero con il suo pentimento a far emergere la storia della cosiddetta *banda del Brenta,* ma nessuno dei *cambisti* è mai stato imputato nelle sue scorribande.

Felicetto era chiamato *Còtola* dagli amici più stretti per via del morboso rapporto che aveva con la madre. A me, in definitiva, era molto simpatico: un ragazzo sveglio, risoluto, edonista, a cui piaceva la bella vita, caratterialmente somigliante a un playboy. Precursore intuitivo per la sua capacità di abbracciare, da subito, la possibilità di condurre a proprio vantaggio la collaborazione con la giustizia. Per i successivi collaboratori e per la sua influenza, può definirsi tranquillamente un vero *maitre à penser*: aveva il *passe-partout* per ogni dove.

Altri pentiti hanno tentato di salire sulla *cuccagna* delatoria, favorita da una legge che ritengo obbrobriosa, ma non ci sono riusciti sia per il loro scarso interesse sia per la loro totale incapacità di rivelarsi tali.

In una battuta: Felicetto aveva capito, fin da subito, l'ovvietà di essere condannato ed è riuscito a schivarla alla grande!

Io non voglio giudicarlo: non ho mai avuto esperienze mafiose, anche se ho conosciuto tutti gli affiliati della sua banda, naturalmente compreso lui.

Ritengo che ognuno sia libero di gestire la propria vita come meglio crede, ma pensare al mondo dei *pentiti* come a persone mosse da rimorsi o da misticismi religiosi, offende la mia intelligenza e credo anche quella dei lettori.

Tuttavia, porre un quesito sulle loro scelte in mancanza delle reali e profonde motivazioni che si celano dietro a coloro che, si sono pentiti, è perfettamente inutile: ma *salvarsi* tradendo le persone che ti sono state care e con le quali, hai condiviso gioie e peccati, trasfigurando la tua storia in cambio di una libertà mediata, beh, questo è uno spregio alla dignità personale che è il solo bene che possiede un essere umano.

L'omertà è stata debellata anche a prezzo della *prostituzione* della legge.

Il *passe-partout* per ogni dove fu stabilito da Maniero insieme a magistrati inquirenti, giudicanti e decidenti.

La verità processuale non è quella che più conviene al nostro modo di pensare e di agire; questa è una verità a doppio binario, lungi dall'essere verità processuale essa è molto più semplicemente una verità utile!

Recuperare la storia criminale di Felice Maniero dai verbali processuali è come imbattersi in una sfinge giuridica per la soluzione della quale i giudici hanno dovuto scalare la montagna di un mito.

Tuttavia Felicetto, non faceva parte di quei pentiti in attesa di tempi migliori *sostenuti* da incontri *casuali* con altri collaboratori. Come se costoro si trovassero nel bel mezzo di un carnevale e invasi da una miriade di coriandoli colorati dentro i quali i pentiti di *professione* trasformano la cattiva memoria in quella incrollabile dell'elefante.

Felicetto, non è mai caduto in queste *amnesie perniciose,* del resto un pentito che fa arrestare più di trecento persone deve possedere per forza una memoria elefantiaca, oppure un propedeutico registro giornaliero criminale, l'ancora di salvezza per la salita nel palo della *cuccagna* collaborativa.

Sia chiaro che anche lui ha parlato di tutto tranne di ciò che poteva nuocere a se stesso e alla sua famiglia.

"I pentiti sono merce delicata, delicatissima, sono loro che scelgono il giudice a cui confessare, non viceversa, sono degli sconfitti che abbandonano un padrone per servirne un altro, ma vogliono che sia affidabile" così disse Paolo Borsellino.

Maniero ha saputo scegliere e gestire a suo piacimento i giudici inquirenti come un vero *maitre à penser.* Guai a provare e intaccare le dichiarazioni *evangeliche* di Felicetto: ha saputo scegliere e l'ha fatto bene. Felice Maniero è credibile, punto e basta. Anche se per causa sua un innocente sta espiando un ergastolo? Va bene pure questo! E bravo *Cótola,* sei un grande!

Solamente il *presidente* Silvano Maritan, l'unico ex esponente della banda lo sta combattendo giuridicamente ancora oggi per smascherare le menzogne del suo pentimento e, nonostante abbia prove certe e inequivocabili dei suoi *silenzi,* il *presidente* Maritan non è credibile; solo Maniero è attendibile, lo ha stabilito la procura.

Il *presidente* Silvano Maritan, è stato chiamato in correo da Maniero per l'omicidio di Ottavio Andrioli, ma non c'entra con l'omicidio. Il bello è che non c'entrava nemmeno Maniero, che si è autoaccusato! Perché? Maniero temeva Maritan, al punto di farsi carico di un omicidio mai commesso? Mistero giudiziario irrisolto o soltanto seppellito?

Da notarsi: le seguenti notizie non sono state prese dalle cronache giudiziarie o dai libri scritti sulla sua vita.

Diceva ai magistrati inquirenti, quasi in forma maniacale, di volere la protezione, ma soprattutto di temere per la sua incolumità poiché aveva paura di personaggi come Nou Berisa, noto personaggio proveniente da una grossa famiglia mafiosa di Istanbul, evaso grazie a Maniero e *Marietto il grosso,* il suo ex braccio destro

Antonio Pandolfo, mandato in Turchia a prelevare venticinque chilogrammi di eroina purissima: regalo fatto a Maniero per l'evasione del turco.

Per quale ragione Maniero temeva i due più di tutti?

Perché dopo aver ricevuto in dono i venticinque chili di eroina e non avendo dato neppure una lira a *Marietto il grosso,* nonostante costui si trovasse in grosse difficoltà economiche dopo l'evasione, con lo stesso turco consegnò altri cinquanta chili di eroina a Maniero, che pensò bene di non versare il pattuito.

"Vi raccomando" diceva ossessivamente Maniero ai poliziotti addetti alla sua scorta: "Non fatemi nemmeno avvicinare da *Marietto il grosso,* nemmeno fosse in una gabbia perché gli basterebbe afferrarmi per il collo per spezzarmelo in un secondo".

"I veneziani, violenti, forti, pronti a tutto" riportavano le cronache dell'epoca, ma quali erano questi veneziani?

In realtà i veneziani non hanno mai legato con la banda del Brenta, i ladri non hanno mai avuto rapporti con Felicetto, così come a lui non interessava Venezia eccezione fatta per la rapina al casinò. Si racconta, infatti, in giro che qualcuno all'interno dello stesso casinò, avesse preparato il *piatto* ancora prima dell'irruzione.

"Ma perché? Ti devi rivolgere proprio a Maniero per quest'affare?"

"Lo so, è imbarazzante, ma è l'unico in grado di finanziarlo".

"L'unico? E per quale ragione?".

"Perché servono trenta milioni in contanti".

"Ma come? Perché questi soldi non li prendi dalle *casse dall'Ufficio cambi*?".

"Pipino, mio vecchio amico, quando ti avrò spiegato quello che si dovrà fare, capirai e non mi farai più certe domande".

La prima cosa che mi spiega è che era assolutamente vietato prelevare dalle *casse* dei *cambisti* soldi destinati ad affari illeciti e che il business era troppo importante per cui doveva coinvolgere inevitabilmente Felicetto.

Il conte, con tanto di palazzo che si affaccia nella via più bella del mondo: il Canal Grande di Venezia, aveva escogitato un piano infallibile per prelevare dai cambio valuta denaro liquido attraverso semplici pezzi di carta *colorata.*

Vi ricordate di quelle macchinette cambio valuta che si trovavano in tutte le stazioni d'Europa e del mondo e che poi sono state ritirate?

Ebbene, il nobile conte, aveva studiato il meccanismo della lettura dei cento dollari tramite il lettore dei cambio valuta. Come fa una semplice macchinetta a leggere i soldi che s'infilano dentro e riconoscere i tagli delle banconote? Il lettore in realtà non leggeva la banconota ma il colore, sembra una cosa inattuabile, eppure era proprio così.

Il nobile genio, aveva acquistato la *testina assaggia test* dei dollari e dopo vari tentativi, aveva scoperto il colore della lettura dei cento dollari. In pratica si poteva infilare un pezzo di carta colorata nel punto giusto e il lettore riconosceva tramite il colore i cento dollari e, senza alcuna difficoltà, li trasformava in lire sonanti.

I trenta milioni servivano per stampare due milioni di dollari falsi: falsi per modo di dire, perché erano come quelli del gioco dei monopoli, stampati con la compiacenza di una tipografia veneziana.

Ma per cambiare due milioni di dollari ci volevano come minimo almeno quindici persone che dovevano agire all'unisono: scegliere il venerdì alla chiusura delle banche e operare fino la domenica sera.

Immaginate quando gli addetti al prelievo dei soldi delle macchinette cambio valuta, che erano prelevati tutti i lunedì mattina, avessero notato un cambio valuta con un pezzo di carta colorata, così come avvenne in seguito e cosa sarebbe successo dopo: blocco di tutte le macchinette piazzate in giro per il mondo.

Maniero che stupido non era, ha immediatamente *annusato* l'affare e investì quanto chiesto per poi organizzare con noi veneziani i tempi, i modi e la spartizione delle zone: Italia, Francia, Svizzera, Germania, Paesi bassi, insomma tutti i Paesi europei.

Sono stati raccolti e cambiati circa un milione di dollari, stampati a regola d'arte per non insospettire qualcuno che si trovasse in coda nei cambio valuta: sembravano apparentemente cento dollari veri, ma il trucco stava nel colore.

È successo il finimondo quando sono state svuotate le macchinette.

Immediatamente è intervenuta l'Interpol parigina dopo l'immediata chiusura delle macchinette cambivaluta.

Maniero, ha *spifferato* tutto nel corso del suo pentimento ma i veneziani, in particolare modo quelli che l'avevano incaricato dell'affare, sono riusciti a tenerlo molto lontano da eventuali rischi *chiacchiericci* e l'Interpol, dopo un semplice giretto turistico a Venezia, è tornata poi a Parigi a mani vuote.

Maniero ha provato ad accusare anche me del furto del dipinto rubato al Palazzo Ducale di Venezia, ma ne sono uscito pulito.

Devo, però, riconoscergli, l'assoluta capacità di aver saputo scegliersi le persone giuste, dotate di poca intelligenza, per le sue scorribande, che dopo averle spremute come limoni, le ha eliminate, gli altri, quelli più fedeli, li ha *frullati* nelle carceri, e il tutto: in nome del popolo italiano.

"I veneziani violenti e pronti a tutto..." titolavano le cronache, grandi signori dotati di un ingegno superiore rispetto ai criminali provenienti dall'hinterland.

Il nobile conte, il *genio versatile*, in seguito è stato il primo, molto più avanti dei rumeni, a costruire congegni per sfilare dai bancomat denaro in contanti. È stato arrestato con un complice a Mestre, condannato con la condizionale, si è trasferito in Giappone.

"Conte, dove sei? Abbiamo bisogno del tuo ingegno!".

LA SALA DEL BELLINI DEL MUSEO CORRER

Vi sono certe ricchezze la cui provenienza ha avuto origine durante le guerre, in un clima nel quale qualsiasi tipo di saccheggio, esproprio e traffico illecito è stato possibile ed è rimasto impunito.
E queste, a mio parere, sono le ricchezze più ripugnanti.

Venezia è un concentrato inimmaginabile di opere d'arte: basterebbe quanto contenuto in una semplice chiesa per allestire un museo all'estero.

La più alta concentrazione però, si può ritrovare nei musei: le Gallerie dell'Accademia con i suoi giganteschi *telèri* di Tintoretto e la Tempesta di Giorgione, forse il dipinto più affascinante ed enigmatico di tutta la storia dell'arte, il Palazzo Ducale con il trionfante Veronese, il Museo Correr, e il fantastico Museo settecentesco di Ca' Rezzonico che fa da cornice al dipinto più bello del mondo, la nostra Venezia!

Era una chiara giornata di febbraio del lontano 1992 quando ricevo la telefonata di un vecchio amico che a suo tempo era emigrato all'estero.

Dopo un rapido scambio di convenevoli, giunge subito al sodo: "Zio, ho un lavoro favoloso… ".

"Se posso…".

Spesso alcuni *lavori* che ti propongono nel mio ambiente non sono proprio quelli che si dicono una passeggiata rilassante, molti li ho sempre evitati come la peste perché non mi sentivo di condividerli.

"Sarebbe meglio che ci vedessimo a quattr'occhi: si tratta di un affare un po' delicato".

Decidiamo così di incontrarci in un luogo tranquillo, lontano da occhi e orecchi indiscreti.

"Ascolta, Zio: c'è un mio amico che mi ha commissionato una *visita* a un museo veneziano... ".

A quelle parole, come mi era già capitato l'anno precedente con il Palazzo Ducale, cominciai a insospettirmi: la mia città e i suoi tesori facevano e fanno ancora oggi gola a ladri e collezionisti di tutto il mondo, molti senza scrupoli che, pur di possedere l'agognato oggetto del desiderio, sarebbero capaci di fare qualsiasi cosa.

"E quale sarebbe?".

"Il Correr! Come ricompensa, ci sarebbe l'equivalente di duecento milioni di lire in marchi, e tutto in contanti".

L'affare si stava facendo grosso, e in tutti i sensi: al Museo Correr c'era veramente un po' di tutto. Dato il compenso, non avrei escluso che il bersaglio fosse proprio un dipinto.

"Allora, ci stai?".

Ero perplesso ma sapevo che se avessi mollato l'impresa, qualcun altro l'avrebbe continuata al mio posto magari con esiti disastrosi.

"D'accordo. Tuttavia devi dirmi più precisamente di cosa si tratta".

L'amico cercava di rimanere vago: "Beh, devi aiutarmi a entrare, da solo non ci sono riuscito".

"Dunque hai già tentato? E poi, cos'è successo?".

"Beh, sono salito sul tetto insieme a Luciano e siamo riusciti ad arrivare solo fino ai coppi dell'Ala Napoleonica: di arrivare alla sala del Bellini non c'è stato verso!".

Allora capisco subito che era quello l'obiettivo: certamente puntava in alto, perché la collezione dei dipinti di Gentile e Giovanni Bellini che si trovano lì è di un'importanza eccezionale. Cerco di rimanere calmo e capirne di più.

"Perché proprio la sala del Bellini? Vuoi prendere qualcosa lì?".

"In parte... ".

"E quello che si prende, dove andrà a finire?".

"Ma a Venezia, che discorsi! Serve solo per uno scambio e poi tutto sarà riconsegnato al museo. Ti do la mia parola d'onore!".

Sembrava sicuro di ciò che diceva, ma io intuivo che sotto doveva esserci qualche inghippo: "Dimmi cosa ti serve e vedrò di andarci io".

"No, no! Ci andiamo entrambi: tu mi guidi e io ti seguo!".

"Guarda che non sarà facile: ci sono allarmi, e poi la guardia notturna gira armata dopo il furto della collezione delle monete d'oro... ".

"In tal caso mi porterò dietro una pistola, così vedremo...".

"Ma quale pistola, guai a te se porti armi! Lascia fare a me: basta che tu mi segua e faccia come ti dico e ai Bellini ci arriviamo senza problemi. Siamo d'accordo?".

Non poteva che acconsentire.

In quel periodo una parte del museo era in restauro e la grande impalcatura esterna ci avrebbe facilitato la scalata fino al tetto. Io sapevo benissimo come arrivare fino alla sala del Bellini, quei posti li conoscevo come le mie tasche, e forse anche meglio. Per arrivare fino all'obiettivo, dovevamo evitare qualsiasi corridoio e quindi entrare da un abbaino dopo aver fatto il solito buco.

La notte successiva all'incontro entrammo in azione. Come previsto la risalita risultò facile grazie alle impalcature e ai grandi teloni che le ricoprivano: ci arrampicammo dall'abbaino di fronte al Campanile di San Marco per fare un buco.

Una volta dentro, mi accorsi di esser finito in una di quelle grandi sale adibite al restauro di qualche dipinto, forse in disuso, ingombrata da attrezzi e ragnatele con quadri sparsi un po' dappertutto. Da lì, attraverso una porticina, entrammo in una sala della galleria. Ovviamente la porta che immetteva alle altre stanze doveva essere protetta da allarmi.

Mi avvicinai alla parete che era in realtà un grande pannello di cartongesso, di quelli che oggi si usano per creare i percorsi tematici suddividendo le sale, agganciato al soffitto solo con alcune catenelle. Da una fessura che lo divideva dalla parete della sala, si potevano vedere i Bellini. Rimuoverli sarebbe stato uno scherzo.

"E allora, cosa aspettiamo?".

"Niente! Per adesso non facciamo proprio niente! Adesso si torna fuori, in piazza".

"E perché?".

"Dopo te lo spiego!".

Ed eccoci di nuovo in strada.

"La sala dove ti ho portato è l'ultima di una lunga serie: prima di agire, dobbiamo essere certi di non incrociare la guardia notturna. Per questa ragione dobbiamo controllare le luci che a mano a mano si accendono e si spengono e gli orari dei passaggi: è la *nottola* che ispeziona, le sale. Basta che cronometriamo i tempi e il gioco è fatto. Per il colpo, ora che la strada è pronta, possiamo tornare domani".

Rimanemmo per un po' in piazza con il naso all'insù a controllare le finestre che, una dopo l'altra, s'illuminavano per poi ritornare buie.

Cronometrai il percorso. Il passaggio della guardia notturna avveniva ogni ora, evidentemente dopo il furto delle monete d'oro, il museo aveva escogitato qualche sistema affinché la *nottola* non si assopisse com'era successo in passato.

Risaliti la sera dopo, mentre stavamo attendendo il passaggio della *nottola* per violare la parete che ci separava dalla sala del Bellini, dissi al mio compare: "A proposito, i soldi sono pronti?".

"Oh, per quello non ti devi preoccupare: chi li scuce è uno che di soldi ne ha, e tanti da far paura!".

Il panorama cominciava a farsi chiaro: non si trattava di uno scambio ma di un vero e proprio furto su commissione.

"E chi sarebbe il riccone?".

"Penso che lo conosca anche tu: è Arkan. L'ho conosciuto anni fa in galera, è stracarico di soldi... nessun problema...".

Arkan? È il soprannome di Zeljko Raznatovic, un personaggio condannato dall'Onu per crimini contro l'umanità commessi durante la guerra nell'ex Jugoslavia. Un terrorista che uccideva senza pietà civili, commettendo e autorizzando stupri, saccheggiando e distruggendo proprietà private e monumenti, creando campi di concentramento... in sostanza, la peggior vergogna del popolo serbo. Figuratevi se un macellaio del genere avrebbe consegnato i Bellini a Venezia!

"Nessun problema tu dici? Tu sei convinto che sia sufficiente essere ricchi per acquistare i dipinti del Bellini?".

"Ma non vuole acquistarli, gli servono per uno scambio".

"Ok".

Quella era la conferma ai miei peggiori sospetti.

Decisi di aspettare ancora qualche minuto, poi mi avviai: "Vieni con me che devo fare una cosa!".

"Che cosa? Ora li abbiamo a portata di mano!".

Lo porto nelle soffitte del museo.

"Vedi tutta questa roba? Sono cornici del Settecento, valgono una fortuna e non sono nemmeno catalogate: ora ce ne prendiamo un po' e le portiamo al sicuro. Sono talmente tante che non se ne accorgeranno mai, poi discuteremo sui soldi dell'altro affare".

Era una scusa non tanto banale perché quelle cornici valevano proprio una fortuna ed erano abbandonate a marcire in quella soffitta. Non potevo uscire senza portarmi dietro almeno le spese per il lavoro svolto!

Vendute e anche bene, alcune poi sono state trovate a casa di un tizio e altre da un ricettatore.

Valerio era ritornato al museo senza di me. Aveva prelevato altre cornici e credo che volesse completare il colpo della sala del Bellini. Tuttavia dopo avermi informato, si è offerto di darmi la mia parte e, come avevo intuito, voleva terminare il lavoro dei Bellini. Tutto questo me l'ha detto mentre stavamo bevendo un caffè in piazza San Marco.

Valerio era un ottimo ragazzo, capace di qualsiasi impresa e anche un tipo veramente omertoso. Tuttavia, non aveva capito che, una volta sottratti, i dipinti del Bellini non sarebbero mai più tornati a Venezia; non solo, ma forse non avrebbe nemmeno preso una lira e chissà, con certi personaggi anche la sua vita poteva essere in pericolo: così ho deciso di agire immediatamente.

"Vieni, devo fare una telefonata urgente!".

Mi avvicino a una cabina telefonica, sollevata la cornetta, chiamo il 113.

"Pronto, polizia... ".

"Chi parla?".

"Parla un piccione di piazza San Marco!".

"Prego: *tubasse* pure... ".

"Volando sopra il tetto del museo Correr, ho visto che c'è un bel buco: sarà meglio che qualcuno si preoccupi di tapparlo al più presto, perché non vorrei che da lì entrasse qualche *topo* amante dei quadri!".

Il mio amico mi guardava esterrefatto: "Ma ti ha dato di volta il cervello Zio? Hai raccontato tutto alla polizia!".

"Certo, ma non sono pazzo e neanche una spia: so benissimo quello che ho fatto. Ho riparato una falla che poteva rivelarsi disastrosa".

"I Bellini fanno parte di questa città e qui devono rimanere: non m'interessa quanto ti è stato offerto; non lo farei per tutto l'oro del mondo se solo avessi, come ho, un solo dubbio sull'esito del ritorno!".

Il mio amico era infuriato ma poi non ha potuto che darmi ragione. Il segnale era stato chiaro: le opere d'arte specialmente quelle di grande valore storico, devono rimanere in città!

Lo guardavo allontanarsi, prima di tornare a casa a mia volta:

sicuramente il giorno successivo, o al massimo in quello dopo, la notizia sarebbe comparsa sui giornali, mentre io sarei stato convocato dal Grande Capo.

Ma tutto questo non mi importava: avevo la coscienza pulita e avrei saputo come controbattere.

Verso il fondo della piazza incrocio una coppietta di turisti che passeggiava mano nella mano e rivolgo loro un cenno di saluto, ricambiato da loro con un sorriso.

Quando in seguito sono ripassato sotto l'Ala Napoleonica, ho visto un grande cartello che indicava l'ingresso al museo: era riprodotto, in dimensioni naturali, il ritratto del doge Mocenigo, proprio quello di Gentile Bellini.

Ero orgoglioso, mi sentivo come uno di quegli antichi veneziani che per secoli erano riusciti a proteggere la città dai barbari.

IL GAZZETTINO DI VENEZIA

13 febbraio 1992

Venezia — Poteva essere il colpo del secolo. Un colpo inteso a violare e a depredare quell'autentico "santuario" della cultura mondiale che è il Museo Correr: diecimila metri quadri di capolavori d'arte esposti ai piani superiori delle Procuratie di piazza San Marco. Una potenziale razzia — preparata con cura da una "banda del buco" di autentici professionisti del furto — fortunatamente andata a vuoto grazie ad una soffiata...

L'obiettivo era la sala dedicata alle opere di Giovanni Bellini...". Un nuovo attacco, dunque, portato dai "ladri d'arte" al ricchissimo patrimonio cittadino. L'ennesimo, si potrebbe dire, ricordando l'ultimo e il più clamoroso: quello che aveva preso di mira il 10 ottobre dello scorso anno Palazzo Ducale. In quell'occasione era stata esportata una tavola quattrocentesca, di scuola Vivarini, in seguito recuperata dalla polizia".

Fallito il furto della sala del Bellini, dopo circa un anno, fu trafugata nel 1993 la Madonna con il bambino di Giovanni Bellini dalla chiesa della Madonna dell'Orto di Venezia.

Non fu mai più ritrovata: coincidenza?

I PICCIONI DEL SALOTTO DEL MONDO

L'invidia è un sentimento che spesso agisce silenziosamente e in maniera indiretta, ma che può raggiungere gradi d'intensità molto elevati procurando all'invidioso grande sofferenza. Trattandosi di un sentimento non manifesto, come la gioia e l'affetto, può essere confuso con altre emozioni da quanti non ne hanno consapevolezza. L'invidia può essere rivolta in modo specifico, ad esempio verso una singola persona, o in modo generico. L'invidioso non si accontenta solo di ottenere ciò che appartiene ad altri ma desidera contestualmente che le persone invidiate perdano tutto.

Questo sentimento perverso, che in taluni casi sconfina in perfidia e malignità, prima di colpire gli altri agisce sull'invidioso che vive tormentato dal costante bisogno di avere ciò che non ha.

Ero seduto con un amico a un tavolino del Caffè Florian in piazza San Marco in attesa del basista: l'orchestrina suonava il vecchio valzer della Vedova Allegra e io ammiravo per l'ennesima volta l'incredibile equilibrio di stili di questa mia città. Al Caffè Florian che si affaccia su piazza San Marco, *il salotto del mondo*, ci vado sempre volentieri perché profuma di antico, con le vetuste vetrine e gli arredi ormai scuriti dal tempo, gli stessi che c'erano quando Goldoni veniva a bere la cioccolata e Goethe ad ammirare le bellezze italiane.

Di fronte a me il Caffè Quadri, concorrente storico del Florian, anche se più giovane di una cinquantina d'anni e, sopra, le Procuratie Vecchie, così chiamate perché un tempo ospitavano i Procuratori della Serenissima.

L'architettura delle Procuratie Vecchie è la massima espressione di una bellezza straordinaria, un susseguirsi continuo di finestre ove la pietra appare come un merletto traforato per *rubare* la luce fino all'ultimo raggio del crepuscolo solare.

"Che vista meravigliosa! Darei non so cosa per avere un appartamento qui!" dissi al mio amico.

"Se è per questo, piacerebbe anche a me".

In quell'istante arriva il basista, un noto ex direttore di una banca veneziana: conosciuto in città per la sua fama di collezionista di opere d'arte. Era stato ospite in casa Coin, quello dei grandi magazzini. Proprio lui osservando il Caffè Quadri ci fa notare sei finestre chiuse coperte da sei tendoni gialli.

"Ecco, vedete quelle sei finestre sopra il caffè Quadri, chiuse da tende gialle e poco sopra quei piccoli oculi ovali sui quali poggia la merlatura bianca a due dita dai tetti delle Procuratie? Ebbene, quella è la casa di Coin. Quell'appartamento, unico, che si affaccia in piazza, è straricco e pieno zeppo di gioielli, quadri, argenteria antica, porcellane: insomma, una delle case più ricche di Venezia".

"In quelle finestre abita Coin? Quello dei grandi magazzini?".

"Sì, proprio Coin, quello dei grandi magazzini".

"Ma cos'è, un salone?".

"Ma quale salone? È un appartamento enorme, si affaccia fin dietro il canale dei Dai e sopra i tetti c'è un'enorme terrazza".

"E la porta d'ingresso di questo imponente appartamento, dove si trova?".

"In *calle* Cappello!".

"Certo che, se uno abita in quello straordinario appartamento, al centro di piazza San Marco, ne deve avere di soldi" commenta il mio amico.

"Altroché se sapessi chi ci abita!".

"Quel palazzo, oltre alla posizione, è patrimonio artistico della città e risale al XII secolo... ".

"Beh! Se è per questo, sotto le cinquanta arcate dei portici si trovano numerosi negozi sopra le assicurazioni Generali e anche la mostra di una vetreria: il potere del denaro, caro mio, apre le porte del paradiso" rispose il basista.

"È più facile che un cammello passi per la cruna di un ago che un ricco entri nel regno dei cieli!".

Questa si dovrebbe chiamare, a rigore di logica, rivalutazione immobiliare o meglio "speculazione selvaggia". Tra qualche anno questi miliardari si compreranno pure il Palazzo Ducale se andiamo avanti di questo passo.

"Beh, che discorsi sono questi? Veniamo al sodo".

"E quale compenso sarebbe il tuo?" chiesi al basista.

"All'interno dell'appartamento ci sono una decina di dipinti di Guglielmo Ciardi, un pittore minore veneziano dell'Ottocento. Ce ne sono due che m'interessano ecco le foto: tutto qui".

Si trattava di due vedute di Venezia, nemmeno tanto grandi, e all'epoca, di scarso valore.

Guglielmo Ciardi, pittore veneziano, poeta di luci e di silenzi, era un pittore che conoscevo bene e apprezzavo molto. Era padre di quattro figli anch'essi pittori. La più nota Emma Ciardi, oggi molto quotata. Il fratello Beppe aveva donato venticinque dipinti del padre proprio alla Cassa di Risparmio di Venezia: che sia una coincidenza?

"Bene, se questo è il tuo compenso, ti porteremo i due dipinti".

Sarà stata una coincidenza, o forse l'ho solo immaginato, ma mentre ci alzavamo l'orchestrina, che aveva appena terminato il valzer, attacca con l'Ouverture della *Gazza Ladra*.

Come dei normali turisti, facciamo il giro lungo i portici della piazza per poi infilarci in *calle* Cappello dove trovammo la porta con scritto Coin. Subito scattò il solito sistema: elenco telefonico, numero civico e nome. Telefonammo più volte, a ripetizione, ma nessuno rispose, mettiamo il solito segnale tra la fessura della porta d'entrata ben celata e con lo stesso colore che, nel caso di caduta, ci avrebbe indicato la presenza di qualcuno in casa.

"Cosa ne dici se controllassimo più adeguatamente la *carbona*?" domandai, indicando con il capo *el Paròn*, come noi veneziani chiamiamo affettuosamente il campanile di San Marco. Ci siamo mischiati con la perenne coda di turisti che ne affolla l'ingresso e, non molto dopo, siamo saliti con l'ascensore fino alla loggia, proprio sotto le antiche campane. Da lì la vista spaziava su tutta la città.

Infilai una monetina nel cannocchiale a disposizione dei turisti e simulai di guardare il panorama: sul tetto delle Procuratie, tra gli abbaini e proprio in concomitanza della casa di Coin, si scorgeva una grande terrazza che dava sul retro, verso il rio dei Dai. Sicuramente faceva parte dell'appartamento. Eravamo soddisfatti.

Quella sera eravamo ancora insieme a cena al ristorante Antico Martini, nei pressi del Teatro La Fenice. Continuavamo a fantasticare su quello che avremmo potuto trovare in quel posto così notevole.

"Perché non andiamo a scoprirlo?".

"Come sarebbe a dire? Adesso? Vestiti così? Ma tu devi essere pazzo!".

In effetti, indossavamo entrambi un elegante abito da sera e io avevo ai piedi un paio di scarpe in cuoio griffate Fratelli Rossetti nuove di zecca, morbide come un guanto ma non di certo ideali per una scalata.

"Perché, pensi forse di non farcela?".

"Ma figuriamoci... no, non è questo".

"E allora cosa c'è? Dopotutto quella scalata la conosciamo a memoria".

Infatti, non era la prima volta che salivamo su quei tetti, ma in genere avevamo con noi l'attrezzatura adatta.

"Beh, a parte i vestiti, non abbiamo con noi né torcia elettrica né attrezzi".

"Per questo non c'è problema: so io, dove si possono trovare qui vicino!".

Aveva ragione: era, infatti, nostra abitudine imboscare in piccoli nascondigli sparsi per la città dei kit completi da usarsi al momento del bisogno senza doverseli trascinare dietro per campi e *calli*.

"Allora? ci stai o no?".

"Beh, ci sto pensando... ".

Continuiamo così per un'altra oretta, lui a tentare di convincermi, io a tergiversare. Alla fine mi lascio convincere a entrare in azione.

Pur essendo già scoccata la mezzanotte, piazza San Marco era ancora piuttosto frequentata: ci intrufolammo in *calle* del Salvàdego, dietro Bocca di Piazza.

Si tratta di una piccola *calle* stretta e buia nella quale un passaggio aereo, come il Ponte dei Sospiri, collegava i due edifici, un luogo che anche di notte è scarsamente illuminato: era proprio da lì che in genere praticavamo la salita sui coppi delle Procuratie Vecchie.

Nonostante le scarpe lucide e gli abiti eleganti riusciamo agevolmente ad arrampicarci fino in cima giungendo sui coppi.

Subito mi tolgo le scarpe per non scivolare e per evitare di rovinarle.

Ci avviammo verso la terrazza, ma una volta arrivati capiamo che non saremmo mai potuti entrare da lì: le misure di sicurezza la rendevano in pratica una fortezza inviolabile.

Decidiamo allora di cambiare il piano: puntiamo a un abbaino che, secondo le nostre previsioni, essendo posto proprio sopra le finestre di casa Coin doveva portarci all'interno dell'appartamento.

Riusciamo a entrare facilmente e ci troviamo davanti a un lunghissimo corridoio: era la sede delle Assicurazioni Generali, proprio dove si vedono dalla piazza di piccoli oculi ovali.

Non era lì che saremmo voluti arrivare: in quei posti possono sempre esserci allarmi nascosti e qualche *nottola* che sorveglia.

Essere beccati per avere sbagliato il posto sarebbe stato veramente il colmo!

Proprio in quel momento, infatti, vediamo un chiarore illuminare il fondo del corridoio: era una *nottola* che stava facendo il suo giro d'ispezione. Immediatamente ci nascondiamo dietro a una scrivania. Se ci avesse scoperto, già immaginavo i titoli dei giornali: "*CATTURATI DUE LADRI IN ABITO DA SERA!*".

Attendiamo immobili il passaggio.

La luce della pila elettrica ci sfiora ma, forse anche grazie alle tinte scure dei nostri completi, non ci fa individuare: dopotutto la *nottola* doveva compiere quel giro in continuazione, più volte per notte e per tutte le ore notturne.

L'uomo aveva la tipica aria svogliata e rassegnata di chi compie il proprio mestiere ormai per routine, con passi e gesti codificati, infatti dopo un'occhiata veloce all'ufficio prosegue.

Aspettiamo finché non lo sentiamo uscire dalla porta in fondo al corridoio. Lasciamo passare un altro quarto d'ora, per sicurezza, e poi cominciamo a muoverci.

Alzandoci da dietro al tavolo mi accorsi che quei piccoli oculi ovali che davano su piazza San Marco, avevano finestre piccole ma sufficienti per calarci di sotto. Non avevano sistemi di protezione, ma solo una semplice chiusura interna. Il mio amico e io ci guardiamo e, senza quasi dover proferir parola, decidiamo il da farsi: lui si sarebbe calato con una corda, che faceva parte del kit che avevamo recuperato, e avrebbe poi provato a entrare da una delle finestre al piano sottostante. Poi sarebbe corso di sopra ad aprire una delle imposte di ferro che dava sulla terrazza.

Io l'avrei necessariamente aspettato lì.

"Ti devi spogliare. Così non puoi scendere".

"Come? Spogliarmi… e perché?".

"Dai una semplice occhiata al colore dei marmi delle procuratie: le vedi? Sono bianche! Ti faresti vedere come una lucertola nera che cammina in una parete bianca".

In piazza, anche se quasi deserta, sarebbe bastato un occhio distratto per vedere scendere da quei marmi bianchi un vestito scuro.

Per ovviare il problema il mio amico si spogliò rimanendo in corpetto bianco e mutande.

Nel frattempo aprii la finestrina e, puntandomi come una guida alpina, tenni ben ferma la corda mentre lui scendeva. Una volta entrato nell'appartamento di Coin, diede alcuni strattoni alla fune, segno che potevo recuperarla. Richiusi la finestrina e risalii sul tetto attraverso il medesimo abbaino dal quale ero entrato portandomi appresso il suo vestito.

Ed ecco che poco più tardi ci ritrovammo entrambi dentro l'appartamento a fare razzia.

Se devo essere sincero nella mia lunga carriera, non ho mai visto un disordine simile, in ogni casa da me visitata ogni stanza, era pulita e ordinata. Descrivere il caos e il sudiciume di quella casa mi disgusta ancora oggi. Quello che ho trovato poi, mi sembrava quasi impossibile: banconote di quasi tutte le nazioni del mondo e gioielli in quantità esagerata, sparsi come spazzatura dappertutto, un vero oltraggio alla povertà. Raccattai non so quanti gioielli sui tavoli, sulle poltrone, nei comodini delle stanze, in cucina, e addirittura appoggiati sul bidet. Trovai anche una decina di pellicce di valore e un bel po' di argenteria antica, nascosta sotto un mobile della camera e parecchi dipinti di cui sei o sette di Guglielmo Ciardi.

Una cosa che mi colpì molto è stato il bagno tutto in cristallo pieno di gioielli, sempre sparsi ovunque.

Decisi che per quella sera sarebbe potuto bastare.

Purtroppo, lì, ci attendeva un'amara sorpresa: un pesante cancello di sicurezza di ferro sbarrava il percorso interno.

Dopo una rapida occhiata fu chiaro che sarebbe stato inutile tentare di forzarlo, perlomeno con i mezzi che avevamo a disposizione.

Non ci restava che ritornare sui tetti attraverso la terrazza.

Lasciammo buona parte del malloppo in casa, con l'intenzione di ritornare a prenderla in un secondo momento.

Mi ritrovai di nuovo con le scarpe in mano a passeggiare sui *copi*. Giunto vicino al cornicione decisi di infilarmele prima di affrontare la discesa ma, quando poggiai il piede sulla lista di pietra d'Istria ai margini del tetto, sentii uno sgradevolissimo *scriiiieeek*, tipico delle suole nuove quando si flettono le prime volte. Come se avessi pigiato un interruttore, un nugolo di piccioni che probabilmente stava accucciato sotto il cornicione, improvvisamente spaventato, prense il volo, producendo un baccano notevole.

Sfortuna vuole (purtroppo, sempre lei!) che proprio nel passaggio che collegava i due edifici si trovava la guardia notturna che aveva appena terminato il giro di ronda.

Insospettita dal fracasso proveniente dal volo dei piccioni, istintivamente puntò la sua torcia nella nostra direzione e noi, pensando che ci avesse visto, lasciammo le borse nel posto in cui le avevamo posate, meno una che avevo a tracolla.

In dieci secondi eravamo di nuovo nel labirinto delle *calli* veneziane.

Se la città di Roma deve ringraziare un gruppo di oche starnazzanti per averla salvata dall'assalto di Brenno, credo che anche il buon Coin abbia un grosso debito con i piccioni svolazzanti per averlo salvato dall'assalto dello Zio & Company.

CACCIA AL LADRO

Quando penso che da ragazzo ho iniziato a rubare per necessità mi tornano alla mente due film: Ladri di biciclette *e* Sciuscià *diretti dal grande Vittorio De Sica.*

Due capolavori del neorealismo italiano che danno voce al mondo del sottoproletariato urbano, delle periferie degradate del dopoguerra mostrando la realtà nella sua drammatica crudezza.

Dal dopoguerra a oggi il mondo delle periferie e dei bassifondi raccontato da Ladri di biciclette *e* Sciuscià *è gradualmente cambiato: gli eroi tragici di De Sica hanno lasciato il posto a nuovi protagonisti e organizzazioni criminali. Nuove storie strazianti di vite sanguinarie che hanno appassionato numerosi registi e scrittori, dalla banda della Magliana fino ai banditi milanesi passando per la batteria di Felice Maniero. Tutti questi criminali hanno vissuto qualche anno di celebrità: vite troppo brevi finite con morti violente, latitanze o pene carcerarie senza fine.*

Anch'io come molti ho vissuto in periferie degradate e ho fatto del furto una scelta di vita, con una differenza sostanziale: non ho mai rubato a un povero ma ho sempre bazzicato ambienti lussuosi, luoghi ove vi era ricchezza. Per quella che è stata la mia storia posso dire che la mia natura camaleontica mi ha permesso di passare da soggiorni in hotel extra lusso a celle sovraffollate senza subire traumi e patire molte sofferenze.

Eccomi quindi a Losanna, una città che non è solo una località per il turismo d'élite, ma anche residenza di personaggi illustri e facoltosi; un luogo nel quale in passato hanno vissuto personaggi come: Strauss, Tchajkovskij, Rousseau, Voltaire, Byron, Hemingway, Green, Simenon, Bonaparte, Lenin e altri ancora.

In questo centro di ricchezza, situato tra il quartiere Bourg Ouchy e Vevey, ci sono ville maestose di attori famosi, industriali, nobili e italiani emigrati per sfuggire al fisco.

A Losanna vi sono anche diversi alberghi esclusivi, uno di questi è il Beau Rivage Palace che ha ospitato nobili e celebrità provenienti da tutto il mondo: Charlie Chaplin, Gregory Peck, Grace Kelly, i duchi di Windsor, il re Leka, Coco Chanel, Cary Grant, l'imperatore Hirohito sono tutti passati dal check-in di questo maestoso albergo.

Non è un caso che in questo paradiso soggiornino personaggi ricchi, più o meno celebri, che hanno la possibilità di godere di una sicurezza e di una privacy difficili da trovare altrove, senza dimenticare che la Svizzera, del resto, è anche un noto paradiso fiscale (forse adesso non più). La maggior parte di questi ricchi vive attorno al *Lac Léman* (lago di Ginevra): zona nei cantoni di Vaud e Ginevra. Muoversi in questi ambienti non è stato affatto facile.

Mi ricordo quando ero ragazzino e tentavo di intrufolarmi nelle spiagge dei ricchi: benché fossi in costume ai bagnini che monitoravano le spiagge bastava uno sguardo per capire che ero un abusivo. Avevo tatuata in volto la popolare maschera della povertà.

Furbizia: la qualità di chi, nella vita, sa trarsi abilmente d'impiccio per raggiungere i propri scopi, evitando accuratamente le insidie e ricorrendo spesso a ingegnosi espedienti.

Furbizia, scaltrezza, astuzia, furberia: sono sinonimi d'intelligenza?

Parecchi scienziati non hanno ancora stabilito in cosa consiste l'intelligenza, perché essendo qualcosa di abbastanza soggettivo non può essere catalogata con un semplice questionario.

Secondo la mia esperienza l'essere furbo non è sufficiente per un mestiere come quello che facevo io; perché per essere furbi, bisogna pensare e il pensare è già un problema. L'intelligenza invece è immediata e ti aiuta a risolvere certe situazioni inaspettate e impreviste.

Un esempio: tornavo in treno da Klagenfurt con una valigia piena di gioielli trafugati in una gioielleria. Mi ero *furbescamente* creato una sorta di *passaggio* per la frontiera del Brennero, camuffandomi e mischiandomi ai pendolari migranti soliti passare i week end in Italia.

Avevo camuffato una valigia di finta pelle coprendo i gioielli con biancheria intima listata di merda e altre schifezze. Arrivato alla dogana italiana, i doganieri entrarono nel mio scompartimento: "Nulla da dichiarare?".

Tutti risposero: "Nulla da dichiarare".

Io ho cercato di fare il *furbetto* facendo finta di dormire e i doganieri: "Di chi è quella valigia?".

"Mia!".

"E quella?".
"Mia!".
"E quell'altra?".
"Mia!".
Arrivati alla mia valigia: "E quella?".
Silenzio tombale.
I doganieri, dopo la conta delle valigie, ripetono la domanda: "Di chi è quella valigia?".
"Mia" risposi, facendo credere di essere assopito.
"Nulla da dichiarare?".
"Nulla".
"Me la apra per favore".
"Certo".
Tirai la valigia che pesava circa cinquanta chili, come fosse un fuscello. Appena aperta, alla vista del contenuto, il doganiere quasi tappandosi il naso disse: "Va bene, va bene, chiuda pure".
Avrà pensato: i soliti migranti pezzenti!
Lascio ai lettori cosa sarebbe successo se nessuno avesse reclamato quella valigia: sosta del treno, nome e cognome di tutti i passeggeri dello scompartimento, intervento di qualche artificiere. E io? L'unico pregiudicato conosciuto come ladro internazionale di gioiellerie...
Domanda: furbizia o intelligenza?

Era l'estate del 1973 quando io e Gino, dopo le scorribande nelle gioiellerie svaligiate, una a Losanna e una a Ginevra, e il furto delle pellicce di Fendi ai magazzini Bon Genie, avevamo stabilito di concederci qualche giorno di riposo in riva al lago.
Avevamo affittato un piccolo appartamento *preso* con dei documenti falsi nel quartiere Bourg di Losanna.
Una sera si decise di cenare a Évian-les-Bains, cittadina francese raggiungibile con il battello, dal Quai d'Ouchy sul lago di Lemano.
Lungo la passeggiata della riviera di Losanna, che porta a Ouchy, notiamo una bellissima villa - forse una delle tante dimore dei ricchi - con un particolare che attirò subito la nostra attenzione: una finestra semiaperta al secondo piano. La villa era completamente al buio.
"Hai notato Gino, che spettacolo di villa?".
"Bellissima: chissà chi ci abita...".

"Semplice: basta solamente dare un'occhiatina".

"Un'occhiata?".

"Sì, dai, concediamoci un'occhiatina".

Gino, che non era certo uno di tante parole, quando si trattava di dare un'occhiatina a qualche futuro lavoretto non si lasciava mai tanto pregare.

Ci avvicinammo così a quella maestosa villa circondata da un enorme parco, e notiamo sul cancello solo due grosse iniziali: C.H.

"Chi sarà mai questo C.H.?".

"E *chissenefrega*! Diamo un'occhiata intorno".

"M'incuriosisce un particolare, hai notato che non c'è nemmeno la cassetta della posta?".

"Sì... ebbene diamoci dentro".

"Ma ti rendi conto di quanto è grande questa villa? Non basta che una finestra sia semiaperta al secondo piano, per essere certi che non ci sia nessuno in casa".

Gino aveva ragione, di solito prima di entrare in azione, prendevamo il numero di telefono e poi provavamo con il solito squillo. In quell'occasione non potevamo suonare il campanello per essere certi che in casa non ci fosse nessuno.

Suonare il campanello, magari con una scusa qualsiasi, era un rischio, così come lo era entrare in una villa senza sapere se ci fosse qualcuno dentro. Non avevamo nessun riferimento.

"Potremmo entrare nel parco e arrivare alla porta d'ingresso, lì magari c'è qualche lettera o qualcosa che ci indica nome e cognome del proprietario per telefonare" dice Gino, facendomi notare anche, che in strada, c'era anche una cabina telefonica.

"Ok, salto io dentro e mi faccio un bel giretto. Tu rimani nei pressi del cancello e se vedi arrivare qualcuno fammi un fischio".

Con Gino, avevo stabilito una specie di segnale: biascicava il nome di *Armando* per avvisarmi di un possibile pericolo.

Saltai il muro sul retro della villa, per guardare se, intorno, si potesse trovare qualche traccia: cassette delle lettere, targhette sulle porte interne o semplici intuizioni, che ci avevano già, in altre occasioni, svelato le informazioni degli abitanti dei luoghi da *visitare* con questo sistema.

Girai lungo il perimetro della villa senza trovare alcuna traccia. La villa era completamente al buio, nessun rumore dall'interno. Raggiunsi Gino che sostava davanti all'ingresso.

"Niente, di niente, nessun riferimento! sembra che non ci sia nessuno dentro la villa".

Gino, da fuori, aveva notato un gatto, che pareva una tigre, gironzolare nel parco.

"Riesci a prendere quel gatto?".

Mi giro e vedo un soriano colore albicocca: una bestiolina di circa dieci chili, grosso e paffuto.

"Beh! Cosa c'entra il gatto".

"Cerca di prenderlo e portalo qui!".

Mi avvicino al gattone e, dopo averlo accarezzato e preso in braccio lo porto davanti al cancello. Gino guarda il collare.

"*Se tu me trouves, appelle ce nombre*".

Il gattone aveva il numero di telefono sul collare! Geniale l'idea di Gino, da Oscar.

Lo lascio cadere e lui scappa come una saetta lasciando sulle mie mani i segni della sua *benevolenza*.

"Ok! Tu rimani qui, io vado a telefonare così, se senti il telefono che va ininterrottamente, sappiamo che non c'è nessuno. Ti raggiungo all'altezza di quella finestra semiaperta".

Udivo forte e chiaro il trillo del telefono che squillava di continuo e nessuno che rispondeva; nessuna luce fuoriusciva da quella villa.

Appena tornato, Gino si mette in posizione di copertura e io scalo la parete fino a raggiungere la finestra.

Come al solito, appena entrato nella villa, tornai da lui per aprirgli la porta d'ingresso e cominciare la razzia.

Trovammo gioielli e denaro in abbondanza: *dulcis in fundo*, in un cassetto dello studio, c'era pure la chiave di una cassaforte a muro nascosta dietro un quadro. Un bottino simile a quello di una gioielleria!

È ancora chiaro il ricordo di una spilla a forma di pappagallo tempestata di brillanti, smeraldi e rubini di un valore enorme. Ma la serata non finì lì!

Tornati nel nostro appartamentino e dopo aver chiamato un taxi, ci siamo recati al Quai d'Ouchy per prendere il battello diretto a Evian-les-Bains, sulla costa francese.

Le Terme di Evian sono note per l'acqua minerale che costa come una bottiglia di vino, ed è nota anche per il suo casinò *truffaldino*.

Dopo una cena veloce e una puntatina al casinò prendemmo

l'ultimo battello dal porticciolo di Evian-les-Bains per tornare a Losanna. Non c'era tanta strada da fare: dal porto di Ouchy fino al nostro piccolo appartamentino vi era sì e no qualche minuto di taxi.

In battello vidi un attore, un omone ubriaco:

"Lo vedi? È l'attore... quello dell'Oscar, chissà dove va, forse è stato al casinò di Evian... ".

"Chi?".

"Quello lì, lo vedi? Sta tracannando un whisky, al piccolo bar del battello".

"Ah, sì, ora ho capito! È Cary Grant, quello del film *Caccia al ladro* di Hitchcock".

L'*Oscar*, si stava trangugiando un whisky, forse l'ennesimo: era evidente il suo stato di ebbrezza e, mentre si accingeva a pagare il conto, io notai il portafogli gonfio di dollari.

"Hai visto il suo portafogli? È pieno come un uovo e lui è brillo: seguiamolo".

"Ma che sei impazzito? Che vuoi fare, rapinarlo?".

"Ma che rapinarlo! Quando mai abbiamo rapinato qualcuno noi? Vediamo dove va, forse andrà in un albergo qui vicino".

Nonostante Gino fosse contrario alla mia idea, che considerava folle e inattuabile, lo seguimmo.

Appena sceso dal battello, lo seguii finché lo vidi entrare all'Hotel Beau-Rivage Palace, traballante, pareva che cadesse tra un passo all'altro.

Entrai nell'immenso parco dell'hotel, ed ecco, una luce che si accende in una stanza: lo vidi al primo piano, su di un piccolo terrazzino fatto a mezzaluna.

Era di fronte alla piscina sul lago Lemano e quindi, una parte della stanza, si doveva affacciare anche sul fianco.

Una questione di esperienza!

Infatti, lateralmente, c'era un altro terrazzino a mezzaluna con sotto una marea di macchine: forse il parcheggio.

La finestra della sua stanza era semichiusa e la luce si spense in pochi minuti.

"Si è ficcato a letto" pensai.

Tornai indietro e dissi a Gino quello che avevo visto.

Lui non aveva mai fatto un *palco* in vita sua e non era mai stato dell'idea di fare quel tipo di lavoro: "Troppo rischioso" andava dicendo.

Gli dissi di farmi da palo. "È un lavoretto facile, facile... mi dai il via solo quando entro nella stanza da letto, poi ti allontani per un po' e, quando mi vedi sul terrazzino, mi fai cenno di scendere se non c'è nessuno. Tutto qui!".

"Tu sei un pazzo, nemmeno per sogno ti faccio da palo in questo tipo di lavoro".

"Bell'amico che sei, mi lasceresti fare un *palco* senza uno straccio di palo".

"È troppo rischioso".

"Tanto io non ci rinuncio e sappi che se mi beccano è solo colpa tua".

"E cosa dovrei fare io? L'ancora di salvezza, o la crocerossina, se dovessi cadere giù?".

"Senti Gino, non fare il solito rompipalle: è sufficiente che ti metti lì avanti di dieci metri nascosto in uno dei cespugli, e se non vedi nessuno, mi fai il solito cenno di via libera… poi, io salgo sul terrazzino e, quando mi rivedi, mi rifai un cenno e io scendo giù a lavoro finito".

"Ok, però, se solo sento un urlo, me ne vado e di corsa, poi non dirmi che ti ho abbandonato sotto lavoro: intesi?".

"Intesi!".

Entrare nella stanza da letto dove dorme un ubriaco, è molto difficile perché il sonno non è regolare: l'alcool lo mantiene in dormiveglia, il sonno è artificiale e basta il minimo rumore per destarlo.

L'ubriaco si alza spesso durante la notte, o per bere dell'acqua, o per andare a pisciare; io avevo imparato a muovermi anche in queste circostanze.

Per salire sul terrazzino ho quasi distrutto il cruscotto di una Ferrari testa rossa.

Arrivai al terrazzino, l'attore stava russando ma non ancora dormendo: si agitava, si girava e rigirava nel letto. Rimasi immobile: sarebbe bastato un nonnulla per svegliarlo.

Mi ripasso tutte le regole: letto, vittima, via di fuga.

La sua percezione è molto alterata e non posso prevedere le reazioni — è già successo — quale sia la dominante…

A fianco, sul comodino, c'è il suo Patek-Philippe, me lo metto in tasca. Lui si muove: sono sicuro che non stia dormendo perché è troppo stordito dall'alcool. In piedi, respiro solo con le narici.

Allungo una mano e blocco la giacca sulla poltroncina per evitare che qualche monetina o il mio movimento faccia rumore e, pian piano, la palpo, infilo la mano nell'interno. Sfilo lentamente una busta, è piena di dollari nuovi di zecca, scivolo con la mano nei pantaloni e prendo il portafogli, è gonfio, ho pensato a una parola "difficile" quella volta: PINGUE!

A cinque passi c'era il terrazzino a mezzaluna, intascai tutto il denaro, lasciai i documenti e, per completare l'opera secondo le regole, avrei dovuto rimettere il portafogli nei pantaloni ma non potevo rischiare: lo appoggiai vigliaccamente sul comodino al posto dell'orologio e mi avvio al terrazzino. Gino era giù in stato comatoso. Attesi il suo segnale. Scesi giù randellando per la seconda volta la Ferrari.

"Andiamo via, è fatta!".

Strada facendo, cominciamo a contare... in tutto erano trentottomila dollari in pezzi da cento.

Come al solito, ogni volta che si faceva qualcosa contraria al suo modo di operare, Gino brontolava benché fosse andato tutto liscio.

"Ma ti rendi conto di cosa poteva succedere se si svegliava mentre ti trovavi nella stanza da letto?".

"Beh, gli avrei chiesto un autografo!".

"Tu sei un pazzo, alla fine ci arresteranno per il tuo modo di fare".

Ma intanto contava i suoi diciannovemila dollari.

E mai altre parole si sono rivelate più lungimiranti.

La gendarmerie si presenta puntuale come un orologio. Ci tenevano d'occhio dopo il clamoroso furto ai magazzini di Bon Genie. Ci hanno preso durante un tentativo in una gioielleria alla fine del 1973 e condannato a tre anni per il furto anche alla villa. La prova? È stata ritrovata a casa di Gino la famosa spilla a forma di pavone tempestata di pietre preziose e oltre al tentato furto, sono riusciti a farci condannare anche per la gioielleria Pik di Losanna. Lo scontrino di cassa dello scalpellino che avevamo acquistato in un negozio trovato nel nostro appartamento riportava una piccolissima traccia del medesimo colore della porta che abbiamo aperto per svaligiare la gioielleria Pik.

Per chi non lo sapesse, non esiste nessuna porta che abbia lo stesso colore di pittura delle altre. In sunto: è come un'impronta digitale.

L'ACCATTONE E LE DUE AVARE

"Ognuno nella vita ha quel che ha donato" (Gabriele D'Annunzio).

Era una mattina di fine novembre. Venezia era avvolta da una nebbia fittissima.

Stavo andando a pranzare con un mio amico in un noto ristorante, la Vecchia Cavana vicino al Campo dei Santi Apostoli, quando sui gradini del ponte dei Santi Giovanni e Paolo mi imbatto nell'Accattone, seduto come sempre sul parapetto in attesa di qualche passante generoso. Stava sempre lì, tutti lo conoscevano: era un reduce di guerra che aveva perso l'arto sinistro e mezza gamba.

Davanti a me camminavano due gentildonne impellicciate, o meglio, due pellicce di leopardo maculato di grandissimo valore.

"Ma non si vergogna questo mendicante? Sempre qui a chiedere l'elemosina. Andasse a lavorare piuttosto!" disse una all'altra.

"Le hai sentite quelle due?" chiesi al mio amico.

"Sì, sono due vere *maranteghe*".

"Ho un'idea, seguiamole e vediamo dove ci portano le loro costose pellicce!".

Venezia è un labirinto di *calli* e *campielli* ed è molto facile seguire una preda.

Con sorprendente coincidenza, le due prede, entrano nello stesso ristorante in cui eravamo diretti noi.

Il cameriere ossequioso le aiutò a togliersi le pellicce che ripose con cura nel guardaroba e poi le fece accomodare a un tavolo posto al centro del ristorante.

Noi, al contrario, optammo per un tavolo vicino all'ingresso.

Mi alzai per andare alla toilette e, passando davanti alle due befane, feci un veloce inventario di quello che indossavano: parure di gioielli, anelli, bracciali e spille. Tutto tempestato di pietre preziose.

Quando arrivò il cameriere, un amico, al nostro tavolo chiesi subito informazioni: "Ma chi sono quelle due carampane?".

"Due sorelle, zitelle, ricche sfondate. Sono delle clienti abituali: vengono a cena tutte le sere e hanno il posto riservato. Ogni tanto vengono anche a pranzo".

"E dove abitano?".

"Non lo so di preciso, ma credo dalle parti dei Santi Giovanni e Paolo".

"E come si chiamano?" chiesi smanioso di altre informazioni.

"Noi le chiamiamo solo: le zitelle" rispose sperando che lo lasciassi in pace.

"C'è Mirco?".

"Sì, è in cucina. Se vuoi te lo chiamo... ".

"Sì, grazie".

Mirco era il proprietario del ristorante, un mio vecchio amico.

"Mascalzone! Finalmente ci si rivede! Oramai solo ristoranti di alto rango eh? Non vieni più a giocare a *cricche*, si vede che hai fatto i soldi!" mi disse Mirco in tono scherzoso.

Cricche era un gioco che si faceva tra amici, una specie di Scopa con due mazzi di carte da ramino. Si giocava e si scommetteva su tutto. Mirco era un giocatore accanito, più di una volta aveva sperperato l'incasso del ristorante.

"Mirco, ma chi sono quelle due carampane sedute al centro della sala?".

"Perché che intenzioni hai?".

"Dai, non fare domande inutili, sai molto bene cosa intendo...".

"E io cosa ci guadagno se ti spiffero le informazioni che ti servono?".

"Tu dammi la *drita* che a te penso io!".

"Sono due sorelle, zitelle, molto ricche e molto avare. Non lasciano mai una mancia. Una abita sopra alla pasticceria Rosa Salva, all'ultimo piano del palazzo al centro del Campo dei Santi Giovanni e Paolo ed è proprietaria della pasticceria; l'altra abita in una *calle* in Campo Santa Maria Formosa".

"Bene! Sarà un gioco da ragazzi...".

Le seguimmo a debita distanza per non destare sospetti. Le due si infilarono in una stretta *calle* al centro del Campo che porta a Santa Maria Formosa.

"Dai muoviamoci" dissi al mio amico.

"Cazzo! In quale porta è entrata?".

"Non lo so!".

"Deve per forza essere entrata in una delle prime... " dissi convinto.

Mi precipitai in mezzo al Campo dove, come previsto, vidi una luce accendersi all'ultimo piano di un palazzo, proprio come mi aveva detto Mirco.

"Ecco dove abita la vecchia!".

Non fu difficile trovare la *bòca* di casa e il nome, Fesouch o qualcosa del genere, scolpito su una grossa targa di marmo simile a quella di lapide. La *bòca* della casa con una sola targhetta indica che abita una sola famiglia; una delle due sorelle infatti era entranta proprio lì.

"Come facciamo a buttare giù questa *bòca*? È di ferro battuto!".

"L'unica è passare dai tetti" affermai.

Già i tetti. Quanta nostalgia, quante passeggiate notturne ho fatto sui *copi* della mia città quando andavo in cerca dei tesori della nobilità veneziana.

"Per ora preoccupiamoci di questa, all'altra ci pensiamo in seguito".

La sera successiva rividi le due avare dirigersi verso il ristorante. Entrambe proveniente dalla stessa *calletta*, ma da due zone diverse: non abitavano insieme.

"Che si fa?" chiese l'amico con il naso puntato verso l'alto.

"Dobbiamo studiare come arrivare sui tetti" risposi osservando il palazzo.

Il palazzo è alto più di dieci metri e si affaccia su Campo dei Santi Apostoli, posto sempre molto affollato.

Non era difficile trovare qualche altra via per salire sui tetti. Le case e i palazzi di Venezia sono quasi tutti uniti. Anche la *calletta* stretta poteva offrirci una via di salita da qualche tetto adiacente: a noi interessava salire sui tetti, poi da un tetto all'altro, *copo* dopo *copo* saremmo arrivati su quello giusto.

Al centro del campo c'era un sottoportico occupato nei due lati da imprese di pompe funebri. Il sottoportico di solito è uno dei tanti pertugi che si trova dentro un *campiello* senza altre uscite. Lì notai un palazzetto che abbracciava quello dello zitella. Notai anche una rampa di scale che portava in un condominio. Salii fino alla porta e vidi l'entrata, assaggiai la resistenza della porta, che era vecchia e a libro, diedi una leggera spinta e si aprì come se avessi inserito la chiave. Salimmo all'ultimo piano dove c'era il lucernario che portava ai tetti.

"Fatto!" dissi al mio compare "da qui dobbiamo operare perché è l'unica via che può portarci sul tetto della *marantega*".

In tutti i caseggiati veneziani, o quasi, alla fine delle rampe delle scale si trova un piccolo lucernario che porta sui *copi*.

"Vedi" faccio notare al mio amico "siamo fortunati! Saliremo da questo pertugio e se dovessimo scivolare giù abbiamo vicino sia l'ospedale che le pompe funebri!".

Il giorno dopo, alle sette di sera, vidi le due zitelle a braccetto che si dirigevano verso il ristorante. Dieci minuti dopo entrammo in casa.

L'appartamento non era un granché. La cosa strana che ricordo è che non riuscivo a trovare la camera da letto: salotto, bagno, cucina...ma niente camera da letto.

"Ma dove cazzo è la stanza di questa vecchiaccia?".

"Forse è questa" rispose il mio amico indicandomi una porticina che si trovava in cucina.

Entrammo ed eccola: cinque metri quadri di stanza senza finestra, due comodini, una tappezzeria broccata in rosso Tiziano da film horror e un odore stantio quasi insopportabile. Sembrava una stanza mortuaria.

Non credo di aver trovato in tutta la mia carriera così tanti gioielli come in quella casa, ma anche questa volta, come da Coin, trovai, scendendo le scale una cancellata simile a quelle che si vedono nelle carceri. Risalimmo sul tetto per riscendere dal lucernario, il tutto in meno di mezz'ora.

Una volta arrivati nel nostro rifugio per fare la conta il mio amico tirò fuori un sacchettino nero chiuso da un nastro argentato. Aprendolo per poco non ci rimasi secco, erano le ceneri del marito della vecchia.

"Cazzo" imprecai "e ora che si fa?".

"Lo buttiamo via, che problema c'è?".

"Lo buttiamo via come la spazzatura! Piuttosto cerchiamo di farglielo avere in qualche maniera" dissi preoccupato.

Mentre discutevamo di questo inconveniente il furto era già stato scoperto. La madama si trovava già in casa della vecchia.

Una delle cose più difficili per un ladro è restituire qualcosa senza accordi, e questa volta il furto era grosso.

Le indagini furono minuziose. Il primo indiziato fu un nostro caro amico che aveva una sorella che abitava nella casa da cui eravamo saliti (cosa di cui eravamo ignari).

Fui ovviamente convocato anch'io dal commissario che però non fece alcun riferimento alle ceneri.

"Pipino, ho fatto un sopralluogo, non c'è dubbio che ci sia la tua firma dietro a questo furto. Poi mentre io cercavo di fare l'elenco delle cose rubate la vecchia continuava a lamentarsi del disordine che ha trovato e di tutta la biancheria intima buttata per aria" mi disse il commissario.

"Insomma Pipino, tentò persino di farmi la corte" continuò Tassoni.

"Che cosa vuoi farci amico mio, queste vecchiette sono strane. Chissà da quanto tempo è zitella!" dissi sorridendo.

"Ma vaffanculo Pipino! E poi sai cosa ti dico? Secondo me se l'è anche meritato quel furto".

Raccontai tutto al mio amico.

"Abbiamo campo libero, sembra che alla polizia poco importi di questo furto".

"Perfetto! Prendiamoci il malloppo e andiamo a Roma dal nostro *Cucca*".

"A proposito del malloppo, che fine ha fatto quel sacchettino con le ceneri?".

"L'ho nascosto, perché?".

"Ok, prendilo che devo fare una cosa prima di partire".

Presi il sacchettino delle ceneri e mi recai sul ponte del Rialto. Lo strinsi nelle mani, lo aprii come una reliquia e gettai le ceneri nel Canal Grande.

"Certo che sei proprio un tipo strano Pipino!" disse il mio amico divertito.

LO SPARGIPEPE

La cleptomania è catalogata dalla psicologia come un disturbo ossessivo: infatti, la persona affetta da questo disturbo prova un impulso irrefrenabile e difficile da controllare; l'umore ne subisce continui sbalzi per raggiungere poi l'apice del piacere mentre si ruba.

La cleptomania non è un fenomeno così raro tra i vip, basta pensare, ad esempio, a Sarah Jessica Parker, pizzicata con le mani nella marmellata, in altre parole accusata di aver saccheggiato il set di *Sex and the City 2*, sottraendo 24 bicchieri da cocktail di cristallo Swarovski, del valore di 4.680 dollari.

Nessuno, credo, si sia ancora dimenticato delle imprese di Winona Ryders, caduta più volte nella tentazione di rubare. La prima volta risale al 2001, quando ha rubato in un grande centro commerciale. Ma non è stata l'unica. Nel 2008 la diva è stata beccata di nuovo mentre rubava dei prodotti cosmetici in una farmacia di Hollywood.

Come lei anche Lindsay Lohan, un'altra giovane attrice americana, vittima della cleptomania e finita sotto indagine per un furto di gioielli.

E ancora Caroline Giuliani, figlia dell'ex sindaco di New York, Rudolph Giuliani, sorpresa a rubare cosmetici in una delle zone più lussuose della città.

E via di seguito così...

Senza dubbio tutti casi di cleptomania

E se a rubare invece non è un vip ma qualcuno che lo fa per necessità? È un cleptomane o un ladro?

Quando ruba un ricco, è un cleptomane, quando lo fa un povero, è un ladro: è così che va il mondo!

"*L'onestà è lodata da tutti, ma è morta di freddo*" (Giovenale).

Ho detto a una mia amica: "Siamo tutti onesti al punto tale che quando usciamo da un ristorante fanno la conta delle posate!".

Due casi esaminati dal nostro sistema penale: il primo riguarda il furto di due vaschette di speck del valore di appena 3,30 euro. Si tratta di un anziano di settantatré anni fermato da un addetto alla vigilanza di un supermercato mentre cerca di oltrepassare le casse senza pagare la merce presa. Sul posto interviene anche una volante della polizia, chiamata dagli stessi responsabili del negozio. I poliziotti identificano l'uomo che, con tutta evidenza, aveva rubato per fame e che poi viene processato per furto.

Un ragazzo afferra un ovetto Kinder da un venditore ambulante che lo accusa di avere rubato un bottino di 1,40 euro. Dalle male parole si passa presto ai fatti e scatta la denuncia alla quale segue il processo. Così l'iter giudiziario per entrambi i *ladri*, procede fino alla sentenza dei giudici, con un costo di migliaia di euro fra atti giudiziari, perizie, notifiche, lavoro per cancellieri, magistrati, carabinieri e avvocati; senza poi contare i costi dell'eventuale permanenza in carcere.

Ma mi chiedo e vi chiedo: la classe giuridica del nostro paese si può classificare come pericolosa per la vita umana, specie nell'ambito di un certo sistema penale?

In pratica, non propongo di buttare alle ortiche la forma di tutela dei diritti individuali incrementati nel corso dei secoli ma solo di migliorarla. Diversamente si continua a far danni sociali adoperando un sistema penale oramai obsoleto, arcaico e ormai morto e sepolto.

Può finire con una stretta di mano nei due esempi esposti sopra? A mio giudizio potrebbe essere una soluzione moralmente più accettabile. Di sicuro più affidabile della macchina giudiziaria.

Ero a pranzo con una nota giornalista e un'amica in un noto ristorante giapponese frequentato dai *modaioli* della Roma bene.

Si dice che la cucina di quel lontano paese sia una delle più raffinate al mondo ma, cosa volete che vi dica, io continuo a preferire quella italiana, e in particolare la buona e sana cucina veneziana, con i *bìgoli* in salsa, le sarde in *saòr* e magari un antipasto di *molèche* fritte che, possono fare degna concorrenza al sushi.

Della loro cucina ciò che preferisco è il riso: quello piccolo, soffice e gustosissimo, che pare una nuvola.

Orietta, la giornalista, ordina sushi, mentre io ravioli al vapore e la mia amica, quella che dei tre aveva i gusti più *orientali*, chiese un sashimi, condito con salsa di soia.

Non avendo prenotato, ci sistemano nell'unico tavolo libero che, ovviamente, era quello più scomodo, posto proprio all'entrata del locale a due passi dalla cassa.

Avevo ordinato dei ravioli ai quali però mancava qualcosa che ne esaltasse il gusto, così presi il pepe per insaporirli un po'.

Lo spargipepe era veramente un bell'oggetto, in lacca rosso fuoco con un dragone nero che gli si avvitava attorno.

Orietta esclamò: "Carino quello spargipepe! proprio carino, posso vederlo?".

Glielo porsi.

"Mi piace veramente: quasi, quasi... "e così dicendo, lo infilò nella borsetta.

Poi, però, si accorse che la cassiera la stava fissando, arcigna.

"Pipino, credo che mi abbia visto!".

Mi bastò un colpo d'occhio per capire che effettivamente era così. La cassiera doveva aver intuito che Orietta aveva *sgraffignato* lo spargipepe, ma non voleva creare spiacevoli incidenti davanti a tutti quei clienti, così si limitò a tenerla sotto controllo.

"Sì! Se n'è accorta. Adesso mi alzo e vado a chiederle dov'è la toilette, piazzandomi bene tra te e lei. In quel momento tira fuori l'oggetto e rimettilo sul tavolo".

Così, appena mi allontano, lo spargipepe si materializza nuovamente al suo posto. La cassiera, però, non era del tutto convinta della buona fede di Orietta e continuava a tenerla d'occhio.

Quando chiesi il conto, mi accorsi che stava sussurrando qualcosa al cameriere, anche se non capivo il giapponese, ero certo che gli stesse dicendo del tentato furto, invitandolo, una vota sparecchiata la tavola, a controllare se ci fosse ancora lo spargipepe: in caso contrario avrebbe saputo chi era la responsabile.

"Ecco il conto, signore" mi disse il cameriere. Poi, comincia subito a sparecchiare la tavola iniziando, guarda caso, proprio dallo spargipepe.

Pago e gli lascio cinquemila lire di mancia.

"Grazie, signore" disse il cameriere mentre, con un impercettibile gesto d'intesa, rassicurò la cassiera che aveva ripreso lo spargipepe e lo aveva portato al sicuro, in cucina.

"Anche la mancia, gli hai lasciato! Ma hai osservato come continuava a guardarmi quella putt...?".

"Quel dannato spargipepe se lo è ripreso, eppure continuava

a scrutarmi come se stessi per svuotarle il locale. Ne ho vista di gente odiosa, ma quella lì ha il primato!".

"Come vedi, cara Orietta, siamo tutti onesti al punto tale che appena fuori i camerieri si mettono a far la conta delle posate".

"Dai non te la prendere! Dopotutto uno spargipepe lo puoi comprare in qualsiasi negozio qui a Roma!".

"Sì, lo so, ma quello mi piaceva, aveva, che ne so… qualcosa di speciale. Lo volevo".

"Lo volevi fino al punto di rubarlo?".

"Ebbene, sì! E se non fosse stato per quella stronza… ".

"… In questo momento avresti con te un aggeggio come questo!" le dissi estraendo dalla tasca della giacca, come un abile prestigiatore, lo spargipepe tanto conteso.

"Oh mio Dio! Ma come hai fatto? L'hai rubato?".

"Beh, sì, diciamo che l'ho preso… anche se con quella mancia generosa credo di aver lasciato ben più del suo valore".

Orietta scoppia in una risata sincera.

"Ma come hai fatto?".

"Ho visto io stessa il cameriere prendere lo spargipepe e posarlo sul vassoio!".

Sorrido sornione, come un professore universitario che deve spiegare un'addizione a un bambino delle elementari:

"Semplice: è solo una questione di psicologia".

"Fammi capire".

"Procediamo con ordine: la cassiera ha informato il cameriere che tu volevi *sgraffignare* lo spargipepe e quindi lui si è premurato di toglierlo per primo dalla tavola e posarlo sul vassoio. A quel punto il problema per lui non sussisteva più (la certezza del possesso!). Quando poi ha portato tutto in cucina, era sempre convinto che fosse ancora lì, assieme alle altre stoviglie sporche. E probabilmente lo sarà finché, un giorno, il proprietario non farà la conta di tutti gli spargipepe e si accorgerà che ne manca uno all'appello. Allora, e questo te lo posso garantire, crederà che sia stato qualche altro cliente a farlo fuori, in qualche altro giorno e non di certo tu".

Orietta era affascinata e anche molto contenta.

"Quando vuoi con tutte le tue forze un oggetto, spesso non ti accorgi più di quello che c'è intorno e concentri la tua attenzione solo su quello: nel momento in cui tu hai preso in mano lo spargipepe, non vedevi altro e te lo sei messo in borsetta senza pensare alle conseguenze. Solo dopo ti sei accorta di avere fatto un gesto azzardato. E così è stato anche per il cameriere, che si era talmente fissato con quell'oggetto che, una volta messo *in salvo*, non ci ha più pensato, convinto che da quel momento fosse definitivamente di nuovo suo. E allora sono entrato in azione io: sapevo benissimo che lui stava controllando te e non lo spargipepe e perciò, non appena mi ha voltato le spalle, gliel'ho sfilato, con destrezza, da sotto il naso. In verità, lo spargipepe, per la cassiera, per il cameriere e per te, era un semplice oggetto non adeguatamente considerato, altrimenti non sarebbe entrato in mio possesso se io l'avessi considerato tale. Semplice, non ti pare? ".

"Non capisco".

"Ebbene, seguimi con attenzione. Tu, quando hai visto quello spargipepe che tanto ti piaceva, non ti sei preoccupata d'altro e te lo sei infilato nella borsa con un gesto di puro egoismo. In realtà tra te e l'oggetto è venuto meno quel feeling necessario per il compimento del possesso. Noi siamo convinti che gli oggetti siano inanimati, in realtà io credo che, anch'essi abbiano una piccolissima forma d'anima insita nella loro forma, perciò prima di sottrarlo, dovevi curarti di corteggiarlo come si fa con qualsiasi cosa che si ama. Crea un feeling *di coppia* e il tuo grado di seduzione farà il resto. L'oggetto stesso sarà felice di farsi rubare da te ma, se pensi di voler avere una cosa solamente per egoismo o per puro possesso, fallirai anche nei rapporti umani".

Credo che ancora oggi, a distanza di molti anni, quel piccolo trofeo faccia bella mostra di sé ogni qualvolta ci sono ospiti a cena a casa di Orietta.

E al ristorante? Forse non se ne sono ancora accorti, forse hanno pensato che sia andato rotto e che qualcuno ne abbia fatti sparire i cocci. Di certo, però, ogni volta che vedranno qualcuno macinare un po' di pepe, lo terranno scrupolosamente d'occhio!

E voi ricordate che rubare per il solo gusto del possesso senza plasmare un feeling può rivelarsi un fallimento! Se amate le cose che desiderate queste saranno felici di farvi compagnia nella vita, ma se non le amate, vi saranno rubate, non perché è il ladro a rubarvele, ma perché è l'oggetto che si farà rubare. Semplice! No? Provate a pensarci. Io non mi riferisco solo agli oggetti, ma anche ai rapporti umani di coppia. Se qualcuno vi *ruba* la vostra donna, o viceversa, significa che non amate sufficientemente e il vostro egoismo vi porterà a distruggere l'unico bene che avete: l'Amore!

LA LUNA NEL POZZO

Nel corso della mia attività mi è capitato di scoprire segreti e cose nascoste, di scoperchiare storie sepolte, ma senza mai violarne la privacy. È capitato anche che certe scoperte avvenissero all'improvviso, di sorpresa, contro la mia volontà, come accadde a Firenze in via dei Calzaiuoli.

In quell'occasione mentre eravamo intenti a fare un buco sopra l'ex hotel Stella d'Italia, divenuto oggi Hotel Brunelleschi, trovammo lo scheletro di un bambino nascosto nell'architrave di uno dei pavimenti.

Le cronache si occuparono più di questo fatto, che non del furto commesso nella gioielleria.

"Conoscete voi il chiostro di Sant'Apollonia? È un chiosco di pietra vera, con le sue colonnette e con il suo pozzo... un piccolo chiostro segreto, aperto in un ordine di colonne assottigliate e accoppiate come le monachine quando passeggiavano digiune al sole. Delicatissime, non grigie, non nere, ma del più misterioso colore che mai abbia dato alla pietra quel gran maestro colorista che si chiama il tempo: e, nel mezzo, un pozzo; e, sul margine solcato dalla fune, una secchia senza fondo" (Gabriele D'Annunzio, *Il fuoco*).

Anch'io ho visitato il chiostro, o meglio il chiostrino come lo chiamiamo a Venezia, di Sant'Apollonia. È un vero gioiello, l'unico chiostro romanico sopravvissuto in città. Si trova nei pressi del rio della Canonica, proprio alle spalle del Palazzo Ducale.

Tra le tante imprese, negli anni Settanta, io e Gino andammo a fare un sopralluogo per attaccare il negozio, o meglio lo spazio espositivo, di Jesurum: un concentrato di merletti preziosi settecenteschi, tanto belli quanto costosi, tutti rigorosamente fatti a Burano. Un posto destinato solo a turisti facoltosi o agli amanti delle cose belle senza prezzo.

Fatta una rapida ricognizione, dopotutto giocavamo in casa, si decise che il posto migliore da cui entrare era l'adiacente complesso benedettino.

Appena sceso il buio, entriamo in azione. Penetrammo attraverso un giardino che si trovava in *calle* degli Albanesi, dietro il complesso del chioschetto di Santa Apollonia, dal quale non si riusciva però a capire dove fosse l'entrata del museo di Juesurm. Noi lo sapevamo bene perché in realtà il piano del furto era preparato da un nostro amico che conosceva ogni segreto di quel chioschetto.

Gino scala le mura del complesso e riesce a entrare. Quando lo vedo entrare attraverso un pertugio, subito mi precipito verso il portone d'ingresso che si trova al Ponte della Canonica. Era quasi mezzanotte: l'ora dei fantasmi.

Mi guardai attorno per sincerarmi che non comparisse nessuno finché non sento la mano leggera di Gino che faceva scorrere il catenaccio.

Mi accorsi subito che aveva un'espressione strana dipinta in faccia. "Che cosa c'è?" gli chiesi.

"Preparati: con questa luna, c'è uno spettacolo meraviglioso!".

"Solo quello varrebbe tutta la nostra fatica. Vieni, che ti faccio vedere".

Richiuso con cautela il pesante portone, una volta al buio, andammo lentamente verso il chiostro.

"Che te ne pare? Non è una meraviglia? Guarda quel pozzo antico come riflette i raggi della luna!".

Io non lo ascoltavo più: ero completamente terrorizzato! Sotto i raggi candidi, parevano emergere decine e decine di lapidi, teschi orrendi, con orbite vuote e maligne e anche le pareti mi davano l'impressione di essere completamente rivestite di ossa e teschi ghignanti. Un colpo di vento agitava il ramo scheletrico di un alberello, che mi giunge vicino all'improvviso come un artiglio pronto a ghermirmi. Non sopporto oltre, e schizzo di corsa fino all'entrata, gettandomi letteralmente sulle fondamenta, e poi fino al ponte. Solo lì mi fermo a riprendere fiato.

"Ma cosa ti prende? Sei forse impazzito? Eravamo entrati senza problemi e non ci restava che scoprire come entrare nel negozio di Jesurum!".

"Io in quel posto non ci torno! soprattutto di notte. Mi terrorizza!".

Gino sul momento si arrabbiò non poco, perché non aveva ancora trovato il sistema per entrare da Jesurum, ma al contempo sapeva bene che quello dei morti e dei fantasmi è sempre stato il mio punto debole. Decidiamo di tornare in azione ma questa volta con tutta la batteria, il giorno successivo.

E così avviene: uno di noi, il più agile, si arrampicò su per un pertugio e una volta entrato, scese ad aprirci il portone. Improvvisamente trilla un allarme inferocito: scendiamo giù dalle scale come lepri inseguite da un cacciatore. Dopo appena qualche minuto l'allarme cessa.

"Fermi, fermi! L'allarme ha cessato di mugghiare, attendiamo un po' e poi ritorniamo all'attacco".

"Tu sei un pazzo!".

"Ok, io rimango qui nei paraggi e voi andate a nascondervi, poi, se tutto è tranquillo, si torna. Ormai il lavoro è quasi finito" disse My Bob.

La sua decisione si è rivelata una manna caduta dal cielo.

Sempre a lui viene un'idea brillante mentre stavamo tentando di penetrare nella gioielleria Nardi, una delle più fornite della città, sotto i portici delle Procuratie Nove. Curiosando nel negozio aveva notato delle tovaglie e dei pizzi di Burano di valore inestimabile che decise di portare via come bottino fallito il colpo della gioielleria.

Era passata più di un'ora dallo strillo dell'allarme che aveva spezzato il silenzio di una città tranquilla e dormiente come lo è Venezia, lontana da quei rumori tipici delle città di terra ferma causati dal traffico caotico delle automobili, tram, camion e via di seguito.

Non era arrivato nessuno.

"Bene! tutto tace, San Marco è con noi, evviva il nostro patrono"disse My Bob.

Era quella sua incredibile forza d'animo che influiva anche sulla nostra.

Qualcuno potrebbe pensare che la sua determinazione, in realtà fosse suggerita da chissà quale diavoleria, ma la sua sicurezza e tenacia nell'eseguire certe azioni non era altro che frutto della sua intelligenza, scaltrezza, furbizia, pensiero, caratteristiche di chi agisce secondo utilità e convenienza, in modo accorto, avveduto, talvolta servendosi di astuzia e malizia, un mix micidiale per portare a termine un obiettivo.

"E... e... allora, va... va... vacci tu" replicò il nostro amico balbuziente in tono sfacciato e sprezzante.

"Ok, nessun problema: voi rimanete fuori con le orecchie tese e io resto qui" incalzò My Bob.

Non passarono che alcuni minuti e l'allarme si rimise a suonare. Senza scomporsi l'amico afferrò un enorme quadro da una parete e lo posò, a mo' di tappabuchi sopra una piccola scatoletta di plastica da dove fuoriusciva il trillo. Subito il suono si attenuò: si trattava di un allarme che, al passaggio in una certa area del negozio, scattava, automaticamente, ma il quadro soffocava la sirena che, al posto di un suono assordante, emetteva solo un triste lamento terminato nel giro di qualche minuto.

Il secondo squillo ci indicò che era giunto il momento di andarsene a gambe levate, abbandonando, vigliaccamente i due amici che si trovavano dentro il museo. Ci raggiunsero quasi subito e assicurando che tutto era sistemato. Un compito difficile specialmente per il nostro amico balbuziente, una vecchia volpe molto ardita, che non voleva sentire sirene d'allarmi ma che aveva orecchie molto fini, da ladro.

Mi era già capitato di fare un furto con lui, quando per la prima volta forse in vita sua aveva fatto da palo, funzione molto difficile per lui che voleva e pretendeva di stare sempre nel vivo dell'operazione. Era la volta del palazzo Cavalli-Franchetti quando, scalata una parete del Palazzo Grimani, sede della Corte di Appello di Venezia, e giunti alla terrazza l'allarme iniziò a suonare all'impazzata. Terminato il trillo siamo risaliti e abbiamo svuotato l'appartamento: quadri e oggetti in seguito restituiti al legittimo proprietario, previo il solito sistema di contributo per il trasporto.

La beffa goldoniana dell'amico.

Trasportato il malloppo di Jesurm in un covo segreto nei pressi di San Giobbe, l'amico viene convocato dopo alcuni giorni dal grande capo della Squadra Mobile di Venezia, il dottor Barba, che disperato racconta di aver preso contatto con un certo Minio, noto millantatore, che si spacciava per l'autore del furto al Jesurm. Minio in cambio di cinque milioni aveva promesso di recuperare la refurtiva. Il Grande Capo, convinto in buona fede da questo racconto, gli aveva consegnato di propria tasca i cinque milioni di lire pattuiti ma, ahimè, costui, dopo aver incassato i soldi, era scappato in Olanda.

My Bob dopo aver fiutato l'affare disse al Grande Capo: "Non ti crucciare Grande Capo, ci penso io per il recupero, solo che non bastano cinque milioni ma ne servono quindici: cinque per te e il resto per i ladri. Io non sono come quel Minio, quindi fa conto che hai tutto appena hai trovato i soldi".

"Ma come? Quindici milioni, se i ladri hanno preso i capitoni senza le orecchie?".

"Grande Capo, il tuo padrone avrà pure le orecchie ma noi abbiamo i capitoni".

Il gioco di parole era riferito al fatto che avevamo preso le tovaglie senza i tovaglioli.

Ed ecco l'accordo: il Grande Capo doveva procurare un motoscafo in dotazione alla polizia con accessori connessi, fanalini azzurri e sirena dall'allarme di quelle usate in caso d'inseguimento, che doveva essere ormeggiato in riva del Biagio di notte e senza poliziotti attorno. Dopodiché i sacchi con le tovaglie sarebbero stati imbarcati e immediatamente con una telefonata liberatoria convenuta, si sarebbe impossessato del tutto

E così è andata.

L'amico, a nostra insaputa, aveva preparato a puntino tutta l'operazione con la scusa di avere trovato un ricettatore che pagava il tutto con dieci milioni di lire, una bella cifra all'epoca.

Si rivolge all'amico balbuziente che aveva la merce, accordandosi che all'una di notte sarebbe arrivata una barca a prendere i sacchi contenenti le tovaglie e che si doveva far trovare su una riva del canale di san Giobbe con la merce: un canale del sestiere di Cannaregio che è una delle vie d'acqua più importanti di Venezia.

L'amico balbuziente e altri tre di noi si erano appostati con i sacchi sulla riva stabilita. Dopo poco arrivarono a sirene urlanti il motoscafo della polizia, in direzione della riva stabilita.

"V... v... via... v... via, l'inf... l'inf... l'infame, ci... ci... ha... ha tra... tra... tradito" balbettava l'amico con un filo di voce.

La burla aveva funzionato a meraviglia: My Bob prese i sacchi abbandonati sulla riva, li gettò in fretta sull'imbarcazione, dove arrivò il Grande Capo a prendersi i *capitoni* e consegnò la somma pattuita.

Tuttavia, l'amico gli rinfacciò tartagliando la burla e la paura presa tra le risate di tutti noi: *furto, burla e tartaglieria fanno dei ladri un'allegria*. Che tempi ragazzi!

Molti anni dopo, come un turista qualsiasi, ho visitato quel chiostrino che è veramente bello. Gino aveva proprio ragione, doveva essere proprio uno spettacolo vedere la luna riflettersi in quel pozzo: uno spettacolo che forse solamente le monachine avrebbero potuto ammirare.

I DUE NOBILI CONTI E IL MARESCIALLO SINISI

Il maresciallo Savino Sinisi era il comandante della Squadra di polizia Giudiziaria del Primo Distretto di polizia della Questura di Venezia. È stato barbaramente ucciso l'8 gennaio 1980 da un ex gondoliere di settantanove anni conosciuto come Gigio El Mato.

Nel 1947 Gigio, ex gondoliere, insieme a un altro complice, aveva ucciso a colpi d'ascia una donna gettandone il corpo smembrato nella laguna. Il cadavere è stato poi ritrovato di fronte al Casinò degli Spiriti. L'omicidio aveva destato particolare orrore in tutta la città tanto da far coniare il motto "te fasso far la fine de la Simeta" (se non fai il bravo, ti faccio fare la fine della Simeta).

Gigio, arrestato e rinchiuso in un manicomio criminale fino al 1972, viene ammesso tra i sorvegliati speciali con obbligo di firma presso il primo Distretto. Del suo complice non si hanno più notizie dal 1960 quando è evaso dal carcere di Porto Azzurro con il mare in tempesta. L'ex gondoliere si era convinto, erroneamente, che il maresciallo Sinisi fosse uno degli autori del suo arresto e così, preso dalla smania di vendetta, aveva deciso di ucciderlo.

Oggi una targa ricorda la sua tragica fine.

La dinastia dei conti Donà delle Rose è una delle più antiche di Venezia che vanta tre dogati e un patriarcato, noti anche per aver costruito Porto Rotondo in Costa Smeralda.

Devo ammettere, con certo disagio, che questa casata è stata la più martellata da parte dei ladri veneziani e non solo. Questi nobili sono dotati anche di una generosità alquanto virtuosa, a differenza del conte enologo Brandolini d'Adda, veneziano doc, padre della famosissima contessa Bianca Brandolini d'Adda, nipote di Giovanni Agnelli, fidanzata con il cugino Lapo Elkann.

Ho visitato entrambe le casate, in particolare, quella del conte e

Brandolini d'Adda, proprietario di uno dei palazzi più belli che si affacciano sul Canal Grande: quattro piani con mansarda, ascensore interno e camere per gli ospiti favolose. Ricordo una camera laccata in ebano nero cinese di una bellezza unica; un'agendina d'argento, con i numeri di telefono diretti di Agnelli, Pirelli e altri noti industriali.

Il basista quella volta era il Gazzettino di Venezia, che pubblicava l'elenco dei più ricchi contribuenti della città che vedeva in testa il conte Brandolini d'Adda.

Da quel palazzo, abbiamo portato via degli arazzi di valore inestimabile, dell'argenteria antica e dei dipinti, uno dei quali di Mirò, e altre cosucce.

"Ma come cazzo hanno fatto questi impuniti a svaligiare il palazzo di Brandolini d'Adda e in contemporanea quello del conte Donà delle Rose?" sbraitava inviperito il questore di Venezia.

Il maresciallo allargava le braccia: "Abbiamo fatto uno scrupoloso sopralluogo, sembra che siano entrati attraverso una finestra dell'ultimo piano del palazzo".

"E come? Volando?" incalzò il questore.

"La finestra da cui sono entrati, si trova su un piccolo canale cieco. Hanno raggiunto la finestra scalando le mura del palazzo".

"Un momento! Lei vuole farmi intendere che i ladri hanno scalato una parete di quindici metri, senza che nessuno li abbia notati?".

"Signor questore, si tratta di ladri professionisti, di veri funamboli, ma credo di aver intuito chi possano essere gli autori di questo furto".

"Allora che aspettiamo? Si sbrighi maresciallo, perché ho il telefono infuocato: ho ricevuto telefonate persino dal Ministro degli Interni".

Questo succedeva sempre quando si colpiva una casata importante e potente.

Il maresciallo Sinisi, lo chiamavo amichevolmente Savino, faceva parte di quei *nemici* affettuosi con cui condividevo la mia vita da ladro: lui, Liberatori, Tassoni, Polo, Masciarelli e altri ancora erano i più stimati e apprezzati poliziotti della Questura di Venezia a quell'epoca.

Il maresciallo era particolarmente impegnato perché i furti più clamorosi erano consumati nel quartiere di San Marco: le monete d'oro al Correr, il negozio di merletti antichi sotto i portici del Museo nell'Ala Napoleonica, la gioielleria sotto i portici delle Procuratie Vecchie, il tentato furto nella gioielleria Nardi, le quattro gioiellerie nelle vicinanze della *calle* Gregolina a pochi passi dal suo distretto e una addirittura a dieci metri dalla sua abitazione, senza contare tutti i furti nei palazzi sul Canal Grande e negli hotel.

Io andavo nel suo distretto a firmare la carta di precettiva della sorveglianza speciale.

Di Savino ho un buon ricordo: era astuto come pochi.

Riusciva – solo lui – a *intenerire* la mia sensibilità con sotterfugi che non hanno avuto eguali nel resto della mia carriera; m'invitava continuamente nel suo ufficio, ero quasi un coinquilino.

Quando c'era un furto, era solito chiedermi: "Tra gli oggetti rubati c'è una catenina d'oro. È un oggetto di particolare valore affettivo. Vedi se puoi fare in modo di recuperarlo, magari da chi ha fatto il furto: tu sei in grado di farlo, è una cosa da nulla ma di grandissima importanza".

S'inventava queste storielle sempre relative ai valori affettivi e io, *cadevo* sempre davanti alle sue suppliche. Una volta recuperato l'oggetto, intuiva che il furto l'avevo commesso io, anche se gli raccontavo le mie favolette sulle difficoltà che incontravo per recuperarlo.

"Pronto...?".

"Sapessi, caro Savino, che fatica ho fatto per trovarlo, sono dovuto andare in campagna in un accampamento di zingari..."(le note maldicenze sugli gli zingari).

Lui s'incazzava sempre per via dei furti e io per le sue chiamate.

Un giorno gli avevo detto addirittura che sarei andato in Comune per chiedere domicilio presso il suo Distretto.

Dovevo anche parare le sue reiterate richieste per la sorveglianza speciale...

Mi è dispiaciuto molto per la sua morte: è come se fosse mancato un amico.

Lo so che può sembrare un paradosso ma noi ladri veneziani, abbiamo le nostre abitudini: Camillo e Peppone, tanto per capire!

Il nostro *ciao-ciao*... Non facevamo la guerra alla polizia: eravamo *nemici-amici*.

Loro facevano di tutto per arrestarci e noi di tutto per non farci arrestare: ci incontravamo per le *calli* della città e ci invitavamo reciprocamente a bere un'*ombréta* di vino.

Loro tentavano una *grattatina* di pancia a noi, noi grattugiavamo la *trippa* a loro: un gioco a guardie e ladri, un continuo rimpiattino!

Le pistole, le loro, rimanevano nei cassetti ad arrugginire! Noi di certo, non ne conoscevamo nemmeno l'esistenza; tanto per dire che non avevamo mai avuto l'idea di portarcele appresso.

Tre o quattro giorni dopo i furti arriva la chiamata, convocazione attesa.

Il campanello di casa squilla verso le nove del mattino.

"Chi è?" rispose mia madre.

"Mamma, non senti il trillo? È la *madama*" dissi riconoscendo la suonata.

Eccoli! Sono due del Distretto di San Marco.

"Pipino, devi venire con noi: il maresciallo ti deve parlare".

La sera precedente avevo fatto tardi, giocando fino alle tre di notte in una nota sala da bigliardo, dove si scommettevano mille lire a partita tra amici. Ero ancora asssonnato.

"Un attimo che mi vesto".

Arrivo al distretto con i due poliziotti verso le dieci. Mi fanno accomodare nella saletta d'aspetto, molto sobria: un tavolino, due sedie sgangherate e una panchina di legno traballante.

Questi erano i veri poliziotti; allora non avevano certo dei complicati strumenti, come computer, poltrone imbottite, uffici raffinati e via di seguito. La loro unica arma era una sgangherata macchina da scrivere, delle sedie di legno nudo e tanta passione per il loro lavoro con stipendi da miseria:

"Attendi qui, che il maresciallo è occupato".

"E chi si muove, non ho fretta".

Mentre aspettavo su una delle sedie sgangherate, notai una vecchietta seduta sulla panchina che piangeva a dirotto.

Mi rivolgo a un poliziotto che faceva da piantone e gli chiesi: "Che cos'ha quella vecchietta che sta piangendo?".

"Oh, nulla di particolare".

Mi avvicinai alla vecchietta: "Scusi signora, le è successo qualcosa di grave?".

"Altroché *bambìn mio*: mi hanno appena rubato la pensione e sono completamente rovinata! Non ho più una lira per mangiare...".

"Cazzo" pensai "*Nulla di particolare...*".

"Scusi, quanti soldi le hanno rubato?".

"Tutta la pensione del mio povero marito: quarantaduemila lire".

Quarantaduemila lire erano quasi lo stipendio di un operaio dell'epoca, quindi una cifra abbastanza considerevole per una vecchietta.

Io, che non ho mai avuto un bel rapporto con il denaro, infilai le mani nelle tasche e tirai fuori alcune banconote accartocciate, tutte da mille lire, frutto delle partite della sera prima.

Cominciai a contarle stirandole sulle ginocchia e arrivai a trentottomila lire.

"Ascolti, prenda queste: sono trentottomila lire. Se mi dà il suo indirizzo, domani le porterò le quattromila che mancano".

La vecchietta, dalla disperazione passò alla felicità; cominciò a baciare le mani a tutti i poliziotti che vedeva.

"Grazie, grazie! Voi della polizia siete veramente delle brave persone!".

"Bel gesto Pipino" mi dice il maresciallo, dopo che fu informato dai suoi colleghi. "Purtroppo, noi non possiamo rimborsare ogni derubato".

"Bene! Ora, a noi due: i miei *ragazzi* mi hanno riferito che qualche notte fa, ti hanno visto transitare con il barchino sotto il ponte dell'Accademia, putacaso proprio vicino al palazzo del Conte Brandolini d'Adda".

Avrei voluto dirgli la verità, ma non potevo assolutamente svelare il mio segreto: io non me ne andavo in giro per il Canal Grande con il barchino perché era troppo pericoloso. Usavo la gondola. Davvero, proprio la gondola! E molte volte, portando a casa i malloppi. Quando vedevo transitare carabinieri e polizia, che puntavano i fanali sulle balconate dei palazzi, li invitavo a rallentare rallentare per evitare il moto ondoso, così come usano ancor oggi fare i veri gondolieri: altro che barchino!

"Senti Savino, mi hai tirato giù dal letto per dirmi queste cazzate? Potevi risparmiarmi qualche oretta di sonno!".

"Pipino, i miei *ragazzi* non sono dei visionari, se dicono che ti hanno notato passare sotto il ponte dell'Accademia con un barchino, significa che ti trovavi nei pressi del palazzo del conte Brandolini d'Adda".

"Ah! A proposito, sai cosa mi ha detto uno dei tuoi ragazzi quando ho chiesto cosa avesse quella vecchietta che piangeva a dirotto? *Non è niente Pipino, nulla di preoccupante*!" gli urlo a voce alta, al punto tale di attirare l'attenzione di tutti i poliziotti del distretto.

"Guarda che, alla vecchietta, ho espresso le mie scuse per l'attesa: ero occupato con i due amministratori delle casate che tu hai svaligiato, e non credo che questi furti siano cosa da poco".

Era del tutto evidente che il maresciallo non aveva preso in considerazione la disperazione della vecchietta e che aveva fretta di arrivare alla conclusione dei furti dei due nobili, ignorando il fatto che un furto di una pensione di una povera anziana era assai più grave.

"Se per te non è nulla, e credo che non lo sia, perché alla fine del mese non metti qualche tuo *ragazzo* davanti all'ufficio postale? La fame e povertà non conoscono ragioni: purtroppo la terra non è popolata da buoni samaritani".

"Lo farò, lo farò".

"Ecco, vedi? Così mi piace sentirti parlare!".

"Pipino, tu non hai nemmeno idea di chi hai castigato questa volta, sei *volato* troppo in alto".

"Sì, in alto: dalle cime tempestose del monte Everest!".

"Scherza, gioca pure, tanto sappi che quello che è stato sottratto ai due nobili, non lo venderai mai, è roba che scotta, caro mio e deve tornare ai proprietari".

"Lo vuoi proprio sapere Savino, dov'ero qualche notte fa? A raccattare i soldi per quella vecchietta: i due nobili possono attendere, chissà che non si riesca a trovare la loro refurtiva, del resto le vie del Signore sono infinite…".

Il maresciallo Savino, alla fine è riuscito a recuperare la merce presa in *prestito* ai due nobili, ma quanta fatica per ottenere il pagamento del *pedaggio*…

Il conte Brandolini d'Adda, non voleva nemmeno sborsare una lira per il recupero dei beni sottratti in casa sua. Il mio complice aveva commentato: "Bene, vorrà dire che dei suoi arazzi faremo coriandoli per il carnevale".

È l'amministratore della casa del conte Donà delle Rose che ha pagato anche per il conte Brandolini d'Adda.

"*Tutto è bene quello che finisce bene*" diceva il mio amico William Shakespeare ma, in questo caso, credo che qualcosa non quadri: alla fine vince sempre il più forte!

LO ZIO D'AMERICA

Nelle favole i personaggi rappresentano la vita con vizi e virtù. Il contesto che fa da sfondo alle vicende narrate spesso ricopre un ruolo secondario facendo sì che l'attenzione del lettore si focalizzi sui comportamenti e sulle dinamiche che regolano la convivenza umana.

Ogni favola è portatrice di una morale, o di un insegnamento, esplicitamente espressa in una massima. Dunque il fine etico è senza dubbio predominante, nelle favole più antiche, per esempio, la morale che molti potrebbero cogliere consiste in un invito ad adeguarsi alla società in cui si vive. La loro funzione educativa ha lo scopo di aiutare a comprendere e affrontare le differenze, i cambiamenti, le ingiustizie e in generale ciò che di positivo e negativo ci accade.

Le fiabe hanno svolto un ruolo importante in molte circostanze della mia vita.

Nelle favole pessimiste di Fedro il prepotente trionfa sempre sul debole, il quale è invitato alla rassegnazione o, nella migliore delle ipotesi, a cercare un compromesso accettabile nei rapporti con il potere.

"Ora perché sia nato della favola il genere in breve ti spiegherò. La schiavitù, ai padroni soggetta, non osando dire ciò che avrebbe voluto, traspose le sue opinioni in brevi favole, ricorrendo, per schivare le accuse di calunnia, a scherzose invenzioni" scrisse Fedro.

Ricordo, nei miei lunghi soggiorni carcerari, quando mi trovavo in cella con altri compagni, i nostri discorsi che erano sempre gli stessi. Parlavamo di avvocati, processi, giudici, amnistie, evasioni, e poi, l'alienazione della televisione, sempre accesa giorno e notte.

Una sera, stanco della televisione e della monotonia delle solite chiacchierate, decido di raccontare qualche favola che mi narrava mia nonna da bambino e altre inventate da me di sana pianta.

"Ragazzi questa sera niente televisione, vi racconto una bellissima favola!".

Non l'avessi mai fatto. Tutte le sere dalle 21.30, subito dopo cena, fino alle 2 di notte, ero *imprigionato* dentro la mia cella a raccontare favole: i più interessati fra i miei ascoltatori erano quelli con i curricula criminali più pesanti che mi avevano suggerito, per gioco, di inserire in ogni racconto il nome di uno di loro.

In cella eravamo in sette, me compreso, e ogni sera dovevo quindi inventarmi sei favole, cosa che se fosse stata intercettata da un magistrato probabilmente gli avrebbe fornito un'immagine diversa di questi criminali.

Mi sono domandato in che misura il racconto di alcune favole può influenzare la crescita di un bambino.

E ancora: come mai i miei compagni erano così attratti dai miei racconti fiabeschi? Forse perché nati senza favole, troppo velocemente erano stati presi da quella smania di voler ottenere tutto e in fretta sacrificando le loro vite a fronte di azioni criminali insensate...

Erano gli anni Sessanta, un noiosissimo sabato di fine dicembre come tanti altri. L'umido e la nebbia la facevano da padroni, avvolgendo tutta la città in una bianca bambagia. Assieme a due amici stavo gironzolando tra *calli* e *campielli* in cerca di qualche lavoretto da fare: tanto per cambiare eravamo al verde e dovevamo al più presto rimediare qualcosa.

L'occasione si presenta in Campo San Barnaba, quello in cui Spielberg ha fatto emergere dalle fogne il suo Indiana Jones, dove incontriamo il proprietario di un notissimo ristorante di Venezia a braccetto con la moglie, entrambi agghindati.

"Toh, chi si vede! a chi tocca questa sera?" mi disse lui.

"Sarebbe giunta l'ora che capitasse pure a te" risposi io.

"Sai bene che io faccio parte degli *Untouchables*".

Era veramente uno degli intoccabili. Ci faceva dei favori per esempio nascondendo i nostri kit da lavoro; una volta ha riciclato cinque milioni di lire, frutto del trasporto del bottino dei conti Brandolini d'Adda e Donà delle Rose. Era persino ovvio che i soldi fossero segnati e anche grossolanamente: è bastata una lampada di Wood per vedere i segni rossi su ogni banconota da diecimila lire.

"E tu? Dove vai così tutto in ghingheri?" domandai.

"A me tocca un palco al Teatro La Fenice, sono stato invitato dalla contessa...".

"E cosa vai a vedere di bello?".
"*Il Barbiere di Siviglia*".
"Bene! Buona serata!".
"Buona caccia, mascalzone".
"Animo ragazzi, questa sera abbiamo trovato un lavoretto!" dissi subito ai miei compari.
"Che lavoretto?".
"Come? Non avete afferrato?".
"Veramente no!".
"Avete sentito il bacchettone? Va a teatro con la contessa e noi andiamo a teatro a casa dalla contessa".

Faccio due conti al volo: *Il Barbiere di Siviglia* si svolge in due tempi, quindi, tra l'intervallo e la fine, sarebbero rimasti fuori almeno quattro ore. Decidiamo di entrare subito in azione: nonostante fosse un luogo piuttosto scoperto, la nebbia ci avrebbe fatto da filtro. Bisognava però essere certi che in casa della contessa non ci fosse nessuno. Delusione: le finestre erano illuminate, segno che in casa c'era qualcuno. Mentre stavamo per ritornare sui nostri passi, notai la luce spegnersi.
"Fermi ragazzi, forse la contessa sta per uscire".
Da lì a qualche minuto, vediamo uscire una ragazza, probabilmente la colf, che mano nella mano con un giovanotto, si avvia verso Santa Margherita, un campo molto noto di Venezia.
"Uno di noi li deve seguire... vacci tu" dissi a uno dei miei compari "io vado a consultare l'elenco telefonico, non sia mai che…".
"I due piccioncini sono entrati al cinema Santa Margherita" afferma poco dopo l'amico tornando verso di noi.
"Ok, io vado a telefonare e voi rimanete appiccicati alla casa, dovreste sentire lo squillo".
Da una cabina chiamo il numero corrispondente all'indirizzo. Il telefono trillava a vuoto. Per sicurezza, suono ripetutamente il campanello di casa. In casa non rispondeva nessuno, però si doveva operare in fretta, calcolando che al cinema non si sta più di un'oretta, ma poi, due piccioncini, solitamente al cinema ci vanno per altre cosucce…
Con il solito sistema, dopo il via libera, mi arrampico al primo piano: in un minuto entrai in casa e aprii il portone ai miei due complici. Nell'appartamento cominciammo a prelevare denaro e gioielli: ce n'erano parecchi.

Stavamo per terminare la razzia, quando, all'improvviso, uno dei miei compari si mette a urlare: "Via, via! C'è qualcuno in quella camera!".

"Ma non è possibile! Abbiamo suonato e telefonato... sicuramente ci avrebbe risposto!".

"Allora vai a vedere tu, noi ce ne andiamo e alla svelta portandoci dietro il bottino".

Cautamente mi avvicino, sbirciando dalla porta: con grande stupore, vedo un bambino piccolo, tremante e con gli occhi sbarrati che cercava di vincere la paura stringendo forte a sé la coperta. La colf, sicuramente contando sul fatto che sarebbe rientrata prima dei padroni di casa, l'aveva lasciato solo per uscire con il suo moroso.

"Andate via! Subito! Io vi raggiungo tra qualche minuto!".

Una volta solo, entrai nella camera del bambino che avevo visto in una foto sul comodino dei suoi genitori, sulla quale si notava una torta con scritto: Marco a un anno.

Dato che il bimbo era terrorizzato cercai subito di assumere il tono più calmo e tranquillo possibile: "Ciao Marco! Hai capito chi sono?".

Il bambino, che aveva sì e no quattro anni, scuoteva la testa come a dire no.

"Sono lo Zio d'America – inventai lì per lì – non te l'hanno detto i tuoi genitori? Ti ho suonato e telefonato, ma non mi hai risposto. Lo sai perché sono qui?".

Marco balbettava con gli occhi sbarrati e le labbra tremanti ma non mi sembrava più ostile.

"Sono venuto fino a qui perché domani ti porterò dalle mie parti, nel Texas. Sai, sono un cowboy, e anche uno di quelli bravi, uno che galoppa per ore e prende i tori con il lazo. Figurati che a casa ho anche due pistole che mi sono state regalate proprio dallo sceriffo! È un mio amico, sai?".

Mi accorsi che il bambino non tremava più; anzi, cominciava a sorridermi.

"Sei proprio un cowboy, Zio?".

"Te l'ho detto: sono un famoso cowboy e, se domani verrai con me, ti farò conoscere Vincent, uno splendido cavallo tutto bianco con una lunga criniera nera".

"Ma è proprio vero? C'è Vincent che mi aspetta?".

"Sicuro! Ora però se vuoi che torni a prenderti devi dormire!".

"Ecco, così... bravo... chiudi gli occhi... Buonanotte, Marco!".
"Buonanotte Zio cowboy!".

Ho saputo poi che, al rientro in casa, trovandola a soqquadro e con la colf in lacrime, la madre si era precipitata dal figlio che, una volta sveglio, le aveva raccontato dello Zio cowboy e della promessa che avrebbe ricevuto un cavallo bianco dalla criniera nera. La contessa si era accorta immediatamente che non gli era stato torto un capello e aveva subito chiamato la polizia.

"E adesso, caro il mio zietto, o ci restituisci il maltolto o organizziamo un confronto con il bambino: tu ci rimetteresti di sicuro e lui ne rimarrebbe assai deluso!" mi disse il commissario.

Non avevo alcuna possibilità di scelta e così ho restituito subito il bottino tra le lamentele dei miei amici.

Molti anni più tardi, mentre camminavo per strada, mi si avvicina un bel giovanotto che mi disse: "Ciao Zio!".

Lo guardo bene ma non mi sembrava di averlo mai visto.

"Non ti ricordi di me? Mi chiamo Marco e una notte di tanti anni fa ho ricevuto la visita di uno Zio cowboy".

"Marco..." riesco solo a esclamare, mentre un groppo mi serrava la gola...

"A proposito di America, devo dirti un'altra cosa, Zio: pochi giorni dopo i miei mi hanno portato effettivamente in America, e proprio nel Texas. E, non ci crederai, ma mi hanno regalato un bellissimo pony, tutto bianco e con la criniera nera, che si chiamava Vincent!".

"Ma perché quel cavallo si chiamava proprio Vincent?" mi chiese il commissario curioso.

"Perché così si chiamava anche il mio, quello che da piccolo mi ero creato con la fantasia, tutto bianco e con la criniera nera, che si chiamava Vincent!".

Di questa storia non c'è più traccia fatta eccezione per gli schedari della polizia in cui vi è una nota: "Pipino Vincenzo detto lo Zio".

VICENZA

Quando si individua qualcosa che può procurare piacere è necessario capire come e con quali mezzi è possibile conquistarla. Individuare solo il piacere fa aumentare il rischio di imbattersi in difficoltà e delusioni. In alcuni casi un gesto di rinuncia è come dichiarare che l'azzardo supera ogni immaginazione e tutto quello che si desidera si riduce al nulla. Detto ciò non giudico sbagliato agire senza cognizione di causa, cosa che io stesso ho fatto qualche volta, ma mi interrogo per capire se il problema sta nel godere il piacere desiderato o nel mio rapporto con esso.

Mentre il mio complice si districava nel traffico caotico di Vicenza, io riflettevo su quanto mi aveva prospettato: continuavo a chiedermi come mai avessi accettato di fare quel colpo, se solo l'altro folle mi avesse dato retta, tutto sarebbe filato liscio come l'olio. E invece...

Nella mia lunga carriera non ho mai usato l'automobile per andarmene dal luogo in cui avevo lavorato: mi sono sempre servito dei mezzi pubblici, treni, autobus e taxi, che sono infinitamente più sicuri. Se fuggi su un'auto privata, non puoi mai sapere cosa ti riserva il destino: un sorpasso troppo azzardato, qualcuno che inavvertitamente ti tampona, una frenata sospetta, un fermo casuale, e tutto può andare a rotoli. Se invece alla guida c'è un estraneo ignaro, le possibilità di passarla liscia crescono in modo esponenziale.

La gioielleria che mi aveva indicato si trovava in centro città, sotto i portici di piazza della Signoria, in una costruzione che testimonia quell'antico modo di costruire edifici così belli e funzionali e, soprattutto, così simili a quelli che conoscevo benissimo quando operavo a Venezia: stesse tecniche di costruzione, stessi materiali. Mi sentivo come a casa. Anche il leone alato che dall'alto della colonna guardava la piazza pareva ammiccarmi come a dire "Ti proteggo io!".

Sopra la gioielleria c'era un appartamento semi-abbandonato in attesa di un restauro. Penetrarvi di notte sarebbe stato uno scherzo. Di lavori come questi, ne ho fatti a decine: due anche in questa città, ma con il mio sistema unico nel suo genere e sempre con la solita tecnica.

Per questo tipo di attività, però, ci vogliono esperienza, intuito e la capacità particolare, forse istintiva, di riuscire sempre a capire qual è il momento giusto: un colpo è come un orologio nel quale, per funzionare bene, ogni parte del meccanismo deve lavorare in perfetta sincronia.

Come ho già avuto occasione di dire, considero il furto una forma d'arte, da realizzarsi con amore, sentimento e passione; purtroppo, alle volte, per portare a termine il tutto, si è costretti a scendere a compromessi. E quello fu proprio uno di quei casi.

La cassaforte della gioielleria era di quelle vecchie e dunque era indispensabile trovare qualcuno esperto che sapesse adoperare la fiamma ossidrica e muoversi agevolmente per le vie della città.

Alcuni nostri conoscenti, gente del giro, ci presentano un certo Luigi. Il mio compito era solo quello di fungere da palo: un ruolo molto impegnativo e fuori dalle mie abitudini. Luigi non m'ispirava nessuna fiducia a pelle.

Tuttavia però, devo ammetterlo, il lavoro così com'era studiato mi sembrava anche fattibile: simile a quei lavori che si vedono anche nei film dove si sventrano casseforti con la fiamma ossidrica. No! Certo non era un lavoro adatto a me, che non conoscevo la tecnica e che sarei stato d'impiccio all'interno della gioielleria. In ogni caso valeva sempre la mia lunga esperienza: per loro era, infatti, la prima volta.

Decidemmo di entrare in azione un sabato sera, in modo tale da avere a disposizione tutta la domenica per lavorare indisturbati: dovevamo forare il pavimento dell'appartamento disabitato, calarci nella gioielleria dove ci attendeva una cassaforte non particolarmente robusta e infine scappare con il bottino. Un lavoro però che avrebbe richiesto un bel po' di tempo.

Luca salì sulle spalle di Luigi la cui altezza si aggirava sul metro e ottanta, quel tanto che bastava per arrivare a una finestrata del primo piano, talmente ridotta male che per poco non si è staccata completamente dal muro.

Come da prassi, una volta dentro, Luca passò velocemente a esplorare le stanze per verificare la presenza di eventuali pericoli: si trattava di un appartamento abbandonato da tempo, in cui le ragnatele e l'odore di stantio facevano da padroni.

In mezzo a tanta desolazione, però, ciò che rassicurava era proprio il pavimento: tipico rivestimento alla veneziana costituito da un impasto di calce spenta e frammenti di marmo colorato, molto bello da vedere e, soprattutto, assai morbido da forare.

Scese le scale, aprì a Luigi che attendeva in strada con un paio di pesanti borsoni pieni di attrezzi e un sacchetto con qualche sandwich.

Io avevo il compito di fare da palo: un lavoro molto delicato e difficile perché si deve rimanere sempre in allerta nel caso qualcosa vada storto. Per entrare in azione era necessario attendere le cinque del mattino quando le guardie notturne si rifugiano in qualche bar a finire il turno.

In un paio d'ore i miei complici riuscirono a fare il buco e a calarsi nella gioielleria: alle 8 di mattina Luigi era già al lavoro con la fiamma ossidrica davanti alla cassaforte indicata dal basista.

Riempite due borse di anelli, collane, bracciali d'oro e un'altra di gemme erano pronti a uscire e a consegnare a me il bottino da portare via. Fino a quel momento era filato tutto secondo i piani prestabiliti. In giro non c'era molta gente e io, come d'accordo, senza farmi notare mi sarei diretto con le borse nelle vicinanze della piazza per prendere un taxi davanti all'albergo. Per attraversare la città e arrivare al casale di Luigi sarebbe bastata una mezz'oretta, lì con tutta tranquillità avremmo spartito i gioielli e le nostre strade si sarebbero divise.

Nel frattempo Luigi avrebbe dovuto trasportare con l'auto i ferri da scasso e liberarsene nel primo cassonetto della spazzatura fuori città.

All'ultimo istante però Luigi decise di cambiare il piano e, forse per paura che scappassi con il bottino, insistì affiché anch'io salissi in macchina.

Cambiare i piani in corsa, se non è assolutamente indispensabile, l'ho sempre ritenuto veramente pericoloso: un piano è buono se è rispettato per intero.

Cercavo nello sguardo di Luca un appoggio: in quell'auto non volevo assolutamente salirci! Andava contro i miei principi: in tutta la mia onesta professione di *ladro*, nonostante le centinaia di chili d'oro che avevo svaligiato, non avevo mai trasportato il bottino con un'auto privata. Per le ragioni che ho già chiarito, ho sempre usato solo mezzi pubblici.

Luca però, per non far nascere un litigio che poteva compromettere l'operazione, disse: "Lasciamo andare le discussioni, per questa volta saliamo tutti in macchina!". Una scelta fatale.

I due avevano scassinato la cassaforte ma, per pigrizia o per inesperienza, cosa che non dovrebbe accadere a dei professionisti, non si erano accorti che la fiamma ossidrica aveva lasciato dei residui di fuoco, così che nel giro di poco il fumo che usciva dalle saracinesche allertò le forze dell'ordine.

È stato come una di quelle schegge che ti capitano addosso all'improvviso, proprio quando meno te lo aspetti: l'imprevisto che accetti controvoglia, destinato a farti cambiare il percorso della vita.

La strada che ci avrebbe portato fuori città era deserta: una noiosa serata domenicale, perfetta per passare inosservati, dove incroci poche automobili che scorrono silenziose. Anche la nostra auto scivolava tranquilla per la strada e pareva che tutto andasse per il meglio, almeno fino a quando arriviamo nei pressi dello stadio.

Nel piazzale davanti all'ingresso, a circa duecento metri da noi, sostava un'auto dei carabinieri.

Mi è bastato guardare i lampeggianti spenti e il carabiniere appoggiato mollemente sul cofano anteriore della vettura per capire che erano lì solo a controllare il traffico.

Stavo per dire "Calmi ragazzi, niente panico!" quando Luigi, alla guida della nostra auto, frenò bruscamente. Ci trovavamo ormai solo a una cinquantina di metri da loro e, nonostante il motore al minimo borbottasse appena, la nostra manovra aveva inevitabilmente attirato l'attenzione del carabiniere che agitava la paletta richiamandoci vicino alla sua auto.

Stava accadendo quello che non sarebbe mai dovuto accadere: l'unica speranza sarebbe stata quella di mantenere il sangue freddo ma Luigi con una sgommata invertì di centottanta gradi il muso della nostra macchina e, a tutta velocità, puntò deciso verso il centro città.

L'avrei fulminato, ma il timore mi faceva rimanere incollato al sedile. Dietro di noi la sirena della pantera dei carabinieri ululava all'impazzata.

Fortunatamente avendo parecchie centinaia di metri di vantaggio riuscimmo a seminarli infilandoci in una serie di strade molto anguste.

Luigi guidava veloce e sicuro per quelle stradine, ma non per questo mi sentivo tranquillo: ogni volta che la nostra andatura si faceva più lenta, mi veniva l'istinto di aprire lo sportello della macchina e gettarmi fuori, come avevo visto tante volte fare al cinema, ma sapevo che quelle erano cose da stuntman e ci tenevo troppo alla mia pelle.

La collera però mi stava salendo alla testa e mi sentivo come un leone richiuso in gabbia: comincio a imprecare.

"Non ti preoccupare" disse Luigi cercando di mantenere una calma ardita "ormai li abbiamo seminati!".

"Fammi scendere da questa macchina del cazzo!".

Stavo per gridargli un'altra sequela di insulti quando sentii un crepitio di pallottole squarciare la notte: la pantera dei carabinieri ci aveva chissà come e per quale strada preceduto e ora si trovava di fronte a noi, di traverso, per sbarrarci la via di fuga.

Luigi inchiodò di colpo, la macchina non era ancora del tutto ferma quando aprimmo contemporaneamente gli sportelli dell'auto e lasciando il bottino iniziammo a correre in direzioni opposte, con i proiettili che sibilavano sopra le nostre teste.

Mentre correvo come probabilmente non avevo mai fatto prima, con il cuore che ormai pareva volesse uscirmi dal petto, sentii un urlo di dolore provenire da dietro le mie spalle: istintivamente mi giro e vedo Luca stramazzare al suolo.

Istintivamente mi fermai a guardare, atterrito, ma quell'attimo d'indugio mi è stato fatale: immediatamente avvertii un dolore acuto al piede destro che quasi mi fece cadere, una pallottola aveva colpito anche me.

Il bruciore era terribile ma sapevo che non potevo fermarmi: continuai a correre all'impazzata, incurante del fatto che ogni mio passo si tramutava in una tortura.

Continuai a correre senza fermarmi finché intorno a me non regnò un silenzio assoluto.

Ansando come un mantice, con il piede che ormai mi faceva talmente male da non sentirlo quasi più, cercai di fare mente locale: sicuramente i carabinieri, forse stremati dall'inseguimento, o più probabilmente per prendere Luca colpito chissà come e da quante pallottole, avevano rinunciato all'inseguimento.

Mentre cercavo di calmare in qualche modo il battito del cuore, il mio cervello elaborò finalmente un pensiero razionale: avevo lasciato dietro di me un amico ferito, forse morto!

Alla tensione allora si aggiunse l'angoscia. In quel momento vidi davanti a me Luigi che continua a correre.

"Fermati, sono ferito" urlai imbestialito "devi aiutarmi, non conosco la città".

"Dai, muoviti! A poche centinaia di metri c'è la mia auto".

A quell'affermazione un brivido gelido mi percorse la schiena: "Come sarebbe a dire la tua auto? E quella che abbiamo appena abbandonato, di chi era?".

"Era la macchina del fratello di Luca presa in prestito".

Il fratello di Luca, che io conoscevo molto bene, era un ex ladro molto abile, che all'epoca gestiva un negozio di ottica ben avviata ed era ormai da anni fuori dal giro.

Finalmente, ormai stremato, vidi la vettura parcheggiata in una stradina defilata: salii e solo allora mi resi conto di avere la scarpa destra intrisa di sangue che iniziava a colare fuori. L'unica consolazione, per così dire, stava nel fatto che ormai non sentivo più il dolore: era come se il piede fosse anestetizzato!

I pensieri tornavano ancora al mio amico: "È morto..." sussurrai, mentre Luigi innestava la marcia e si avventurava per le stradine tra i campi.

Durante il percorso non ci scambiammo né una parola né uno sguardo tanto era lo stato di confusione e la rabbia per come si erano messe le cose.

Mezz'ora più tardi arrivammo davanti a un piccolo casale di campagna, conciato piuttosto male, sulle colline nei dintorni della città palladiana.

Entrai e, con sorpresa, vidi che Luigi stringeva nella mano la borsa piccola: quella stessa in cui, qualche ora prima, avevano riposto i gioielli più preziosi. Mi lascai cadere su una sedia, dolorante e teso.

Luigi urlò un nome e poco dopo comparì una donna coperta solo da una sottoveste che lasciava intravedere ampie parti del suo corpo sfatto.

La prima impressione era che si trattasse di una puttana e infatti, era proprio così: lei era la sua puttana e lui, il disgraziato, sicuramente il suo magnaccia.

Stavo male e non solo per il piede: quello non era il mio ambiente; per me trovarmi lì, in quella casa, era come trovarmi in un mondo irreale, in un universo che non ero abituato a frequentare e che non condividevo. E poi c'era il pensiero di Luca, forse morto.

Mi guardai intorno: se da fuori quella catapecchia faceva miseria, dentro era ancora peggiore. Avrei voluto gridare di rabbia, prendere a calci quel bastardo e anche la sua puttana, ma sapevo benissimo che non potevo farlo: purtroppo in quel momento dipendevo totalmente da loro; mi trovavo, infatti, in un luogo sconosciuto, ferito e impotente e dovevo fare buon viso a cattivo gioco.

Intanto la ferita aveva ricominciato a farmi male: con la massima delicatezza mi tolgo la scarpa e metto il piede sotto il getto gelido di un rubinetto che lo riporta a un benefico torpore.

Una volta ripulito dal sangue, mi accorsi che la pallottola fortunatamente mi aveva trapassato l'arto entrando dal tallone e uscendo all'altezza della caviglia destra, apparentemente senza aver colpito né tendini, né ossa; così, pur non avendo conoscenze mediche, capii che la ferita non era poi tanto grave.

"Avete un disinfettante?" chiesi alla donna.

Lei non rispose ma, poco dopo, rientra con una bottiglia di grappa: "Se vuoi, abbiamo questa".

Continuavo a imprecare silenziosamente: tutto stava andando sempre peggio.

Accettai la bottiglia e cerco di disinfettarmi alla meglio con quel liquore che a ogni spruzzo mi faceva vedere le stelle. Per lenire un po' il dolore faccio due lunghi sorsi di quel liquido forte.

Non osavo nemmeno chiedere se in quel tugurio ci fosse una fascia: vedo un tovagliolo che pareva discretamente pulito e me lo lego stretto attorno alla ferita.

"Mi servirebbero anche un paio di scarpe e dei calzini puliti: devo raggiungere al più presto un medico" chiesi vacillando di rabbia e umiliazione.

"Ti serve altro?" mi chiese Luigi consegnandomi scarpe e calzini.

"Sì, portami a Venezia. E il più presto possibile".

"E della merce, cosa ne facciamo?" mi domandò con gli occhi astuti che luccicavano al pensiero del bottino.

Istintivamente mi volto verso la borsa e vedo la donna che, a sua volta, la stava guardando con occhi bramosi.

A quel punto mi resi conto del tipo di persone con cui avevo a che fare: non pensavano minimamente all'amico caduto, non gliene fregava niente se era morto o se in qualche modo era sopravvissuto, e nemmeno pensavano ai genitori e al fratello di Luca che, disperati, erano al capezzale del loro caro, a loro interessava solo il denaro.

"Statemi bene a sentire, di tutto quello che c'è in quella borsa, non voglio nulla! Ma mettetevi bene in testa una cosa: io non vi ho mai visto, non so chi siete e non lo voglio sapere! Datemi solamente la possibilità di arrivare a Venezia: non chiedo altro!".

Un sorriso avido comparve sul volto della puttana, che immediatamente si offrì di accompagnarmi.

"Tu è meglio se resti a casa, sarebbe pericoloso nel caso dovessero fermarti. E poi una donna dà molto meno nell'occhio".

Arrivammo a Venezia verso le sei del mattino.

Scesi dall'auto senza ringraziare ma ricordando alla donna che tra di noi non c'era stato nulla.

Ero nuovamente nella mia Venezia ma questa volta non tornavo vincitore. Zoppicando lentamente mi trascinai da un medico che conoscevo e che sapevo non avrebbe fatto troppe domande. Suonai e gli raccontai una storiella, lui finse di crederci e iniziò a curarmi la ferita con massima attenzione.

Era mattino presto e a quell'ora avrei potuto girare per la città in tutta comodità, senza dare troppo nell'occhio, ma per precauzione evitai di tornare a casa mia. Andai da mia sorella, che mi aprì la porta con la faccia ancora arruffata dal sonno: l'arrivo a quell'ora del mattino e la mia andatura zoppicante destarono immediatamente in lei dei sospetti.

"Ma cosa diavolo hai fatto al piede?".

Strinsi le spalle borbottando qualcosa di incomprensibile e mi avviai verso il divano.

"Hai sentito il telegiornale? C'è stata una sparatoria ieri sera a Vicenza e, se non ho inteso male, hanno colpito il tuo amico Luca".

"Davvero? E come sta?".

"A quanto pare si trova in gravi condizioni all'ospedale con due proiettili conficcati nello stomaco!".

Laura, mia sorella, conosceva bene Luca: eravamo cresciuti assieme e sapeva che spesso era mio compagno d'avventura.

"Ne sai niente?" mi chiese con sguardo indagatore soffermandosi sul mio piede. Io negai ogni cosa.

Rimasi a casa sua fino a sera, disteso sul divano da dove seguo tutti i notiziari locali per apprendere notizie di Luca che scoprì aver subito una complicata operazione a seguito della quale gli è stato indotto il coma farmacologico.

Quelle ore di riposo mi servirono anche per riordinare le idee: dovevo capire cosa stava succedendo, tastare il terreno attorno a me. Avevo saputo da mia sorella che a casa dei miei genitori, dove abitavo anch'io, poche ore dopo il fatto, si erano già presentati dei carabinieri chiedendo informazioni e consigliando a mia madre di convincermi a costituirmi poiché sapevano che ero ferito. Questo, rientrava nella routine: quando avveniva un furto con il buco, immancabilmente si pensava a me. Quello che però mi sconvolgeva è che mi sapevano ferito!

Chi poteva averli messi così presto sulle mie tracce? Non di certo Luca che, oltre a essere un amico fidato, in quel momento si trovava in coma e non poteva parlare. E poi, anche supponendo che prima di perdere coscienza avesse detto qualcosa, come avrebbe potuto sapere che mi avevano ferito se lui era caduto a terra prima che mi colpissero? No! Lui era sicuramente da scartare.

Da scartare era anche il fratello di Luca che conosceva benissimo la nostra fratellanza e poi non era di certo la persona che andasse a raccontare in giro cose del fratello, non avrebbe fatto mai la spia.

Restavano quel bastardo di Luigi e la sua donna. Ma che vantaggio avrebbe avuto quel porco a denunciarmi, dato che era coinvolto anche lui e, per di più, aveva con sé i gioielli? Anche lui era da scartare.

"Lurida puttana!" imprecai, rendendomi conto che non poteva essere stata che lei.

Scoprii in seguito che, nella stessa mattina in cui mi aveva accompagnato a Venezia, aveva pensato bene di vendere l'informazione a un suo amico carabiniere in cambio di un alleggerimento dei controlli sulla sua zona di lavoro.

Me la ritrovai anche al processo come teste a carico, fu una sgradevole sorpresa dato che ha addirittura dichiarato di avermi riconosciuto, insieme a Luca, come una delle persone che il giorno prima del furto passeggiava nervosamente davanti alla gioielleria. Ancora adesso sono convinto che la sua testimonianza è stata manovrata da Luigi per tenere il bottino tutto per loro. Mi sono chiesto spesso che fine abbiano fatto: forse saranno diventate due persone rispettabili ma più probabilmente, visti i tipi, avranno sperperato tutto e saranno ripiombati nella spoglia vita di sempre.

Io, intanto, ero improvvisamente diventato un ricercato e per giunta, a causa della sparatoria, un ricercato pericoloso. Costretto ad allontanarmi subito da Venezia iniziai un giro per l'Italia che durò tre mesi, fino a quando due poliziotti mi misero le manette in un ristorante di Ferrara.

Stava tutto nel gioco delle parti e come in tutti i giochi, anche nel mio mestiere, l'ho sempre ritenuto tale, puoi vincere o puoi perdere.

Quello che però non ho mai digerito è l'accusa di rapina e uso improprio di armi: un'accusa per me infamante che contrastava con tutti i miei principi e con il mio stile.

L'accusa era stata del tutto inventata dai carabinieri per poter giustificare l'uso improprio delle armi che, in quel caso, avevano adoperato loro. Sul verbale si legge infatti che, dopo aver bloccato la nostra auto, avevano continuato il nostro inseguimento a piedi per circa trecento metri e nel momento in cui ci stavano per beccare, uno di noi si sarebbe fermato cominciando a fare fuoco verso di loro, costringendoli così a rispondere sparando a loro volta.

Per i giudici non erano sufficienti né i rilievi che evidenziavano la presenza dei bossoli nelle vicinanze dell'auto dei carabinieri e non a trecento metri, né il fatto che non c'erano bossoli di altre armi da fuoco, né la testimonianza di un uomo che affermava di aver visto sparare i carabinieri mentre noi fuggivano.

L'unica consolazione di questa tragica vicenda è che Luca si è salvato dopo un lungo intervento chirurgico che però gli è costato l'asportazione di una parte della budella.

La condanna è stata di otto anni, anche in considerazione del fatto che una parte della refurtiva, quella in mano al bastardo e alla puttana, non è mai stata trovata. Fortunatamente l'appello e la mia buona condotta mi hanno permesso di scontarne solo sei.

Questo colpo, non dovevo farlo!

Questo capitolo ha esplicitamente lo scopo di mostrare l'abuso di potere prima della polizia giudiziaria che falsifica i fatti e poi della magistratura che ne protegge e sostiene le menzogne.

Sono stati rilevati settantacinque bossoli intorno alla macchina dei Carabinieri che al contrario hanno dichiarato: "Scesi dalla nostra autovettura, abbiamo inseguito i tre per circa trecento metri e, mentre stavamo prendendo uno di questi abbiamo visto un lampo di fuoco e poi sentito uno sparo: sentendoci minacciati, abbiamo risposto al fuoco".

E come mai allora tutto i bossoli sono stati trovati intorno alla loro macchina?

I giudici sono arrivati a sostenere l'inverosimile, ovvero che i carabinieri presi dalla confusione avessero sbagliato il verbale!

IL CONSOLATO SVIZZERO

"Se a caso l'occasione l'uom fa ladro diventar, c'è talvolta una ragion che lo può legittimar" si legge in chiusura de *L'occasione fa il ladro* opera lirica di Gioacchino Rossini.

Molti credono che questo sia solamente un proverbio ma molto spesso corrisponde alla realtà.

Quanti di noi, suvvia, ammettiamolo, senza nasconderci dietro una maschera, hanno trovato qualcosa in strada, portafogli, ombrelli, borse dimenticate negli autobus, nei treni e via di seguito, e non hanno avuto la tentazione di tenersela per sè?

Quante volte ci siamo messi in tasca un resto sbagliato a nostro favore senza dire niente?

Dato che si tratta di circostanze del tutto casuali che non abbiamo cercato volutamente sentiamo di avere la coscienza a posto.

Dal mio punto di vista e per la mia esperienza sono convinto che non sia l'occasione a fare l'uomo ladro. Un vero ladro le opportunità se le procura e se le cerca con attenzione.

Non so quante volte mi sia capitato di guardare quella bandiera quadrata di colore rosso mattone con una croce greca bianca che sventolava al centro di un palazzo al secondo piano affacciato sulle Zattere di fronte all'isola della Giudecca: la bandiera del consolato Svizzero.

Vedere quella bandiera tutti i giorni mi ha spinto a compiere un'impresa ardita e fuori dal comune.

Ero riuscito a evadere in Svizzera nel 1974 suscitando nell'opinione pubblica uno scalpore tale da spingere le autorità locali a prendere una posizione forte che sul piano giuridico definirei esemplare. Il Ministro svizzero di Grazia e Giustizia ha fatto ricorso a una prassi, applicata di rado, prevista dall'art.11 del nostro codice penale secondo cui: il cittadino o lo straniero che commette in territorio estero, a danno dello Stato o di un cittadino, un delitto non inferiore nel minimo di un anno, commesso a danno delle comunità europee, può nuovamente essere processato secondo la legge italiana, a richiesta del Ministro di Grazia e Giustizia, e secondo la legge medesima, sempre che si trovi nel territorio dello Stato; sarà processato, anche se l'agente sia già stato condannato nel territorio dello Stato straniero.

La conseguenza è stata affrontare, tempo dopo, un nuovo processo al Tribunale di Venezia, per rispondere dei reati commessi in Svizzera, dove mi avevano già condannato, ma credo che quell'evasione fosse rimasta sul *gargarozzo* al Ministro di Grazia e Giustizia elvetico.

Al processo, appena si aprì il dibattimento, mi rivolsi direttamente al Presidente della Corte dicendo: "Signor Presidente se devo rispondere nuovamente di questi reati, chiedo di essere processato secondo il codice di procedura penale del nostro Paese, essendo stato condannato e interrogato in lingua francese e senza interprete durante l'istruttoria".

Il Presidente era il famoso dottor Moro, un *Torquemada* in toga veneziana che celebrava l'ultimo processo della sua carriera prima di andare in pensione. Dall'altra parte il Pubblico Ministero Antonio Fojadelli, che ha gestito in maniera oculata il pentimento di Felice Maniero, ex esponente della famigerata banda del Brenta.

La parola passa immediatamente a Fojadelli, il quale, con sorpresa, mi dà ragione.

"Ma vi rendete conto signori, quanti soldi costerà questo processo se il Tribunale dovesse annullare tutta la procedura della Svizzera, per la traduzione degli atti in lingua italiana e per ricominciare il processo dall'inizio? Qui le carte parlano chiaro! Pipino Vincenzo, si è reso responsabile di parecchi reati tra cui quello di evasione".

"Scusi signor Presidente, ma io credo di aver già espiato la mia pena" dissi.

"E come, se qui c'è scritto che Lei, la notte del 25 dicembre del 1974 è evaso?" rispose il Presidente del Tribunale in tono accusatorio.

"Beh, diciamo che mi hanno aperto la porta del carcere e mi hanno detto: Lei può uscire!".

"Scusi Presidente" intervenne il mio avvocato "devo ammettere che il mio cliente ha ragione e mi associo al Pubblico Ministero: questo processo non si può fare con il codice di procedura elvetico: dobbiamo procedere con il nostro codice".

"Avvocato" taglia corto il Presidente "non ci si metta pure Lei: mi sembra di aver già detto che questo processo, se dovessimo seguire la nostra procedura, costerebbe un sacco di soldi".

Questo è il primo Presidente, di tutti quelli che ho incontrato nella mia carriera, a occuparsi dei soldi dei contribuenti.

"Signor Presidente, questo processo non l'abbiamo chiesto noi, mi sembra. Non le pare?" replica il mio legale.

"Certo!" conferma Fojadelli.

"Bene, mi sembra di aver capito che sia il Pubblico Ministero che l'avvocato, impongano l'annullamento del procedimento e che il tutto sia tradotto in lingua italiana: così mi pare di aver capito".

La parola passa al Pubblico Ministero: "Esatto!".

"E Lei avvocato?" domandò il Presidente.

"Mi associo al Pubblico Ministero, signor Presidente".

"La corte si ritira per esaminare le eccezioni".

Passata quasi un'ora sentiamo il cancelliere che annuncia: "La corte! In piedi, signori".

La corte aveva esaminato il caso e deciso di condannarmi a sei mesi di reclusione con una pena base di quattro mesi più due per la continuazione.

Naturalmente eravamo tutti d'accordo, specialmente io che in seguito ne ho tratto beneficio in quanto, avendo espiato in Svizzera undici mesi di carcerazione preventiva, mi hanno tolto dalle pene accumulate cinque mesi ingiustamente passati in Svizzera: chi troppo vuole nulla stringe, dice un proverbio, e io *strinsi*...

È questo il motivo che mi ha spinto a suonare al Consolato Svizzero dopo diciotto anni dall'evasione in Svizzera, pensando, giustamente, che con il trasferimento di tutto il fascicolo e con la richiesta di rifarmi nuovamente il processo in Italia, in Svizzera non ci fosse più nulla sul mio conto.

Ma prima di passare al consolato desidero narrare un piccolo aneddoto.

Circa tre anni dopo il famoso processo incontro per caso, in autobus al lido di Venezia, il giudice Moro.

"Buongiorno signor Presidente, come va?" gli dissi porgendo la mano.
"Scusi, chi è lei?".
"Sono Vincenzo Pipino, non si ricorda? Quello del processo svizzero".
"Eh? Chi è lei? Io non sono più un giudice, sono pensionato non faccio più parte della magistratura" mi rispose bruscamente e forse con un po' di paura.
Chissà cosa avrà pensato, forse che qualche sua *vittima* intendesse fargli del male.

Eccomi al Consolato svizzero.
Davanti a me un enorme portone a "libro" (a due battenti) con scritto: "Consolato Svizzero". Suono e vengo accolto da una *Console*.
La porta aperta incorniciava uno spettacolo a dire poco lussuosissimo.
"Prego, *zi* accomodi, in cosa posso esserle utile?" chiese la Console, in tono gentile e ossequioso, con un forte accento germanico.
In verità non mi ero preparato adeguatamente per una richiesta legata a quanto volevo sapere.
"Beh, veramente non so come cominciare... sa, è una cosa alquanto delicata, più che altro m'interesserebbe sapere se...".
"Dica, dica pure, non *zi* preoccupi".
"Ebbene, circa vent'anni fa ho avuto un problema con la gendarmeria elvetica: una specie di rissa, sa, di quelle che solitamente si fanno con i ragazzi per via di una partita di calcio, e io sono stato allontanato dal territorio svizzero... ora vorrei sapere se, essendo trascorso molto tempo, mi è possibile ritornare in Svizzera".
"Uhm e che *zarà* mai! Noi svizzeri *ziamo* persone equilibrate e molto democratiche *zi* figuri... Come *zi* chiama lei?".
"Vincenzo Pipino, nato a Venezia il 22 luglio del 1943" sussurroaicon la speranza che il mio nome si fosse magari perso o dimenticato.
"Bene, non *zi* preoccupi signor Pipino, torni tra qualche giorno e le *zaprò* dire".
Uscii dall'ufficio, poco convinto ma speranzoso che da quelle parti il mio nome si fosse veramente dimenticato.
Tornai dopo qualche settimana.
Questa volta la Console manifestò immediatamente il suo sdegno, come un pugno sullo stomaco.

"Avete una bella faccia tosta a ripresentarvi!" mi disse.

"Perché?".

"Ha pure il coraggio di chiedermelo? Lei lo *za* perché non può più venire in Svizzera... tutti *cozì* voi italiani: ladri, mafiosi, fannulloni...".

"Lei come vorrebbe gli italiani? Biondi, gentili e pronti ad aprire cospicui conti nelle vostre banche? Ero in Svizzera nel 1973 quando uno dei suoi politici ha dato inizio a una campagna xenofoba contro gli italiani lavoratori, i ratti italiani!".

In realtà il mio sfogo non era basato sul campanilismo. La mia era una specie di esplosione d'invidia: sì, ero invidioso del loro star bene, delle loro strade pulite, del senso civico e della disciplina e anche del loro benessere sia intellettuale che economico.

"E poi vi siete sempre dichiarati neutrali in tutte le guerre, proteggendo i peggiori criminali, curando soprattutto le loro ricchezze; sì, neutrali, mentre le vostre montagne sono piene di rifugi e di armamenti bellici, con la presunzione che in caso di guerra vorreste fare un boccone degli italiani. Io direi che basterebbe un plotoncino di alpini veneti per radervi al suolo".

"E Lei *coza* pretende? Che la lasciamo tranquillamente *zvaligiare* le nostre gioiellerie, le ville dei nostri ospiti e i nostri grandi magazzini?".

"Cazzo" pensai "questa qui è informata molto bene sul mio conto".

"E ora *ezca* da qui, e non venga più in questo *conzolato*: lei è una persona *zgradita*!" ribattè imbufalita.

La Console aveva ragione, eccome se aveva ragione! Proprio quella ragione mi faceva desiderare di avere, la tanto invidiata, cittadinanza svizzera. E chi non pagherebbe pur di avere una cittadinanza elvetica?

Tuttavia non me ne andai infastidito dal suo ufficio e vi spiego perché...

Poco prima, mentre stava inveendo contro di me, è squillato il telefono.

"Pronto, *Conzolato* Svizzero: Ah è lei?... *zì, zì*... facciamo alle *zei* perché sono *zola* e ho delle pratiche da *zvolgere*... No, no...al *mazimo* un paio d'ore poi devo tornare al *conzolato*".

Se a caso l'occasione l'uom fa ladro diventar, c'è talvolta una ragion che lo può legittimar.

Il vero ladro se le procura le opportunità e le coordina anche molto bene: ma questo dipende da ladro a ladro, naturalmente.

Mentre la Consola era al telefono, il mio occhio fotografava, come una finestra sul mondo, le mie poesie impossibili. Guardavo la stanza da letto semiaperta e altre dianoetiche visioni: argenteria, mobilia, quadri, tappetti, oggettistica varia di grande pregio. La trasmissione di informazioni al cervello insieme a quell'impulso irrefrenabile del furto hanno completato il resto.

Che ogni occhio negozi per se stesso e non fidi in agente alcuno, diceva il mio amico Shakespeare.

Così scendendo per le scale, prima di uscire, alzai uno dei catenacci del portone dalla parte sinistra, dove non c'era il battente della serratura. Di solito questi portoni a due ante, chiusi solamente dallo scrocco, si aprivano con un calcio preciso, ma nel caso che uno dei catenacci, quello in basso, fosse tirato su, sarebbe bastata una semplice spintarella per *sbottonarlo* e senza fare alcun rumore.

A quel punto dovevo assolutamente trovare qualcuno che s'infilasse dentro il portone con una spintarella per salire poi fino al consolato. Contemporaneamente dovevo procurarmi un alibi di ferro, tra le sei e le otto di sera, poiché la prima cosa che avrebbe riferito in seguito sarebbe stata la mia visita di poche ore prima.

In poco tempo ho trovato un amico bislacco, un *arraffatutto,* di quelli con poco cervello, ma dotato di un ardimento incosciente: era l'uomo giusto!

"Ti piazzi qui come un segugio, prima delle sei e quando vedi uscire la signora che ti ho descritto, dai una spintarella al portone, sali al consolato, altra spintarella e ti troverai dentro un appartamento: non perdere tempo, entra nella camera, arraffa tutto quello che trovi, gioielli e via... Il tutto deve essere fatto in una decina di minuti" gli dissi tutto di un fiato.

"Ok Zio, d'accordo, ma vieni anche tu?".

"No! Io, devo assolutamente procurarmi un alibi di ferro, perché sono l'unico che potrebbe essere indiziato essendoci stato qualche ora fa. Appena hai terminato il lavoro, ti nascondi in casa e verso le dieci di sera vengo io da te. Tu non potrai mai essere indiziato, però devi fare come ti dico io".

"Ok, non preoccuparti: sarà fatto".

Concordato il piano andai diretto in una sala giochi che si trovava nei pressi del Campo dei Santi Apostoli, dove si giocava al bigliardo e dove era annotato l'orario di gioco dei clienti. Non avrei potuto trovare alibi migliore senza contare poi che il proprietario mi conosceva bene e avrebbe confermato che mi trovavo lì. Il furto sarebbe stato scoperto verso le ore otto e io non potevo esserne l'autore!

Oltretutto, mentre giocavo, vidi entrare due *madamini* della Questura Centrale, soliti passare in quella sala perché bazzicata da molti pregiudicati, con i quali mi misi a parlare della richiesta fatta all'ufficio passaporti: l'alibi, si manifestava in tutta la sua vastità e certezza. Il periodo in cui si svolgono le vicende che sto raccontando risale ai primi mesi del 1991.

Come d'accordo con il mio complice, mi recai a casa sua, putacaso, quasi di fronte alla caserma dei carabinieri di Sacca Fìsola, dove abitava mia madre e dove ero solito recarmi quasi tutti i giorni.

La casa del mio amico, si trovava a piano terra. Le imposte erano tutte chiuse e nessuna luce fuoriusciva dalle fessure.

Suonai e, tenendo d'occhio la vicina caserma dei carabinieri, entrai in casa.

Vidi il mio amico tutto eccitato nella sua stanza da letto, illuminata da una luce tenue simile a quella di una candela.

"Zio, mamma mia quanta roba, l'ho pesata è più di un chilo d'oro".

Svuotai il calzino con i gioielli sopra il materasso, non credevo ai miei occhi: tutti i gioielli erano tempestati di pietre preziose. Li osservai con una piccola lente che portavo sempre con me, ed ecco quello che avevo tra le mani: Bouscheron, Van Cleef & Arpels, Bulgari, Buccellati, Tiffany, tutti gioielli griffati di altissimo valore.

"Bene! Ottimo lavoro, sembrano tutti marcati 18k, ma dovrei esserne sicuro con una pietra di paragone: le pietre sono colorate, bianche, rosse e verdi, che ne so cosa siano".

"Zio, lascia correre le pietre: facciamo un chilo d'oro e per il resto vedi tu cosa fare".

"Va bene, nel caso qualcosa non fosse d'oro, come questo dove non c'è la caratura ed è bianco, potrebbe essere argento" risposi consapevole che era di platino e che le grandi gioiellerie evitavano di punzonare la caratura dell'oro, era sufficiente il marchio come garanzia.

"Ok, dov'è la bilancia con cui hai pesato l'oro?".

"Eccola, vieni in cucina, te la faccio vedere".

Si trattava di una bilancia che sua madre che usava per la dieta, perché affetta da diabete: una bilancia precisa. Il tutto pesava un chilo e ottanta grammi.

"Facciamo un chilo netto".

"Affare fatto, un chilo per diecimila lire al grammo, fa dieci milioni". Offerta che non poteva rifiutare poiché l'oro a quell'epoca lo pagavano dalle sette alle otto mila lire al grammo, lui addirittura lo vendeva a cinquemila al grammo.

"Zio, il furto non l'ho fatto da solo, con me è venuto un mio amico, e devo dargli la sua parte".

"Come, con un amico, e chi è?".

"Non ti angosciare, lui non sa nulla di te, gli ho fatto credere che il lavoro l'ho scoperto io per caso".

"Beh, speriamo che sia come dici tu: quindi, come li dividiamo questi dieci milioni?".

"Io, ho bisogno urgentemente dei soldi, Zio".

"Ho capito, ma come li dobbiamo spartire?".

"Fai tu, Zio, per me va bene come decidi".

"Ok, allora facciamo così. Sette milioni per te e il tuo amico e tre per me, ti va bene?".

"Altroché, Zio, va benissimo".

Tutti quei soldi non li avevano mai visti in vita loro, era ovvio che accettasse.

"Va bene, allora ci vediamo domani e ti porto i soldi".

"Non domani, Zio, ho bisogno ora dei soldi, devo andare subito a Padova, per comprare della roba...".

Questo ragazzo, che io definisco bislacco, un tempo valeva come uomo d'onore, forte, silenzioso e molto determinato ma con il passare degli anni, è cambiato facendo uso di eroina e avendo anche la sfortuna di contrarre l'Aids.

"Non so se a casa ho tutti questi soldi: vedo quello che ho, poi ci incontriamo domani pomeriggio per il resto, altro non posso fare".

"Va bene Zio, prendi pure l'oro, io ti attendo qui in casa".

"No! Facciamo così: io vado avanti, tu prendi l'oro e ci vediamo sotto casa mia che è nascosta e in una zona deserta".

"Ok, Zio, ho capito, niente rischi; mi preparo e tra dieci minuti sono sotto casa tua".

In casa riuscii a racimolare tre milioni e cinquecentomila lire, somma sufficiente come anticipo, e scesi in attesa dell'amico.

Lo vidi arrivare con una borsa a tracollo.

"Eccomi, Zio, mi ero dimenticato, qui dentro c'è dell'argenteria; prendila, te la regalo".

"E l'oro dov'è?".

"Eccolo, Zio, sta qui dentro la borsa, non manca nulla".

Era così, in effetti, non mancava nulla e il peso era esattamente quello verificato anche in casa sua. Gli consegnai i soldi con l'accordo che nel pomeriggio venisse a prendere il resto.

Ho dovuto cercarlo io, e l'ho trovato solo dopo un paio di giorni: si era dimenticato addirittura del resto, la droga è micidiale!

Sette milioni valeva solo uno di quei gioielli, figuratevi quanti soldi valevano tutti gli altri e quanti ne ho ricavati: altro che l'uomo del monte dei pegni!

E gli argenti? Si trattava di due candelabri piccoli ma talmente rari che me li pagarono a peso d'oro, una caffettiera del Settecento di altissimo valore e una zuccheriera altrettanto pregiata.

Comunque, dopo qualche mese, sono andato a trovare la madre del mio amico che sapevo disperata per via dei continui maltrattamenti che subiva dal figlio con richieste di soldi: l'aveva spogliata di tutto.

Le consegnai tre milioni con la raccomandazione di non dire nulla a suo figlio altrimenti sarebbero finiti tutti in droga. Lei mi assicurò che l'avrebbe fatto ma in realtà non è andata come avrei voluto: i soldi sono andati in droga.

Il mio amico bislacco, è finito a fare il barbone davanti all'ospedale civile di Venezia e, ogni volta che mi vedeva, mi chiedeva soldi, ma non serviva perché ero io per primo a darglieli.

È morto di Aids ancora in giovane età.

MONACO DI BAVIERA

Senza voler scomodare le concezioni metafisiche dei grandi pensatori, cercherò di proporre degli esempi concreti, presi dalla vita quotidiana, atti a indagare le categorie del Bene e del Male.

È possibile parlare del Bene e del Male per chi, come me, ha vissuto quasi sempre ai margini della società?

È mia convinzione che nel nostro paese sia comune e diffuso un istintivo desiderio di rivalsa e vendetta che si tenta di legittimare persino sul piano giuridico. Penso alla legge sulla legittima difesa che consente a qualsiasi cittadino trovi un ladro in casa di sparagli senza rischiare di finire in carcere. Questa legge, a mio parere, rappresenta una sconfitta sociale sotto tutti i punti di vista: le istituzioni delegano al singolo una grossa responsabilità che non gli dovrebbe competere.

Direi che forse ha ragione Nils Christie, uno dei padri della teoria riduzionistica in ambito penale.

"Il criminale non esiste, esiste solo l'azione criminale. Poi le va dato un significato. Era un individuo malato? Ineducato? Arrabbiato? O forse era mio figlio che aveva preso in prestito un po' di soldi senza chiedermelo? Oppure si trattava di un delitto? Insomma, un reato da punire o un comportamento da capire? Quali sono le condizioni sociali che determinano la lettura di un'azione nell'una o nell'altra direzione? Se siamo favorevoli a una comunità civile fatta d'individui responsabili, se abbiamo questa tendenza anarchica, allora dobbiamo impegnarci a organizzare la società in modo che le azioni siano viste come qualcosa di diverso da un delitto. Le azioni non sono, diventano. Questo vuol dire che non si potrà mai rispondere alla domanda: la criminalità aumenta? Il crimine dipende da che cosa in una data società è considerato tale. Al massimo si potrà rispondere che è stato registrato un aumento di reati ma non si potrà dire che la criminalità è in aumento".

La criminalità è un'opinione?

Don Antonio, il teologo.

Poco tempo fa, in carcere, discutevo con don Antonio, cappellano del carcere di Santa Maria Maggiore a Venezia sul Bene e sul Male. Gli avevo procurato, su sua richiesta, il mio libro *Rubare ai ricchi non è peccato* pregandolo di inserirlo nella biblioteca del carcere. Un libro nel quale avevo inserito anche una dedica per i miei amici detenuti i quali, non avendo la possibilità di acquistarlo volevano almeno leggerlo in biblioteca.

"Don Antonio perché il mio libro non l'hai inserito nella biblioteca del carcere che i miei compagni insistono per leggerlo?".

"Eh, caro Pipino, non l'ho inserito perché lo ritengo un manuale a delinquere. Lo tengo gelosamente nella mia personale biblioteca".

"Semmai, dovresti considerarlo come un monito, in cui consiglio ai giovani di non imitarmi perché alla fine si troverebbero tra le mani un pugno di mosche".

"Nella biblioteca del carcere ci sono libri sui peggiori crimini, pagine per stomaci forti, altro che: io ho cercato il *Don Chisciotte*, ma non l'ho trovato e nemmeno libri di Socrate. Solo libri gialli e libri di storie criminali".

"Pipino, al massimo lo posso prestare il tuo libro, ma non lo inserisco nella biblioteca, anche perché lo ruberebbero".

"Beh, a volte rubare è pure una necessità!".

"E no, caro mio, rubare è un peccato mortale. Tutti siamo figli dell'Onnipotente e lui ci insegna a essere determinati nell'agire sempre nel Bene e mai nel Male".

"Sono perfettamente d'accordo con te, don Antonio, e tu sai che io sono un credente, non vengo in chiesa tanto per farmi notare o per chiacchierare con i detenuti. Tuttavia devi convenire con me che non sempre rubare è un peccato".

"Le sacre scritture non la pensano come te, e tu sai che io non voglio che tu vada a rubare".

"La fame ha trascinato una miriade di persone perbene a commettere reati".

Un giorno, consegnai alla parrocchia di don Antonio un sacco di vestiario per i detenuti, come solitamente fa mia moglie quando consegna vestiario per le detenute.

I miei vestiti erano tutti griffati, penso in particolare a un vestito quasi nuovo griffato Ballantyne in cashmere che acquistai a Roma per due milioni: il verbo *acquistai*, lo lascio al giudizio ai miei lettori.

A proposito di griffe mi viene in mente un particolare alquanto curioso.

Per un mio compleanno, i miei nipotini, grazie a una colletta, mi regalarono un paio di occhiali *griffati* Bulgari che io orgoglioso portai dall'ottico per far montare le lenti da vista.

"Bello questo fusto, l'ho anch'io in vetrina".

"E quanto costa?" domandai curioso, pensando al sacrificio economico dei miei nipoti.

"Duecentoventi euro".

" 'Azzo, però!".

"Lo sai quanto costa alla Bulgari un fusto come questo?".

"E quanto?".

"Al massimo sei o sette euro: sono di plastica, finta tartaruga".

Ero allibito: in sostanza il valore complessivo era derivato da una microscopica targhetta in ottone con scritto Bulgari. Se questo non è un furto legalizzato, io dovrei avere rimessi tutti i miei peccati.

"Don Antonio, ma non ti guardi attorno? Tu stai sacrificando con tutte le tue forze e con profonda volontà i tuoi soldi, per aiutare queste *anime dannate*, portando loro, oltre che la fede, ogni sorta di aiuto: vestiario, bolli, sigarette, eccetera. Un tempo, nella nostra Repubblica Veneta vi erano le confraternite che si occupavano dei detenuti e i maggiori lasciti erano elargiti dai ricchi. *Giustizia e carità fa il bene della società* recitava un nostro moto di giustizia a Venezia nei tempi antichi".

"Beh, se per questo, aggiungiamo pure che la giustizia dovrebbe venire ancora prima della carità. Esattamente, come il Concilio Vaticano II ricorda, se noi non ci rendiamo concreti i vincoli di giustizia, è farisaico discutere di carità. Molto spesso noi siamo abituati parlare di regali caritativi quando invece sono doveri di stretta giustizia verso i fratelli bisognosi" rispose don Antonio.

"Ma allora, per capirci, sarà bene distinguere in tre parti la giustizia: quella legale, quella distributiva e quella chiamata commutativa. La prima riguarda i doveri che gli individui hanno nei confronti del Bene collettivo e dell'istituzione civile e clericale. Noi tutti siamo portati a un personalismo egoista e ambizioso, per cui tentiamo sempre di stabilire cosa sia utile al nostro interesse, al nostro confort, al nostro piacere, il resto non importa, anche se dovesse danneggiare gli altri".

"È la smania di voler ottenere tutto e subito, che fa aumentare l'invidia e l'ostilità tra gli individui creando all'interno della società gruppi che si scontrano. Si è persa la misura del Bene e del Male in una situazione in cui non c'è più tempo per mediare".

"Suor Pierina mi ha indicato le vie del Paradiso, tu dammi una benedizione per compiere qualche furtarello".

"Mai e poi mai ti darò questa benedizione, anzi pregherò per te e per la tua generosità: il Signore vede e provvede e alla fine perdonerà tutti i peccati".

"Ma come possiamo identificare il nostro Signore come un giusto, quando la mia anima è condannata e destinata a peccare?".

"Pipino, non bestemmiare... il Signore non predispone un uomo a peccare: perdona i peccati solo attraverso la redenzione".

"E come la mettiamo con il privilegio dei ladri ricchi che posso rubare tranquillamente con leggi fatte su misura mentre qui dentro è pieno di sventurati che devono espiare pene per un tozzo di pane?".

"Beati quelli che soffrono perché saranno consolati".

Mi trovavo a Monaco di Baviera, all'hotel Bayerischer Hof, uno dei più lussuosi di Monaco. Gino e io avevamo preparato, e quasi terminato, un pertugio per introdurci in una gioielleria che si trovava nei pressi della Marienplatz, nel cuore della città.

L'hotel ci aveva chiesto di saldare il conto perché tutte le camere erano in precedenza prenotate per l'Oktoberfest, festa molto popolare, dove la tradizione vuole che il giorno dell'inaugurazione il sindaco di Monaco alle dodici in punto di ogni 22 settembre apra la prima botte di birra del nuovo anno con la celeberrima frase: "O'zapft is!" (è spillata!) allo stand Schottenhamel davanti a migliaia di festanti monacensi, turisti e telecamere delle tv di tutto il mondo.

Gli stand delle diverse fabbriche di birra sono enormi e possono ospitare migliaia di persone in grandi tavolate di legno: una bolgia che dura quindici giorni durante la quale si bevono fiumi di birra tra folklore e ubriacature.

Tra l'hotel e il soggiorno a Monaco ci rimaneva assai poco e, fatta eccezione per il biglietto dell'aereo che Gino aveva acquistato in un'agenzia di viaggi, a me rimanevano una decina di marchi.

Gino intanto era ripartito per Venezia per recuperare un po' di contanti.

"Ti raccomando Gino, perché ho solo un po' di monetine per le sigarette e un caffè: devi prendere il primo aereo da Venezia il più presto possibile".

"Non ti preoccupare, domani sarò di ritorno".

"Io ti attendo nella Marienplatz: dovresti trovarti lì davanti verso mezzogiorno, in pratica il tempo di andare e tornare. Penso che otto ore saranno più che sufficienti".

Nell'attesa sperpero quelle monetine, certo che l'indomani sarebbe arrivato puntuale come di sua abitudine.

Gino non si presentò all'appuntamento.

Verso le cinque di pomeriggio mi recai all'hotel Bayerischer Hof chiedendo al portiere, se poteva concedermi una telefonata spiegando che dovevo assolutamente chiamare Venezia perché ero rimasto privo di soldi.

"Prego, si accomodi in cabina, si figuri per una telefonata, anzi ci scusiamo per non aver potuto tenere la vostra camera".

"Pronto, Gino, ma dove cazzo sei finito? Sono qui che ti aspetto e senza un becco di un quattrino".

"Ho perso l'aereo, non ti preoccupare, prendo il treno e sarò a Monaco domani mattina verso le otto. Tu prenota in un hotel e cerca di venire domani mattina alla stazione".

"Un albergo? E dove lo trovo un albergo? Qui è tutto esaurito per via dell'Oktoberfest".

"Beh, qualche hotel lo troverai, magari in periferia...".

"Vedrò come arrangiarmi, in ogni caso domani mattina sarò alla stazione alle ore 8.00 e ti raccomando: sii puntuale!".

"Non preoccuparti, ho già preso il biglietto e i soldi, arriverò senza dubbio".

Pensare di cercare un albergo in periferia, dove ti chiedono immediatamente i soldi per paura che te ne vai lasciando il conto in sospeso, era un'impresa azzardata. Nel frattempo una fame atavica assaliva il mio stomaco. Mi sentivo come le iene che, con l'olfatto sviluppatissimo, riescono a percepire la presenza di un biscottino anche ammuffito a centinaia di metri di distanza.

Dopo aver girovagato per la città e senza una lira, passai davanti all'Hofbräuhaus, la birreria più famosa del mondo! In quel luogo aveva trovato terreno fertile la magnetica arte oratoria di Adolf Hitler.

All'interno, una marea di gente si stava abbuffando con i tipici piatti bavaresi come il maiale arrosto, lo stinco di maiale, le salsicce, il weisswurst, il pollo fritto, il pane nero di segala e birra a volontà; fatta eccezione per la birra questo è lo stesso menù che ho trovato nel carcere di Derendorf a Dusseldorf.

Ero finito in carcere per il furto in una notissima gioielleria Blome nella Königsallee: un viale sontuoso che potrebbe causare un arresto cardiaco se solo si guardano le vetrine e i cartellini dei prezzi. Questo lussuosissimo viale alberato l'ha costruito Napoleone Bonaparte (sempre lui di mezzo come il prezzemolo) all'inizio del XIX secolo. L'imperatore francese per questo progetto ha lasciato demolire le mura civiche di questo luogo.

Nello stesso modo ha lasciato demolire la chiesa di San Geminiano nella mia gloriosa piazza San Marco, per costruire una sala da ballo.

Torniamo alla mia fame.

Alla Hofbräuhaus, cercai di ghermire qualche pezzo di pane e qualche coscetta di pollo fritto, magari già morsicato.

Mi assalì una paura incontrollabile, al solo pensiero che qualcuno mi potesse notare. Troppi gli occhi attorno ai tavoli. Cercai di infilarmi in un tavolo come un normale commensale, niente, il cuore pulsava come la fame. Avevo paura che qualcuno mi vedesse, respirai profondamente gli odori, ma non osai. "E che cazzo!" pensai tra me e me "Pipino un ladro esperto come te, non riesce a sgraffignare un tozzo di pane e una coscetta di pollo morsicata?".

Ripartii all'attacco, girai per le tavolate piene zeppe di leccornie, sono tutti semibruciati dai boccali di birra, mi muovevo indifferente come un normale invitato in quella bolgia infernale. Sorridevo a tutti, fischiettavo, ma non riuscivo ancora ad arraffare. Il tempo passava veloce, qualche tavolo si stava sgomberando, lasciando i residui di pezzi di pollo fritto dall'aspetto inquietante, e avanzi di pane nero. Guardandomi in giro riuscii a mettermi in tasca una coscetta di pollo fritto e un pezzo di pane nero.

Per completare questa specie di furto, ho impiegato circa due ore: sì proprio due ore!

All'arrivo di Gino, dopo essermi rifocillato e riposato, tornai alla gioielleria, completai il buco, scesi e riempii una borsa di gioielli.

Piazza del Duomo a Firenze.

Ero lì a preparare un furto alla gioielleria Manetti di via dei Calzaiuoli quando, sotto un'architrave dell'hotel Brunelleschi, trovai lo scheletro di bambino nascosto in quel luogo da chissà quanto tempo. Terminato il lavoro nella gioielleria, con la stessa tecnica del buco, svuotai la pelletteria Geronimo che si trovava affianco alla Manetti.

Passando per piazza del Duomo la mia attenzione venne catturata da un vagabondo che mangiava resti di tramezzino presi da un cestino dei rifiuti tra l'indifferenza dei passanti.

Mi avvicinai al vagabondo e, con un gesto educato, gli porsi una banconota da diecimila lire.

"Scusi... perché mi sta offrendo dei soldi?".

"Beh, possono servirti per acquistare qualcosa da mangiare, che ne so io?".

"Appunto, che ne sai tu? Ti ho forse chiesto qualcosa?".

"No, ma vedendoti mangiare su un bidone della spazzatura...".

"... Hai pensato che mi servissero dei soldi...".

"Già! Proprio così ho pensato...".

"E hai ragionato male amico mio. Io non chiedo l'elemosina a nessuno e vivo secondo natura e fuggo dalle passioni".

"Cazzo, che figuraccia di merda" mi son detto tra me e me.

"Posso offrirti qualcosa da bere?".

"Beh, questo lo posso accettare e anche molto volentieri" rispose l'accattone in tono molto più tranquillo.

Feci una piccola passeggiata fino al bar Paszkowski in piazza della Repubblica, uno degli snack bar più raffinati di Firenze.

Filippo, così si chiamava il barbone, era a piedi nudi, vestito di stracci e per la verità puzzava anche parecchio.

Era diventato un barbone per scelta: laureato in filosofia a pieni voti, dotato di una cultura pungente, di ottima famiglia, aveva abbandonato la sua vita per dedicarsi alla natura, preferendo un cielo di stelle, anziché una stanza murata.

Filippo cercava con un lanternino dentro la spazzatura, la propria virtù: il proprio Bene assoluto.

Ci vorrebbe uno psichiatra o un filosofo per comprendere, dapprima il mio modo di agire dentro la birreria Hofbräuhaus, per *abbrancare*, senza farmi scoprire e con boccheggiante difficoltà un tozzo di pane, mentre poco dopo, svaligiavo una gioielleria senza alcun timore e senza alcuna difficoltà.

Filippo, non voleva la carità: "Vivo secondo natura e fuggo dalle passioni".

"La ragione umana è afflitta da domande che non si può respingere, perché le sono assegnate dalla natura della ragione stessa, e alle quali però non può neanche dare risposta, perché esse superano ogni capacità della ragione umana" (Kant).

Da questa storia ho tratto una domanda: in quale pertugio della nostra anima si nascondono il Bene e il Male?

LA GUARDIA NOTTURNA

Era una notte che... pioveva... e che tirava... un forte vento... o mamma mia che grande tormento... per un... ladro... che stava a lavorar...

Era una notte che pioveva e che tirava un forte vento...

Venezia è una città particolare, a volte la nebbia e la pioggia la fanno da padrone: è la notte dei ladri!

Per la verità, noi ladri veneziani, avevamo anche una nostra etica sia morale che professionale. Quando c'era l'acqua alta, non si rubava, perché per noi era come uno sciacallaggio, una violenza alla nostra città, ma quando la nebbia incombeva, allora si attaccava. La nebbia era la nostra complice più *intima*, ci faceva da *palo* e chi ha il coraggio di carcerare la nebbia? Il Pubblico Ministero che mi tiene ancora chiuso? Beh, forse quello ne sarebbe capace! Parlerò in seguito di questi paladini della giustizia.

Quando Venezia si veste di nebbia, un grigio misterioso fa sparire i campanili che salgono verso il cielo, quasi staccati dalla terra. I palazzi non hanno più la loro forma maestosa: ombre affrettate circondate da un soffice velo, infagottate lungo le *calli* rattristate, si confondono come macchie tra quei veli cinerini di un colore monotono e stanco che fa dormire anche la pietra: la città sembra che dorma sotto una coperta di nuvole di farina diffuse sopra le imponenti tegole e coppi dei tetti.

I gabbiani con i loro agitati voli avvizziti sembrano giocare tra la laguna e il cielo con battere d'ali che si trasformano in balletti simili a schizzi di luna. Le gondole color nero, scompaiono d'incanto, avvolte anch'esse da quel soffice velo nebbioso. Dormono le pietre, riposa la città, giace l'incanto di una Venezia spettacolare sotto una coltre nebbiosa.

La nebbia crea una situazione a tutt'oggi più magica che mai, e ci offre una visione straordinaria di un panorama quasi da fiaba carica di mistero che avvolge una bellezza straordinaria.

Questa è Venezia: bella, imponente e unica!

Il nostro obiettivo era la *marmota* a muro del deposito Invernizzi, nota azienda italiana di produzione di gorgonzola, stracchino, latticini, burrate e altri formaggi. Un caseificio, in una città in cui non esistono pasture. Boh!

Attendevamo proprio la nebbia per entrare in azione giacché l'obiettivo si trovava a ridosso della fermata del vaporetto di San Silvestro di fronte a Ca' Farsetti sede del Municipio di Venezia: due rive affacciate sul Canal Grande.

In pratica, era una riva del Canal Grande. Un angolo cittadino dove non avevamo una via d'uscita o di fuga nel caso qualcuno dall'altra parte del canale ci avesse notato.

Di fronte all'imbarcadero, un sottoportico, l'unico passaggio per scappare ma anche per finire tra le braccia di qualche poliziotto in caso di fuga, e sempre da tenere sott'occhio, anche il Canal Grande, trafficato di motoscafi e di *pantere* acquee.

L'unica scusa nel caso fosse arrivata la guardia notturna era fare finta di aspettare il traghetto. La nebbia era la nostra unica *salvezza* per riuscire in quell'impresa.

La porta dell'entrata dell'Invernizzi era di ferro: a *muro*.

Un *palo*, sotto il portico, aveva il compito di vigilare sugli eventuali arrivi sia della guardia notturna e sia di eventuali passeggeri.

Dopo circa un'ora di lavoro non riuscimmo ad abbattere la porta che resisteva tenacemente ai nostri *piedi di porco*. A un certo punto sentimmo il palo gridare

"Fermi sta arrivando la guardia notturna!".

"Cazzo, dai, dai, forza, liberiamoci degli attrezzi: appoggiamoli su uno dei gradini della riva...".

Detto e fatto: c'infiliammo dentro il pontile come se fossimo in attesa dell'arrivo del traghetto.

Improvvisamente ecco la guardia notturna che andò verso la porta dell'Invernizzi. Puntò la torcia elettrica e vide chiaramente i segni di scasso.

Noi la guardammo, senza osservarla: si avvicinò a noi...

"Ma che cazzo: quando arriva questo vaporetto?" disse uno di noi a voce alta.

"Ma quale vaporetto state aspettando? Che fino a ora, ne sono passati almeno quattro" ribattè la guardia notturna, che non sembrava particolarmente ostile.

"Encio, dove cazzo sei? È più di un'ora che ti bracco".

Pochissimi amici mi chiamavano con questo soprannome: solo chi mi poteva conoscere intimamente fin da bambino. Girai lo sguardo al richiamo della guardia notturna e vidi un mio caro amico d'infanzia che era finito con me nel carcere minorile di Venezia.

"Loris? Ma come? Ti sei messo a fare la guardia notturna?".

"Ho occupato il posto di mio padre, ex combattente, di cosa ti meravigli? Ti ho lasciato fare, sperando che riuscissi a buttar giù quella porta. Ora, non avendo più tempo, sono dovuto intervenire per bucare l'orologio".

Già l'orologio. Si trattava di un meccanismo al quanto semplice ma efficace. Al posto del solito bigliettino che si usava infilare nelle fessure delle porte e dei negozi, per segnalare il passaggio notturno della vigilanza, certe ditte avevano posto dietro la porta una specie di orologio. Come una sorta di cucù a tempo, solo che si trattava di una ventola la quale ogni due ore, scattava e si presentava da dietro un buco, tipo uno spioncino nel quale la guardia notturna, infilando una specie di chiavetta la marcava a tempo debito: dal che si poteva controllare l'esatto orario del passaggio.

Questo sistema imponeva alla guardia notturna di non assentarsi dai controlli di vigilanza; quanti di loro infilavano i bigliettini nei negozi per poi svignarsela e magari tornare alla fine del proprio turno nella loro sede?

"Dove cazzo sono i ferri da scasso?".

"Sui gradini della riva".

"Ok. Tu e tu mettetevi da palo sotto il portico e tu *Encio*, dammi una mano a buttar giù questa porta".

Loris era un ragazzone alto e robusto, atletico, faceva bodybuilding. Nel giro di qualche minuto scardinò la porta, entrò e mi aiutò a scassinare la cassaforte a muro.

E, dopo esserci spartiti il malloppo, mi disse: "Ora andatevene in fretta: io attenderò il prossimo passaggio, poi sparerò qualche colpo in aria e avvertirò la centrale".

Loris, in seguito, ci ha aiutato a organizzare dei bei furti, perché la sua zona di vigilanza la conosceva molto bene. Tuttavia il *giochetto* non è durato molto: troppi furti nella sua area di vigilanza per non far insospettire i suoi superiori; i quali tuttavia, non avendo prove contro di lui, lo attendevano al varco ed era sempre sotto controllo. Finché un bel giorno chiedendo di nascosto una sostituzione a un collega è stato beccato a festeggiare in una cena di fine anno. Licenziato in tronco è finita anche la nostra manna.

Incazzato più che mai Loris voleva vendicarsi. Così un giorno mi chiamò e mi disse di voler assaltare la sede della Vigilanza degli ex combattenti dove andava a riscuotere lo stipendio ogni mese. Le buste paga erano conservate dentro una piccola cassaforte di circa un metro quadro, incuneata, non murata, tra alcuni mobili settecenteschi.

Tuttavia non era facile penetrare in quella sede, perché la guardia notturna vi passava ogni due ore per *assaggiare* la porta d'entrata: non vi erano meccanismi di controllo e nemmeno bigliettini segnaletici; la guardia notturna si limitava solo a controllare la porta con una semplice spintarella e poi scendeva giù per le scale. In quel *territorio* che si trovava al centro di piazza San Marco sotto le Procuratie Nove, c'era anche il Museo Archeologico, il Reparto dei carabinieri del centro Tutela Patrimonio Artistico e l'Avvocatura di Stato. Questo *lavoretto* non si presentava come un azzardo, ma come una vera follia!

"Ho la chiave del portone d'entrata per salire fino alla sede" mi disse Loris.

"Sì, però come possiamo aprire la porta se la guardia notturna passa ogni due ore?".

"Basterebbe che qualcuno controllasse la guardia notturna dalla piazza".

"Ho capito, ma poi? Come fa ad avvertirci, con un fischio? Mi sembra poco probabile".

"Eppure qualche sistema ci dovrà pure essere".

"Se non lo sai tu, che conosci bene il luogo! Chi altri potrebbe aiutarci?".

"Ci sono! Un sistema c'è e credo anche molto semplice"

Era l'unico sistema, se pur pericoloso, ma valeva la pena di studiarlo per arrivare fino alla cassaforte e portarcela via.

Loris ci disse che una volta arrivati alla porta della sede avremo trovato una finestra che dà sul rio dei Giardini Reali e che si unisce a un'altra che porta dentro la sede.

"Vieni che ti faccio vedere".

Arrivati sul retro delle Procuratie Nove, appena sopra un ponticello detto della Vela, si potevano notare le due finestre, proprio vicine l'una all'altra.

In pratica, salire fino alla porta della sede degli ex combattenti, aprire la finestra dall'interno per poi forzare con una semplice spintarella quella della sede era fin troppo facile. Dopodiché, imbracare la cassaforte con una corda e farla scendere lungo la parete fino al rio sottostante per farla *sedere* in una barca, sembrava uno scherzetto.

Il piano sembrava funzionare a perfezione, del resto era l'unica via percorribile. Anche se, per la verità, calare una cassaforte da un'altezza di più di dieci metri da dentro una sede della vigilanza degli ex combattenti non si presentava come una semplice passeggiata ma semmai, come un'azione di guerra.

"Oggi è giovedì 30 maggio, domani 31 sarà venerdì, l'1 è sabato di giugno, il 2 è domenica, gli stipendi li pagano lunedì 3, quindi le buste paga in cassaforte devono esserci per forza entro venerdì 31 maggio".

Il calcolo non faceva una piega. Si doveva operare tra sabato e la domenica, quando la sede era chiusa.

Ci organizzammo per il sabato, primo di giugno 1968. Entrammo in azione con due della batteria che operavano sopra la sede e due con la barca dal canale sotto.

"Sei sicuro che la guardia notturna non entri nella sede?".

"No! Stai tranquillo, nessuno può entrare, solo l'amministratore, è l'unico che ha la chiave d'entrata".

"Bene, e secondo te, quel è l'orario per entrare in azione?".

"Secondo me, prima delle dieci di sera, quando la guardia notturna va a fare la prima ispezione".

"Ok, entreremo in azione verso le ore ventuno, ma tu sarà meglio che ti procuri un alibi: per la tua parte non ci saranno problemi".

Loris ci consegnò la chiave del primo portone, quello che porta al Museo Archeologico.

Ci organizzammo molto bene. La barca era già ormeggiata nel rio. Gino e io, ci intrufolammo dentro il primo portone, quello che si trova proprio a fianco del notissimo caffè Florian, con l'orchestrina che suonava e con molta gente che passeggiava sotto i portici.

Per l'occasione portammo una borsa contenente una resistente corda e due piedi di porco da usare come leve; per estrarre invece la cassaforte incastrata nella mobilia, uno scalpellino da legno, guanti e torce elettriche: kit completo.

Entrammo in un cortile pieno di statue e reperti archeologici, ma la cosa che sul momento mi ha fatto più impressione era la scritta: Nucleo Carabinieri T.P.A. e poco sopra un'altra targa ancor più in evidenza Avvocatura di Stato. Fortunatamente non erano le stesse scale che portavano sopra alla sede della vigilanza degli ex combattenti.

C'erano porte a ogni piano: porte d'entrata e d'uscita prive di serrature, evidentemente chiuse dall'interno. All'ultimo piano c'era la porta d'ingresso della sede che era di facile apertura ma non potevamo scassinarla per via dei controlli da parte della guardia notturna.

Gino si premurò subito di aprire la finestra che portava luce al mezzanino poi, salito sopra al davanzale, con la mano, senza alcun pericolo, si appoggiò all'altra finestra che si aprì come un panetto di burro. Mi fece cenno che tutto era a posto e che dovevo rimanere sul pianerottolo con le orecchie tese.

Dopo appena un minuto, sentii lo scrocco della porta e vidi Gino che mi invitò a entrare. Chiusi la finestra del mezzanino e passai con la borsa.

"Ok, ora non ci resta che attendere il primo passaggio della guardia notturna: dobbiamo stare in silenzio assoluto, del resto sarà la luce delle scale ad avvisarci del suo arrivo".

Infatti, dalla finestra della sede si notava anche quella delle scale: noi eravamo saliti a luci spente ma la guardia notturna doveva necessariamente accendere la luce delle scale per salire.

"Hai osservato, Gino, quando siamo entrati nel cortile, sopra la scritta Nucleo Carabinieri, c'era una luce accesa in una stanza: evidentemente ci sarà qualcuno lì dentro, magari di guardia".

"Non preoccuparti, quelli non ci possono sentire e poi si trovano dalla parte opposta alla nostra: basta solamente che ci muoviamo con cautela".

Nel frattempo, la luce notturna ma chiara di una giornata primaverile filtrava tenue dalle finestre, sufficiente per vedere la cassaforte nel bel mezzo di un mobile enorme tipo libreria. A occhio non doveva pesare più di una cinquantina di chilogrammi: imbragarla e trascinarla giù, non sembrava poi tanto arduo.

I nostri amici, giù nel canale, avevano visto tutta la scena dell'entrata e lì, oltre che rimanere in supina attesa, dovevano anche farci da *palo*. Fortunatamente tutto stava filando liscio.

All'improvviso la luce delle scale si accese e illuminò anche parte della sede; noi immobili come statue di marmo, senza fiatare, attendendevamo la guardia notturna. Sentii i passi avvicinarsi e la porta aprirsi, niente di più.

Appena spenta la luce delle scale tornammo all'opera.

Avevamo due ore per portare a termine il lavoro, ma anche di più se avessimo atteso in silenzio anche il secondo passaggio.

Contrariamente dalle nostre previsioni, purtroppo, dopo più di un'ora, non eravamo ancora riusciti a smuovere la cassaforte che si trovava imprigionata tra quell'enorme mobile.

"Che si fa, Gino?".

"L'unica possibilità di tirar fuori questa cassaforte, sarebbe quella di smontare l'intero mobile che è di un legno massiccio e pesante come il ferro: impresa impossibile".

Iniziammo a cercare in tutti i cassetti speranzosi di trovare la chiave. Niente da fare, nessuna traccia della chiave. In compenso abbiamo trovato un sacchetto pieno di chiavi di appartamenti che venivano tenute in custodia per i controlli della vigilanza, se solo l'avessimo saputo prima...

C'era anche un sacco di bandiere piene di medaglie d'oro.

"Prendiamo queste".

"Ma sei impazzito? Fermati! Non sai che giorno sarà domani?".

"Certo che lo so: domani sarà domenica e che c'entra?".

"Non è solo domenica, domani sarà il 2 giugno, festa della Repubblica Italiana".

"E allora? *Chissenefrega*, non capisco cosa tu intenda dire".

"Queste bandiere sono preparate per la festa di domani, dovranno sfilare attraverso piazza San Marco e con il tradizionale alzabandiera; cosa vorresti? Che questi se ne andassero per la Piazza con le bandiere piene di buchi e senza una medaglia?".

"Ma che cazzo vai biascicando? Vorresti dirmi che domani mattina arriveranno proprio qui gli ex combattenti a prendersi le bandiere per la sfilata? Così non abbiamo nessuna speranza di rimanere, magari per tutta la domenica, a provare a far uscire questa maledetta cassaforte?".

"Purtroppo è così, dobbiamo arrenderci e abbandonare il lavoro".

"Beh, a questo punto, sai cosa ti dico: ti saluto e me ne vado" gli dissi risentito.

"Non ora, dobbiamo attendere l'arrivo del secondo turno della guardia notturna, non sia mai di trovarsela nelle scale con il Nucleo dei Carabinieri".

Tornai a frugare nel cassetto dove erano custodite un mucchio di chiavi di appartamenti di Venezia finché non trovai un mazzo con l'etichetta: "Contessa... Sant'Angelo n. civico..." Venezia. M'infilai il mazzo di chiavi in tasca e attesi l'arrivo del secondo turno della guardia notturna.

Uscimmo *illesi* per comunicare la *buona novella* agli amici.

"Bene, la barca c'è, le chiavi pure, l'ora è quella giusta, si va tutti a casa della contessa".

All'indomani mi trovai con Loris, gli spiegai che quella cassaforte non voleva saperne di uscire da quell'incastro del mobile e, dopo aver preso un po' di soldi trovati in un cassetto, avevamo abbandonato il lavoro.

"Tuttavia, abbiamo preso delle chiavi di un appartamento e siamo andati a prenderci un po' di merce e, anche tu avrai la tua parte".

"Ah! Ho capito, le chiavi che rimangono quando i proprietari lasciano gli appartamenti".

"Ma come? Se l'appartamento è pieno zeppo di tutto?".

"Ma dove siete andati a finire con quelle chiavi?".

Gli raccontai tutto per filo e per segno.

"Ah! Ho capito! Si tratta di una contessa plurimiliardaria milanese di circa novant'anni che è partita circa sei mesi fa per Milano, e credo addirittura che sia morta: in quella casa dovrebbero arrivare alla fine gli eredi".

"Gli eredi? Quindi la sede della Vigilanza non si accorgerà della sparizione di queste chiavi?".

"Certo che no! Poiché non è più nella lista delle case da sorvegliare".

"Benissimo, se non arrivano, troveranno soltanto i muri di quel nobile palazzetto".

Vi sembrerà impossibile ma quel palazzetto è ancor oggi chiuso, forse gli eredi non sono ancora arrivati o meglio: i ricchi che non sanno quello che hanno e dimenticano, abbandonate come le amanti di una serata, le loro ricchezze.

IL PICCIONE, LO ZOMBI E L'IDIOTA

"Fare, tutto ciò che posso è normale, fare al di là dalle mie capacità è una sfida, dove finiscono tutte le mie capacità".

Come dice la massima di Daisaku Ikeda, e io non posso che confermarlo, la storia dell'universo è piena d'individui che ci hanno dimostrato che "fare l'impossibile" non è per niente impossibile.

Per quanto mi riguarda posso affermare di aver tratto piacere nell'oltrepassare quella linea che separa il possibile da ciò che non lo è, nel riuscire a portare a termine delle imprese ritenute da altri impossibili.

Sono convinto che l'uomo sottoposto a prove che apparentemente si danno come impossibili possa trovare il modo di non renderle tali se prevale in lui la tenacia e la volontà di portarle a termine.

Ho visto molti film che raccontano di imprese impossibili: *Entrapement* con Sean Connery, *The inside man* con Denzel Washington e Jodie Foster, *The Score* con Marlon Brando e Robert De Niro, *Sette Secondi* con Wesley Snipes e molti altri. Tutti film con scenografie molto avvincenti.

Storie di ladri acrobati, attrezzati con strumenti diabolici, con ventose super resistenti, con fili d'acciaio appesi ai soffitti per eludere gli allarmi, con rampini elettronici. Una serie di kit tutti inverosimili: come una cassaforte che è fatta cadere da un soffitto di un palazzo veneziano, dove si vede il buco quadrato lasciato nel pavimento dalla cassaforte che andrà poi a finire in una barca. Un film del quale non ricordo il titolo, ma con attori di grande fama. Ebbene, un particolare molto fantasioso e irreale, per chi conosce i pavimenti alla veneziana che sono sorretti da travi di legno che non potrebbero mai far cadere una cassaforte da un pavimento senza far crollare tutta la pavimentazione. Beh, sono film di fantasia: ma i miei furti erano reali, eseguiti con le mani nude e pure... forse anch'essi da film.

Avevo appena svaligiato una piccola gioielleria a Ferrara, assicurata, ed ero ricercato. Decisi così di partire per rifugiarmi in Olanda, ad Amsterdam.

Con me c'era anche un amico che avevo conosciuto in carcere a Düsseldorf, un tipo strano, nativo di Padova. Da bambino, andava a scuola in Bentley con autista, studiava architettura, sua madre era una benestante di ottima famiglia. Eccellente e promettente pittore aveva avuto anche delle ottime recensioni. Un giorno, mentre i suoi genitori avevano allestito una mostra dei suoi dipinti, andò in escandescenza e iniziò a urlare: "I miei quadri non sono in vendita" e li distrusse tutti.

Un suo parente, che lavorava al San Carlo di Napoli come architetto, se lo era portato appresso con la speranza che tornasse in senno. Ancora oggi ci sono delle ceramiche firmate da lui a Bassano del Grappa. Era stato persino a scuola di scherma, insomma un *factotum-art*.

Ha finito per diventare quasi cieco e sordo, caratteristica pessima per un ladro.

Diventò "Cavaliere d'avventura" o almeno così si definiva.

Iniziò con piccoli furti e proseguì con cose più importanti finché non finì in carcere, dove ci siamo conosciuti.

Portava anche un cognome noto e quando sua madre, dopo averlo diseredato, si era trasferita a Roma, lui, con la scusa della parentela, riuscì a vendere quasi a prezzi pieni scampoli d'antiquariato rubati, raccontando che provenivano dalla sua famiglia.

Mi sono portato dietro questo peso fino a Amsterdam. In fondo era dotato di ardimento e mi seguiva dappertutto come un cagnolino dietro il proprio padrone. Aveva un'educazione aristocratica e anche un ottimo comportamento, ma quanto mi faceva incazzare non ne avete idea.

Un giorno l'ho messo a fare da palo davanti a una gioielleria a Verona che aveva le vetrine a giorno. Io ero entrato con la solita tecnica del buco mentre lui doveva rimanere davanti alla vetrina e farmi un cenno quando non vi erano passanti, in modo da darmi la possibilità di svuotare la vetrina. Invece di farmi da palo, si dimenava segnalandomi i platò di gioielli da prendere, e quando ho visto dietro di lui un individuo che lo osservava, sono scappato a gambe levate.

Quella volta ho stabilito che non avrebbe più fatto il palo. Quel ruolo ha una funzione essenziale per chi sta nel vivo del lavoro e deve essere dotato di furbizia e intelligenza.

Alla reception dell'American hotel di Amsterdam chiesi due camere singole per evitare di dormire accanto a uno che russava in maniera sbalorditiva.

Si dice che l'abito non fa il monaco, invece un hotel a cinque stelle fa certamente un cardinale.

Così va la vita: si vive solo di apparenze signori miei!

Amsterdam, come tutti sanno, è la capitale storica del commercio dei diamanti. Ci sono più di sessanta aziende che fanno della città un'eccellenza nel settore. La "Venezia del nord" però non è solo importante per il commercio di pietre preziose ma anche per le sue bellezze e i suoi musei. Inoltre il quartiere a luci rosse, De Wallen, e i numerosi coffe shop autorizzati alla vendita di cannabis fanno della capitale olandese un posto unico al mondo.

La prostituzione è legale nei Paesi Bassi: chi la esercita è considerato un libero professionista ed è tassato come qualsiasi altro imprenditore. La cannabis invece non è legale, bensì tollerata e ciò significa che la vendita di una quantità inferiore ai cinque grammi per cliente e il possesso personale di una quantità fino ai trenta grammi non sono perseguibili dalla legge.

Sono rimasto in Olanda più di due mesi, attraversando un paio di cittadine fino a Rotterdam, un'altra città ricca, soprattutto nella Lijnbaan, la strada commerciale del nuovo quartiere costruito dopo i bombardamenti della Luftwaffe.

Nella zona commerciale nuova non passava anima viva e, fatta eccezione per la vigilanza notturna che transitava ogni due o tre ore, ci si poteva muovere molto bene grazie al rumore della macchina e con le luci che spezzavano l'oscurità notturna.

Lì, in quella via di vetrine *brillantate*, c'erano delle gioiellerie che avrebbero fatto venire mal di testa a qualsiasi ladro, tutte protette da allarmi collegati con le centrali di polizia e da fabbricazioni in cemento armato, inespugnabili. Ci volevano quei personaggi da film con tutti i loro fantascientifici attrezzi creati dalle sceneggiature per svaligiarle.

La mia attenzione si era focalizzata su una piccola gioielleria, non era proprio una gioielleria, ma un negozietto che vendeva oggettistica orientale, più precisamente di provenienza indiana. Era composta da due vetrine laterali e, al centro, c'era una porta di ferro battuto stile barocco. Nella vetrina di destra vi erano degli oggetti d'oro, collane, monili, bracciali, anelli, orecchini e al centro un mazzo di collane di perle orientali, di varie misure, ma senza i clip di chiusura. In quella di sinistra: vasi, piatti e chincaglierie varie.

"Non noti nulla di particolare in questo negozio?".

"No, non vedo nulla..." mi rispose lo *Zombi*.

"Certo che non vedi nulla! Perché, oltre che essere mezzo cieco, sei anche uno svampito".

"Vedi, sul pavimento, tutte quelle lettere e giornali? Da dove pensi che possano passare?".

"Boh!".

"Te lo spiego io, boh!".

Gli feci notare che al centro della porta c'era una fessura lunga circa una ventina di centimetri e alta cinque.

"La vedi? Questa è la buca delle lettere e il postino infila tutto dentro questa fessura e, poiché la posta è per terra, basta spingere l'imboccatura e il gioco è fatto! Capita ora l'antifona?".

"No!".

"Fa nulla, ho capito io, e ora te lo spiego".

E così alzai l'imboccatura di quella specie di fessura che funzionava come buca delle lettere per fargli vedere, attraverso la fessura, il negozio.

"Basta procurarci un tondino di ferro, modellarlo a puntino, infilarlo dentro fino che questo abbranchi gli oggetti esposti nella vetrina di destra che, come vedi, non è ostruita da nulla: insomma faremo una specie di pesca. Ti va l'idea?".

"Cazzo, ma tu sei un genio".

Con un tondino che ho modellato riuscii nell'intento.

La prima cosa che agganciai fu un mazzo di collane di perle orientali, poi un paio di bracciali e qualche collana: il tutto attraverso la buca delle lettere.

Mentre ero impegnato in quella pesca lo Zombi rideva come se stesse vedendo un film di Charlie Chaplin.

Bene è tutto quello che finisce bene, diceva un mio vecchio saggio.

Torniamo ad Amsterdam, dal lussuoso cinque stelle dell'American hotel siamo finiti in una bettola a una sola stella; ritengo che dopo questo hotel di peggiore vi fosse solo la prigione di Amsterdam. L'hotel si trovava nei pressi dell'A. Reitsmakade, una zona periferica, dove sorge il famoso Paradiso, che è senza dubbio, il tempio del pop di Amsterdam. Quella che una volta era una chiesa, situata nel centro della città, che ha attratto, e continua a farlo, i più grandi artisti della terra come Lady Gaga, Queens of The Stone Age e Grace Jones.

Basta l'atmosfera che si respira come sola ragione per visitare il Paradiso.

Quella del Paradiso è una storia assai importante perché è uno dei simboli più interessanti di Amsterdam! Nel 1968, il periodo in cui Amsterdam era una delle capitali hippie del mondo, il Paradiso riapre come un entertainment center, sala concerti, luogo di ritrovo e laboratorio teatrale.

Da subito è diventato uno dei luoghi simbolo di ritrovo della controcultura hippie ad Amsterdam, una sorta di centro sociale in cui si sperimentavano forme artistiche all'avanguardia e si ospitavano concerti live a prezzi politici. Il Paradiso è, di fatto, uno dei primi posti in tutta Amsterdam, dove la vendita e il consumo delle droghe leggere sono stati tollerati, ben cinque anni prima dell'apertura del primo coffee shop della città.

Lo shopping ad Amsterdam è un'attività imperdibile e la Kalverstraat è senza dubbio una delle vie più frequentate. Si trova nel cuore della capitale olandese e pullula di negozi, dove si possono trovare abbigliamento, scarpe, gioielli, accessori e profumerie. La Kalverstraat è una strada pedonale lunga circa un chilometro e data l'alta concentrazione di negozi ci si può passare anche un'intera giornata di shopping senza annoiarsi!

La Kalverstraat non è solo la strada più commerciale di Amsterdam ma anche una delle strade più costose al mondo per i prezzi degli affitti.

Era in questa strada lussuosa che si concentravano i miei interessi *commerciali*.

Un particolare importante, però, mi attraeva parecchio. I negozi, erano strettamente interconnessi, tutti attaccati tra di loro, sembravano reggersi solamente perché appoggiati a muro contro muro. Poco o nulla è cambiato dai tempi antichi, le costruzioni sono vecchie, costruite con tramezzi di legno che sembrano cadere a pezzi. Vecchi legni tenuti su con una retina di ferro e malta pozzolana miscelata con sabbia e gesso: all'epoca della costruzione di quelle case-negozio non era ancora stato usato il calcestruzzo, più resistente ma pur sempre perforabile.

Avevo adocchiato una gioielleria molto fornita. Curioso particolare era che nessuna gioielleria della Kalverstraat si premurava di togliere i gioielli dalle vetrine, che facevano bella mostra di sé sia di giorno che di notte.

In verità ne avevo adocchiate due, la prima la scartai, perché, per entrarci, avrei dovuto bucare il muro di una chiesa, e questo per me era come un sacrilegio; per la seconda, fatta in seguito, ci voleva un'intera batteria di furfanti professionisti, date le dimensioni della gioielleria Paola Rossi. Dopo questo furto tutta la Kalverstraat è stata riempita di telecamere al punto tale da poter vedere persino il sesso di una mosca. Altro che film!

Tra i miei furti più noti in gioiellerie, ne ho fatto uno a Copenaghen passando attraverso una banca, un'altro a Lussemburgo, da dentro un'armeria ma il più clamoroso è quello dei *sette uomini d'oro* a Parigi, attraverso l'atelier di Pier Cardin, ma mai attraverso una chiesa.

Sempre lungo la Kalverstraat mi faceva *gola* la gioielleria Richard. Ogni volta che ci passavo davanti non potevo fare a meno di ammirare la vetrina, unica e sola vetrata ma cari miei, non credo che in tutta Kalverstraat vi fossero gioiellerie più fornite di questa.

A differenza della maggior parte delle gioiellerie di Amsterdam, la Richard, disposta su quattro piani, non aveva la casa del proprietario sopra il negozio. Dopo aver controllato attentamente giorni e orari di chiusura, stabilii che il sabato era il giorno ideale.

Richard conservava tesori di grande valore, gioielli e oggetti preziosi da abbaglio.

Ed ecco l'esposizione: brillanti a navette da diciassette carati, da quindici a taglio smeraldo, da dieci, con intaglio a goccia, uno a cuore da quattordici carati, tre ciotole di noci di cocco tagliate a metà facevano bella mostra piene di brillanti: una ciotola da un carato, una da due e una da tre carati, tutti intagliati dai più esperti di Amsterdam. E ancora, corone tempestate di brillanti con le scritte di provenienza: "Questa corona è appartenuta a… quest'anello a… questa parure a…" e via di seguito. Naturalmente la vetrina era a prova di bomba e, oltre che a trovarsi nel cuore della Kalverstraat, dietro la vetrina, una rete d'acciaio copriva tutto quel Fort Knox; *offside, prohibited, no entry*. Guardate ma che nessuno osi toccare! Questo era l'avvertimento che vedevo e capivo.

Mentre il mio amico Zombi passava le notti al quartiere a luci rosse, io le passavo nella Kalverstraat ad ammirare quella gioielleria; avevo persino controllato tutti i passaggi della guardia notturna. In quella strada pedonale passava ogni tre ore circa una pantera della polizia, ma niente più, e la guardia notturna una sola volta in bicicletta. Il tutto lo osservavo da un night club, quasi di fronte alla gioielleria. Ero diventato un cliente abituale persino con un bonus-sconto per le bibite. Si proiettavano film pornografici e si serviva da bere ai clienti con qualche dama di compagnia. Il night club chiudeva alle quattro del mattino, pochissimi erano i passanti a quell'ora, la strada era deserta: assopita.

Quattro piani di gioielleria: attaccarla dai tetti mi sembrava un'impresa impossibile e poi chissà quanti ostacoli si sarebbero dovuti superare. L'unica che mi sembrava una via d'attacco possibile, era un negozio d'abbigliamento confinante con la stessa gioielleria, anch'esso a quattro piani.

Le pareti del primo piano di questo negozio *si baciavano* con quelle della gioielleria, entrare nel negozio d'abbigliamento e bucare il muro per entrare al primo piano della gioielleria era l'unica via possibile: l'unica in assoluto.

Avevo osservato a lungo questo negozio che faceva gli stessi orari della gioielleria, chiuso tutta la domenica.

Dalla Kalverstraat, era impossibile entrarci. Dietro c'era un canale e di fronte un enorme ospedale, lì l'occhio mi cadde su un palazzetto completamente vuoto e mezzo diroccato.

Tornai sulla Kaverstraat e contai i passi che mi separavano dal negozio d'abbigliamento: combaciavano perfettamente all'altezza del palazzetto abbandonato.

Ricordo che, durante l'adolescenza, poiché non ero dotato di un'esperienza né di una cultura tale da poter distinguere le barriere dell'infrangibile, ero solito infilarmi in ogni pertugio immaginando che la realtà intorno a me cessasse di esistere. Il mio istinto volava nella fantasia e riuscivo, senza accorgermi che stavo per infrangere l'infrangibile, a ottenere quello che non avrei mai potuto conquistare. Conoscendomi bene, o forse per i fantasmi del passato, sapevo che avrei potuto violare quella gioielleria.

Come ladro, mi sono limitato a studiare ogni dettaglio sfidando la mia libertà e l'obbligo di ubbidire all'istinto, come la belva e la preda che controlla il proprio ecosistema in una catena alimentare naturale.

Nel modo in cui un normale individuo cerca di riunire le sue forze per celebrare una conquista, io sfidavo, spontaneamente, l'infrangibile con un ottimismo che travalicava ogni certezza di riuscita dell'impresa.

In ogni missione impossibile dovevo insistere nel provare a capire quello che appariva come un obiettivo irraggiungibile, con la consapevolezza che forse non avrei avuto la possibilità di farcela. Essere combattivo e testardo nel modo e nel comportamento giusto, poteva essermi di aiuto per abbattere l'infrangibile.

All'indomani raccontai la scoperta al mio amico Zombi, dicendogli che verso sera dovevamo entrare in quel palazzetto per vedere dove ci avrebbe portato.

Arrivato l'orario serale la strada si fece quasi deserta. Entrammo nel palazzetto dove scoprimmo un enorme cortile interno sul quale si affacciava il retro della gioielleria e del negozio d'abbigliamento.

Il piano d'attacco!

In verità, più che un piano, era una semplice idea abbozzata dall'esperienza.

Lo Zombi che aveva anche la mania di disegnare una piantina ogni qualvolta si doveva lavorare, mise subito a disposizione la sua esperienza nell'ambito dell'architettura facendo una mappa che sembrava una fotografia della zona. Aveva calcolato che dalla Kalverstraat all'ingresso della palazzina c'erano almeno cinquecento metri, il che se non altro ci offriva una via di fuga eccezionale, nel caso qualcosa fosse andato storto. Nessuno poteva immaginare da dove eravamo entrati e, quindi, potevamo svignarcela tranquillamente.

Queste considerazioni, mi davano la forza per tentare l'irruzione in quella gioielleria, senza sapere però quali sistemi d'allarme potevo incontrare durante il lavoro. C'era comunque quella via di fuga che rafforzava il mio istinto.

"Allora, operiamo così! Entriamo in azione sabato sera alla chiusura dei due negozi. Forziamo la finestra del negozio di abbigliamento e saliamo al primo piano, considerato che ci troviamo anche coperti poiché ambedue i negozi nonostante fossero a giorno nei primi piani, le finestre erano coperte da tendaggi. Foriamo la parete che credo sia al massimo di due tramezzi, circa una quindicina di centimetri l'uno. Fatto ciò, ci troveremo al primo piano della gioielleria e lì traforeremo il pavimento e ci caleremo giù nella gioielleria. Fatta eccezione per qualche allarme, ma con calma possiamo uscire tranquilli. La polizia, la prima cosa che farà è quella di presentarsi davanti alla gioielleria e non credo assolutamente che possa intuire da dove siamo entrati" dissi convinto della mia teoria.

"Mi pare l'unica soluzione possibile".

"Ora dobbiamo procurarci il necessario, scalpelli da legno, una sega a mano a lama fina, due piedi di porco piccoli, niente pile elettriche perché le luci della strada sono sufficienti, non sia mai che qualche occhio distratto noti il chiaro di una torcia elettrica dentro il negozio ma secondo me, ora che ci penso, sarebbe meglio operare di giorno: magari domenica mattina, quando la strada è piena di gente e i rumori attutiscono i nostri. Sì, questa e la miglior cosa da farsi".

Entrammo in azione puntuali con il kit degli attrezzi, passando da quel pertugio della palazzina diroccata e facendo attenzione che quel pezzo di compensato rimanesse attaccato alla porta. L'ingresso nel negozio si rivelò semplicissimo, la finestra si era aperta in un secondo con uno scalpellino da legno. Salimmo al piano di sopra dove la parete era fatta di malta pozzolana miscelata con sabbia che copriva tramezzi di legno: un burro.

Solo puntando il piede di porco il muro si sgretolava.

La Kalverstraat, a quell'ora e di sabato, era piena di gente chiassosa che, insieme alla musica di uno dei locali vicini, copriva i nostri rumori. Dopo un paio d'ore di lavoro, eccoci dentro il primo piano della gioielleria, pronti per bucare il pavimento.

Dal primo piano della gioielleria c'era una scala che scendeva giù fino al pianoterra, ma una porta robusta impediva l'ingresso.

"Entriamo da qui" suggerisce lo Zombi.

"Certo, perché no? Cosi si sveglia tutta Amsterdam! Fino a ora siamo stati anche troppo fortunati a trovarci sopra la gioielleria senza che sia scattato un allarme: l'unico modo è bucare il pavimento e calarci giù. Ho calcolato anche l'esatto punto che non è il centro della gioielleria, ma il retro dove ho c'è un laboratorio nascosto da una grossa colonna. Se ci caliamo in questo punto nessuno può vederci, anche se la gioielleria è illuminata e la vetrina è a giorno. Da fuori si vede perfettamente tutto il negozio, meno da dove entriamo noi".

"Bene, affacciati alla finestra con attenzione mentre preparo il buco, se vedi qualcosa che non va mi avvisi immediatamente: ok?".

"Ok capo, agli ordini".

In un'oretta completai il buco, abbastanza grande da scendere giù senza problemi.

Dal buco vidi chiaramente la gioielleria, la colonna e una vetrina piena di orologi. Tuttavia qualcosa non mi convinceva, sentivo un rumore strano, quasi impercettibile, pensai subito a un allarme, ne ero sicuro.

"Che c'è?".

"C'è un rumore strano quasi impercettibile, che tu non puoi sentire perché sei sordo".

"Beh, salto giù, poi se suona l'allarme, si va via di fretta".

"No! Se suona l'allarme e meglio che squilli di giorno e non di sera tardi".

"E allora che si fa?".

"Abbiamo solo una possibilità per portare a termine questo furto e ci vorrebbe un grande coraggio da parte tua, non ci sono altre possibilità".

Non avevo calcolato un fattore importantissimo e decisivo: chi poteva, da fuori, darci il via per vuotare la vetrina? Perché quello era il mio unico e solo obiettivo: arraffare solamente quello che era esposto in vetrina. Ci voleva assolutamente un palo fuori, che ci potesse condurre fino alla vetrina, dalla strada.

"Coraggio? Ma se sono un Cavaliere d'avventura!".

"Sì! Un Don Chisciotte! Vedi che questa gioielleria non è un mulino a vento!".

"Tu dimmi cosa devo fare, al resto ci penso io…".

"Un colombo, mio caro Zombi, un piccione ci vuole: si deve assolutamente prendere un piccione".

"Un… piccione?".

"Proprio un piccione, da infilare dentro la gioielleria, una volta dentro svolazzerà impaurito e farà un casino con il suo battere d'ali, che se c'è un allarme, lo farà scattare e questo si deve fare domani mattina. Meglio che un allarme suoni di giorno piuttosto che di notte, non ti pare?".

"E dove lo prendi questo piccione?".

"La piazza Dam è piena di piccioni".

"Senti, facciamo così: noi non ci introduciamo dentro la gioielleria adesso. Tu rimani qui fino a domani mattina, mi attendi davanti al buco dove siamo entrati, ti nascondi nella casa diroccata, così sei fuori pericolo. Io domani mattina alle nove in punto, mi avvicino con il piccione, ti affacci alla finestra del palazzetto diroccato e come mi vedi, scendi giù, apri il pertugio, ti passo il piccione, poi, vai di corsa nel buco della gioielleria e lo infili dentro, se senti l'allarme, ti precipiti immediatamente davanti al buco del palazzetto, ma non uscire se prima non ti avviso io. Intesi?".

"Ok, io non soffro certo di solitudine".

"E ora vieni con me a farmi da palo mentre esco dal palazzetto, poi chiudi il pezzo di compensato e rimani in attesa, troverai qualcosa per farti una dormita".

"Bene, vai tranquillo. Domani mattina sarò puntuale alle nove esatte alla finestra e come ti vedo, scenderò giù a prendere il piccione: l'idea mi entusiasma".

"A domani mattina, ore nove puntuali davanti alla finestra della palazzina".

"A domani".

Quello che mi preoccupava più di tutto era il suo modo allegro, il suo *signorsì* e soprattutto, la totale mancanza della consapevolezza di quello che stavamo portando a termine. Forse io mi comportavo anche in maniera davvero squilibrata: esigevo la perfezione professionale, ma lui, amici miei, era un *castrone*.

Verso le otto del mattino di domenica, andai in piazza Dam a pochi passi dalla Kalverstraat, catturai un piccione con una piccola mollica di pane, lo infilai dentro un sacchettino di quelli che custodiscono le scarpe con una sorta di chiusa a sacco. Ho pensato anche che qualcuno mi avesse visto mentre lo catturavo, ma impassibile, mi sono immediatamente dileguato da piazza Dam.

Durante il tragitto, mi preoccupai di aprire leggermente il sacchettino per dare aria al piccione. Il volatile appena si sentiva allentato dalla prigionia, iniziava a scuotersi come un forsennato, chissà cosa meditava quel povero piccione chiuso in quel sacchettino.

Alle nove in punto mi presentai davanti alla porta del palazzetto. Vidi lo Zombi, che spiava la strada dalla finestra e poiché non c'era nessuno nelle vicinanze, lo invitai a correre giù a prendersi il piccione.

C'eravamo messi d'accordo che quando aveva via libera, ero io che dovevo dargli il segnale, viceversa se vi era qualche pericolo, canticchiavo la canzone *'o sole mio* alla Pavarotti anche se sono stonato come una campana, ma confidavo nella sua sordità.

Gli passai quel povero piccione, prima che chiudesse il pertugio, dicendogli: "Se dovesse suonare l'allarme, ti precipiti davanti alla porta, io rimango qui in attesa per una decina di minuti, ma solo se mi vedi, esci dal pertugio, altrimenti rimani dentro fino al mio segnale: ok?".

"Ok!".

Non passarono cinque minuti, che lo vidi sbucare dal pertugio come uno che sembrava fuggito da una condanna a morte.

Meno male che in quel momento non stava passando nessuno.

"Calma: tranquillo, bastardo, figlio di puttana".

"L'allarme: sta ululando impazzito".

"Da qui non si sente nulla, quindi rimettiamo a posto il compensato per coprire il pertugio e poi ce ne andiamo tranquilli".

Ricoprii alla meglio il pertugio e con nonchalance ci allontanammo dal posto.

"Tu ora vai immediatamente in hotel e aspettami. Non ti devi muovere per nessun motivo: buttati a letto e rimani tranquillo. Intesi?".

Mi precipitai nella Kalverstraat proprio di fronte alla gioielleria, dall'interno di un coffee shop osservavai tutto.

L'allarme ululava delirante, ma con straordinaria sorpresa nessuno, dico nessuno di tutta la ressa di persone che transitava per la strada, sembrava preoccuparsene.

Il piccione ha fatto la sua parte, pensai tra me e me, ora bisognava solo attendere gli eventi.

E gli eventi parevano tutti a mio favore.

L'allarme cessò di ululare dopo un quarto d'ora, poi, riprese per altri cinque minuti fino a smettere completamente.

Nel frattempo, rimasi in supina attesa che arrivasse qualcuno. Da lì non mi avrebbe spostato nemmeno uno tsunami. Rimasi sulla Kalverstraat più di sette ore, passeggiando, fino a quando vidi la pantera della polizia transitare a passo d'uomo nel mezzo dei passanti. Niente! La pantera passò indifferente.

Tre erano le considerazioni a mio favore: che se si fossero accorti, la polizia sarebbe arrivata a sirene spianate sul posto; che se ci fosse un ipotetico agguato la polizia non si farebbe vedere e infine che non esiste un poliziotto che non resista a dare un'occhiatina davanti a un obiettivo da lui controllato, per quanto accorto possa essere. Viceversa, quando non si vedono poliziotti in giro, significa che non vogliono farsi vedere e questo è un segnale negativo per un ladro.

Tuttavia non mi accontentai di quel tranquillo passaggio della pantera e attesi anche il secondo passaggio, che si manifestò ancora più rassicurante.

Arrivai in hotel verso le otto di sera.

"Il lavoro è fattibile, sono rimasto lì tutto questo tempo, ho visto per ben due volte passare la polizia, non si sono accorti di nulla, nessuno si è affacciato alla gioielleria. Io ti calo giù nella gioielleria, sono con te, e questo non ti deve preoccupare. Dopodiché, se non suona l'allarme, te ne stai buono, dentro la gioielleria senza toccare nulla, nulla di nulla! Devi rimanere immobile come una statua di marmo. Alle ore cinque in punto, ti affacci dalla colonna e quando mi vedi davanti alla vetrina, ti precipiti veloce, apri una di quelle teche, infili la mano dentro e prendi i gioielli".

"E se suona l'allarme mentre mi calò giù?" ribattè lo Zombi.

"Ti tiro su e si va via tranquilli".

"Ultima raccomandazione, se non suona l'allarme, tu sai perfettamente che in ogni negozio, c'è una scala che serve per pulire le vetrine, gli scaffali, svitare qualche lampadina e via di seguito. Ebbene, trovala e mettila in direzione del buco, poi, se per caso, quando apri una di quelle teche della vetrina dovesse suonare l'allarme, non scappare senza prendere quello che vi è dentro, io sono davanti a te che, oltre, a fare da palo, ti do la sicurezza che rimanendo fermo, significa che non sta succedendo nulla di grave: intesi?".

"Ok, inteso!".

"Ora facciamo una specie di prova cronometrata: apri la teca della vetrina, suona l'allarme, il marsupio l'hai aperto, uno, due e tre, svuoti le ciotole delle noci di cocco, uno, due, e tre, abbranchi i gioielli, al massimo in dieci secondi, ti porti dietro quattro o cinque miliardi di merce. Semplice, no? Poi, tranquillo raggiungi la porta del palazzetto, ti fermi e attendi il mio arrivo, ti do due colpetti ed esci come un fulmine. Se canto *'o sole mio*, non devi far altro che attendere. Se l'allarme dovesse suonare, mi troverai davanti al palazzetto pronto per farti uscire, con quella popò di merce non ti mollerei nemmeno se venisse tutto l'esercito olandese".

La vetrina della gioielleria presentava tre piccole teche decorate stile Settecento, ricoperte da un velluto nero consulto, per dare massima luce ai gioielli esposti. Era persino ovvio che lo Zombi non potesse farmi da palo, e chi si fidava di un mezzo cieco e sordo per giunta? Si corrono più rischi a far da palo che non trovarsi all'interno di quella stramaledetta gioielleria. Certo che se mi fossi trovato con qualche mio compagno di batteria sarei sceso giù come una saetta in quella gioielleria. Per portarmi via da quella vetrina non sarebbe bastato nemmeno un pattuglione di teste di cuoio.

Prima di calare lo Zombi nella gioielleria, gli dissi di farsi un piccolo giretto poi, trovare la scala e disporla in direzione del buco e di non toccare più nulla.

Lo calai con la massima cautela e con il cuore in tachicardia. Lo vidi muoversi lentamente, attesi qualche minuto e lo rividi spuntare con la testa fuori dal buco: aveva trovato la scala!

"È piena come un uovo, vetrine piene di orologi d'oro massiccio, di collane, bracciali".

"Lascia stare, il nostro obiettivo è la vetrina, non m'interessa un cazzo delle vetrine interne, ora salì su e agisci come d'accordo".

Salito, su, mi feci accompagnare fino a quel pertugio sorretto dal compensato e, dopo avergli ripetuto tutte le raccomandazioni, mi feci dare il via libera per uscire.

Guardai l'ora: l'una! Dovevo attendere altre quattro ore in Kalverstraat, tenendo costantemente d'occhio sia la gioielleria e sia il passaggio della pantera della polizia. La vidi per due volte, transitava tutta la Kalverstraat poi, ritornava indietro per infilarsi nella piazza Dam e sparire.

Ecco la pantera, finalmente l'ultimo passaggio, oramai è giunta l'ora X.

Mi avvicinai alla vetrina della gioielleria, vidi lo Zombi dietro la colonna, mi guardava, mi grattai la testa, segno che non era il momento, e lui restò fermo. Nella strada alcune persone, ultimi residui di una notte che stava per spegnersi, mi si avvicinarono quasi sfiorandomi, mi salutarono festosi. Si allontanarono lentamente, mi girarono attorno, la strada era libera: mi avvicinai alla vetrina accarezzandomi le guance, segnale d'azione. Lo Zombi aprì una delle teche, alla sua destra, appese alla teca c'erano la corona tempestata di diamanti e poco giù una parure anch'essa tempestata di brillanti.

Lo vidi aprire la teca al centro della vetrina e in quell'esatto istante venni investito da una nuova realtà. Uno squillo assordante si espanse ovunque per effetto di un'eco prodotto da quel dannato allarme che come un rasoio, frantumava il silenzio della notte. Un suono acuto che andava man mano ampliandosi, come l'avvicinarsi di una guerra nucleare. Quel maledetto rimbombo stava mandando a rotoli il mio piano.

Vidi lo Zombi mollare la presa.

"Sono qui Zombi, non mi vedi? Figlio di puttana!" lo incitai "Zombi! Arraffa come d'accordo! Sono qui, non mi muovo! Prendi perdio! Cazzo arraffa quei dannati gioielli!".

Lo vidi fuggire da quel maestoso sogno come un bradipo, lento e impacciato.

Lo osservai ancora mentre si avviava verso la scala con una borsa stracolma, pesante, mentre la trasportava, vidi cadere orologi, collane, monili che fuoriuscivano dalla sua borsa come foglie morte che cadevano a cumuli.

Quanto tempo era passato? Almeno cinque minuti, mentre ne bastavano solamente venti di secondi, maledetto Zombi; venti secondi, per arraffare tutto il contenuto di quelle meravigliose gioie esposte in vetrina.

Mi allontanai anch'io inebetito, senz'anima. Dovevo andare a prenderlo.

Arrivai davanti alla palazzina diroccata e sentii dei rumori impacciati, confusi, provenienti dall'interno. Mi girai e vidi una guardia notturna in bicicletta che stava per attraversare il ponticello. Arrivò verso di me, non era ostile e lo capii da come si muoveva. Io canticchiavo *'o sole mio*, per segnalare allo Zombi di aspettare il segnale per uscire dal pertugio. La guardia si avvicinò, canticchiai fingendo di essere ubriaco, arrivò quasi al pertugio, dove lo Zombi stava per uscire.

Lo Zombi d'un tratto fece volare come un coriandolo, il pezzo di compensato, lo vidi io e anche la guardia notturna. La guardia, bloccò la bicicletta, scese, tirò fuori dalla fondina una pistola. Io continuai a canticchiare a squarcia gola *'o sole mio*. La guardia mi fece cenno di rimanere in silenzio e con un gesto della mano mi invitò ad allontanarmi. Io non gli diedi retta. Lo vidi fermo immobile a venti centimetri dal buco, oramai scoperto, con la pistola puntata, in attesa che la preda uscisse dalla sua tana. Lo Zombi, credo che se ne fosse accorto. Riuscirà a fuggire tra le nuvole e la merda della sua imbecillità?

Sentii anch'io l'allarme non più attutito dai rumori del giorno. La guardia notturna che stava telefonando, ritornò indietro verso di lui, traballante come uno sbronzo, infastidito mi fece cenno di andarmene. Mi avvai verso il ponticello che portava all'ospedale, lui non mi seguì con l'occhio, aveva altro da fare. M'infilai nel piazzale dell'ospedale, pieno di macchine in sosta e di arbusti.

Mi nascosi per vedere quello che succedeva. Ero ubriaco di rabbia.

Nel giro di una decina di minuti vidi arrivare macchine della polizia e pompieri. La città che dormiva, si era svegliata all'improvviso a causa di quel maledetto ululato. Il gioco si è svelato, polverizzato come un castello di sabbia.

Dello Zombi, nessuna traccia, scendono i pompieri, le luci lampeggianti delle pantere si spengono come il mio fallimento e la mia sconfitta.

Forse lo Zombi, era riuscito a scappare ma dove?

Si riaccese la mia pazzia, la mia speranza.

Tornai in hotel. Entrai stremato, nella stanza da letto, come un automa, apatico, svilito: dello Zombi nessuna traccia. Mi buttai nel letto e, stranamente, mi assopii subito.

Dormii fino alle due del pomeriggio.

Verso le quattro mi avviai al solito snack bar, ordinai un caffè sedendomi a un tavolino. Mi si avvicinò il veronese: "Ciao, come va?".

Avrei voluto dirgli: "Di merda" ma risposi "bene, tu?".

"Non va male, il solito trantran. Hai sentito cos'è successo questa notte?".

"No! Cos'è successo?".

"Cazzo, hanno svaligiato la gioielleria Richard nella Kalverstraat, una delle gioiellerie più importanti di Amsterdam, ci sono poliziotti in ogni luogo. Sono venuti anche qui al bar e ora sono dentro il Paradiso".

"E come faccio a saperlo? Non parlo l'olandese".

"Sono fuggiti dai tetti, portandosi dietro un sacco di gioielli".

"Saranno dei professionisti".

"Eccome! Pare che abbiano bucato due pareti e il soffitto della gioielleria, smantellando gli allarmi, una guardia notturna se ne è accorta, ed è da questa notte che danno la caccia ai ladri: qui ne parlano tutti".

"Se sono dei professionisti chissà dove saranno ora".

Da quel breve dialogo, capii che lo Zombi non era stato preso: "Ma dove si sarà cacciato, quel verme?" pensavo tra me.

Tornai in hotel verso le dieci di sera e, con sorpresa insperata, lo vidi in camera spaparacchiato nel letto.

Tralasciai tutti i rimproveri accompagnati da bestemmie: "Sei un ladroncello da quattro soldi, un povero disgraziato, un ladro di galline, uno che sa rubare solo nelle osterie".

"Ho preso paura dall'allarme".

"Ma se hai impiegato quasi cinque minuti per salire con quella cazzo di borsa, mentre bastavano venti secondi per vuotare la vetrina e svignartela in fretta e furia! Poi, ti avevo detto mille volte che non dovevi uscire da quel cazzo di buco se non ero io che ti davo il via. Dove l'hai messa quella borsa che ti sei portato dietro?".

"L'ho nascosta in un'intercapedine nella soffitta del palazzetto, pesava un sacco, era piena d'oro".

"E perché non te la sei portata dietro e sei qui a mani vuote?".

"Ho pensato che te ne fossi andato, dopo l'allarme...".

"Ma se gridavo e bussavo nella vetrina come un ossesso e poi mi sono messo a cantare *'o sole mio* per avvisarti che non dovevi uscire da quel cazzo di buco! Bastava non farsi prendere dal panico e rimanere immobile: stava venendo avanti una guardia notturna, senza alcun sospetto. Appena passata, ti avrei fatto uscire senza problemi e forse portavamo anche a termine il lavoro. E tu che hai combinato? Hai fatto volare quel pezzo di compensato come un coriandolo davanti alla guardia notturna, roba da pazzi. Sei una merda! Ecco quello che sei, e io peggio di te che mi sono fidato".

"Ho trovato più di duemila fiorini in cassa".

"I gioielli della vetrina! Quelli dovevi metterti in tasca, pezzo di merda di un deficiente patentato! Ficcateli in culo quei fiorini, anzi dammeli immediatamente prima che tu vada a scialacquarli nel quartiere a luci rosse, che domani si va alla stazione e si parte. Non voglio più vederti. Bastavano quelle tre ciotole di noci di cocco piene di brillanti per star bene. Mai in tutta la tua e mia vita troveremo un'occasione simile. Ho parlato di quattro miliardi, ma erano molti di più! Deficiente! E poi, mi chiedo: perché non ti sei messo in tasca un po' d'oro, magari al polso, un orologio tempestato di brillanti o sul collo una trentina di collane?".

"Ho fame, andiamo a mangiare qualcosa?".

Avevo fin qui parlato al vento! Non c'era nulla da fare.

"Toh, prendi cento fiorini e vai a fartelo mettere in culo dove vuoi".

Il mattino seguente, svegliai lo Zombi e gli dissi di prepararsi mentre io nel frattempo l'avrei atteso al solito snack bar per fare colazione. Lì incontrai di nuovo il veronese che stava sfogliando un quotidiano locale assieme a dei suoi amici.

"Che stai leggendo di tanto interessante?" chiesi, dopo aver ordinato la colazione.

"Il furto dell'altra notte. Hanno rubato gioielli per un valore di cinquecentomila fiorini: parlano di ladri esperti forse provenienti dall'est Europa".

"Ah, allora sono riusciti a completare il furto".

"Guarda un po' tu, vedi le foto?".

Quattro pagine che facevano vedere i buchi, le vetrine interne svuotate, il passaggio dei due negozi, la finestra del negozio di abbigliamento e vari gioielli sparsi sul pavimento.

"Beh, vado subito a fare la colazione, ci vediamo" dissi fingendo un completo disinteresse.

Invece m'interessava, eccome!

Tornai in hotel a cercare lo Zombi che si era rimesso a dormire.

"Sveglia!".

"Che c'è?".

"C'è che mi devi chiarire qualche cosuccia! Dove cazzo, l'hai nascosta quella borsa?".

"Te l'ho già detto, in un'intercapedine della soffitta della casa diroccata. Quando sono salito sui tetti e ho visto che saliva della gente, mi sono infilato dentro un abbaino e sono rimasto lì tutto il giorno poi, verso sera, sono sceso giù per le scale da un complesso abitativo, ho aperto la porta al piano terra e sono uscito tranquillo, poco più avanti da dove eravamo entrati".

"Uhm, se fosse come dici tu, la borsa sarebbe recuperabile... la cronaca fa riferimento a un furto di cinquecentomila fiorini, una somma considerevole. Da quello che ho visto dalle foto del giornale, sembrava che il proprietario fosse molto addolorato, a meno che tu, non abbia lasciato le tracce come pollicino, perché ho visto io stesso che perdevi gioielli da quella borsa".

"No! La borsa l'ho chiusa quando sono salito".

"Bene, allora se sei sicuro: questa sera vai a prenderla. La prendi e attraverso quell'abbaino da dove sei sceso, ce la portiamo via".

"Certo, perché no! Andiamoci a riprendere quella borsa perché ti giuro, è piena di orologi d'oro massiccio e un sacco di collane, bracciali e anelli".

"Ok, allora io vado a dare un'occhiatina da quelle parti e torno. Tu aspettami qui".

Per prima cosa passai davanti alla gioielleria dove vidi una macchina della polizia e degli operai, sia nella gioielleria sia nel negozio di abbigliamento, e molti curiosi che sostavano davanti ai due negozi insieme ai cronisti muniti di telecamera.

Come un normale turista imboccai la viuzza e m'infilai dalla parte del palazzetto diroccato, mi avvicinai alla porta, feci finta d'inciampare e mi appoggiai appena per palpeggiare il compensato che copriva il pertugio. Lo vidi rimesso alla meglio, ma sempre di facile apertura, mi finsi zoppo e mi diressi verso l'ospedale. Da lì notai la tapparella del primo pianò del palazzetto semiaperta come l'avevo lasciata in precedenza. Un segnale positivo.

Osservai con attenzione tutte le macchine parcheggiate e cercai di memorizzarle poi, m'infilai dentro l'ospedale e gironzolai per più di un'ora all'interno. Tornai fuori, e notai un particolare curioso. Nel parcheggio dell'ospedale, vidi una grossa moto parcheggiata sulla riva del canale e di fronte alla porta del palazzetto, un tipo mollemente appoggiato alquanto sospetto. Tenni d'occhio quella moto. Tornai dentro l'ospedale e girai per i giardini e per i reparti ospedalieri per un'altra oretta o poco più. Tornai fuori e ricontrollai quella moto: ahi, ahi, ahi! Vidi un altro centurione che stava osservando la porta del palazzetto. Era attrezzato di un magnifico walkie-talkie, tipico aggeggio in dotazione alla polizia, ai contrabbandieri, ai ladri e ai pescatori di frodo. Scartati i contrabbandieri, i pescatori e i ladri, rimaneva solo il poliziotto.

Più lo guardavo e più ne ero convinto. Guardai l'ora: era circa l'una.

Rimasi di punta come un setter da caccia, ed ecco la conferma: il cambio di guardia! Quello del walkie talkie, si scambiava con un altro, parlottava con lui. Era chiaro! Nel cambio il poliziotto gli aveva segnalato l'obiettivo da controllare.

Conclusione: una moto con tre centurioni? Non era possibile e nemmeno una fatalità: era un'imboscata ben organizzata. Il quotidiano, aveva pianificato uno specchietto per le allodole, la borsa di "pollicino" era stata recuperata, eccome se l'avevano ritrovata. Con il falso articolo del quotidiano speravano che i ladri rientrassero in azione per riprendersela, forse era come avevo intuito. Lo Zombi, aveva lasciato le tracce come pollicino, un orologio qua, un bracciale là e via dicendo.

Tornai in hotel e spiegai tutto allo Zombi. Mentre osservavo il suo muso smorto, giuravo a me stesso che mai e poi mai avrebbe partecipato a un altro furto con me.

Cari amici olandesi arrivederci al prossimo furto! Anche se questo è come se l'avessi portato a termine.

Partii dopo tre giorni, dopo aver controllato per bene la gioielleria di Paola Rossi. Un cantiere dietro la gioielleria ci avrebbe facilitato il compito e in quell'occasione non mi sarebbero serviti nemmeno i kit di lavoro perché nel cantiere vi era di tutto.

Campo libero!

Soddisfatto. Partii per Francoforte, lo Zombi per l'Italia.

AMSTERDAM, GIOIELLERIA PAOLA ROSSI

Dopo il mancato furto alla gioielleria Richard, mollato lo Zombi, mi fermai a Francoforte. Presi un alloggio all'hotel Europa sulla Baseler Straße, dove avevo un amico italiano che lavorava come portiere con cui avevo degli ottimi rapporti di lavoro. Mimmo, un siciliano doc. Viveva da parecchi anni a Francoforte, una città che è diventata uno dei centri economici e culturali più influenti al mondo.

Mimmo, vantava delle ottime amicizie ed era in contatto con un noto boss di origine ebraica: *Der Pirat* (il Pirata) che io chiamavo con il suo vero nome, David. Gestiva alcuni night club periferici della città e aveva il controllo di moltissime entraîneuse obbligate a bere litri di pessimo champagne ai tavoli dei night club per spennare i polli di turno, mentre venivano proiettati film pornografici; le faceva girare come trottole a turni, nei suoi locali notturni.

David l'ho conosciuto in un'occasione alquanto *aggressiva,* dove per la prima volta nella mia *carriera* mi sono portato appresso un'arma.

A Montecarlo avevo conosciuto al casinò un rampollo della famiglia Krups tramite un mio amico veneziano che tutt'oggi abita nel Principato di Monaco, convivente da anni con una ricca ereditiera. Tra una chiacchierata e l'altra dopo che si era bevuto un'intera bottiglia di champagne Cristal allo Sporting Club, mi fece una proposta che non potevo rifiutare. Mi raccontò della villa della moglie del notissimo industriale Braun che abitava a Karlsruhe in Germania.

"E che ha di strano questa villa?".

"È piena di soldi, e io so dove li tiene nascosti".

"Ah! E dove li tiene tutti questi soldi?".

"In un segreter del suo *büro...*".

"Berto, ordina un'altra bottiglia di champagne" dissi all'amico che era con me.

Ed ecco la "dritta".

Il rampollo mi raccontò che un giorno mentre era ospite nella villa dei Braun aveva notato la padrona di casa prelevare dei soldi che teneva nel tavolo del suo ufficio.

Si trattava di un bellissimo tavolo in radica in stile ottocentesco, lungo circa due metri, largo un metro e mezzo con piano di scrittura di pelle, gambe e fasce mosse decorate da applicazioni di bronzo con due cassettini e con due chiavette inserite nelle serrature addobbate da due fiocchettini. Nel mezzo dei due cassetti vi era una figurina tipo sirenetta di bronzo, bastava spingerla all'insù, e con un balzino apriva un segreter del piano del tavolo, dove erano nascosti i gioielli.

Costruito evidentemente da un artigiano molto ingegnoso.

Qualsiasi ladro si fosse cimentato con quel tavolo, avrebbe notato i soliti addobbi: una lampada, un paio di libri, un vaso in ceramica, una cornice contenente una foto, delle agendine e un piccolo orologio da tavolo e nei due cassettini le solite cose: buste, carta da scrivere, bollette, qualche penna e niente più.

Mi feci spiegare per bene, dove si trovava questa villa e quando fosse vuota. Il rampollo mi spiegò che era libera tutti i week end, inoltre, senza perdere tempo, mi consigliò di andare direttamente al *büro*, che si trovava all'interno, nel centro di un enorme salone dove vi era appunto, la porta con una targa che indicava: *büro*.

La villa fu facile da trovare perché confinava con un cimitero. In sostanza era divisa da un muretto di appena un metro.

Partii immediatamente per Francoforte con tre miei compari. Presi alloggio all'Europa hotel, per poi spostarmi con una macchina comprata a basso prezzo, una vecchia Citroen, a Karlsruhe. Naturalmente di sabato pomeriggio.

Dopo aver trovato la villa e avuto conferma che era vuota, entrai con i miei compari nel cimitero che era aperto. Ogni tanto m'incazzavo e strillavo a bassa voce verso uno dei miei amici perché calpestava le tombe.

Scavalcammo il piccolo muretto ed entrammo nella villa. Buttai giù la porta del *büro*, spinsi la figurina di bronzo al centro dei due cassetti del tavolo-scrittoio ed ecco il tesoro: ottantamila marchi in contanti, tutti nuovi di zecca da cinquecento, gioielli e tre brillanti solitari blu extra.

Tornati all'hotel di Francoforte ci spartimmo i soldi, ventimila marchi a testa. Io andai diretto in un ufficio postale dove si potevano trasferire i soldi anche di notte, mentre i miei amici andarono al night.

Verso le cinque del mattino, mi svegliò uno di loro.

"Che c'è?".

"Dammi cento marchi, perché sono rimasto senza soldi".

"Come, senza soldi? Ma se ne avevi ventimila un paio d'ore fa?".

"Siamo andati al night e ho pagato il conto di tutti e tre".

"Il conto di tutti e tre? Ma che cosa avete combinato in quel night, l'avete acquistato? Ti rendi conto quanti sono ventimila marchi?".

Poco dopo ecco comparire gli altri due anch'essi senza un marco in tasca. Ognuno di loro sosteneva di aver pagato il conto per tutti.

"Ma vi rendete conto di quello che dite? Avevate sessantamila marchi in tre, pari a circa cinquanta milioni di lire, non li avete mai visti in vita vostra. Dov'è questo cazzo di night?".

Mi feci accompagnare al night, che però, vista l'ora, era chiuso.

Quello stesso pomeriggio incontrai il mio amico Mimmo e gli raccontai l'accaduto chiedendogli se conosceva il proprietario. Risposta affermativa: si trattava di un certo Der Pirat, un tipo molto pericoloso, una specie di ras che gestiva un giro di prostitute e dei night club.

"In ogni caso e per qualsiasi precauzione digli che sei un mio carissimo amico: che ti manda Mimmo il catanese".

"Bene, se è pericoloso, trovami una pistola".

Mimmo mi consegna una luger 7,65 mm Parabellum, un residuo di guerra che teneva dentro hotel raccomandandomi di non fare cazzate.

Verso sera appena aperto il night, entrai e chiesi di parlare con questo Der Pirat.

Mi accomodai in una specie di studio maleodorante dove poco dopo mi raggiunse questo Pirat. Un tipo robusto con una faccia scannellata che pareva uscito dalla favola di Walt Disney: Peter Pan e il Capitan Uncino. Capelli lunghi arricciati, pizzetto affilato scolpito sul mento, baffetti sottili, lunghi e piegati all'insù e un tatuaggio con un teschio incrociato con due spade sull'avambraccio destro.

Parlava abbastanza bene italiano.

"Ascoltami bene: ieri notte sono venuti tre miei amici qui al night con sessantamila marchi, ebbene, sono tornati senza un marco in tasca; che fine hanno fatto questi soldi?".

"Ah, quei tre italiani di ieri notte? Hanno ordinato bottiglie di champagne a gogò, pagavano con pezzi da cinquecento marchi: *Il resto mancia!* E tu chi sei?".

"Io sono un loro amico, di te sono stato informato dal mio amico Mimmo il catanese e sono venuto per la restituzione dei soldi".

Appoggiando la pistola sopra il tavolo gli dissi: "Vedi? Se pensi che io sia un pollo che si fa spennare da quattro puttanelle, impugna la pistola e sparami all'istante, altrimenti, se vuoi essermi amico, tira fuori i soldi che sono stati rapinati ai miei amici: conviene a entrambi credimi".

"Io al massimo posso darti la metà di quei soldi, perché i tuoi amici hanno distribuito mance alle entraîneuse e, in ogni caso, puoi dire ai tuoi amici che saranno ospiti graditi nei miei locali notturni. Metti via quella pistola, io sono un amico degli amici. Venite questa sera, sarete miei ospiti".

Mi restituisce sul momento venticinquemila marchi che io riconosco come quelli rubati in casa di Frau Braun.

Da quel giorno siamo diventati amici per la pelle. Der Pirat si è occupato di vendermi in seguito il ricavato di due gioiellerie svaligiate a Monaco di Baviera. L'oro tedesco è di caratura 14 k. mentre il nostro è di 18 k. e, quindi, era preferibile venderlo in Germania.

Devo riconoscere che David, si è rivelato molto utile, pronto a ospitarmi in una delle tante case che possedeva in Germania e che servivano anche per ospitare le sue entraîneuse. È riuscito a vendermi anche i tre brillanti blu extra a un prezzo abbastanza considerevole.

Dopo Amsterdam, tornai di nuovo a Francoforte.

"Mimmo, ho bisogno di trovare Der Pirat, che fine ha fatto?".

"È sempre qui, ogni tanto ci vediamo, ha aperto un ristorante sulla Wilhelm-Leuschner-Straße, ho il suo numero di telefono, se vuoi, lo chiamo".

"Sì, fammi questo favore, poi me lo passi".

Lo chiamammo.

"Pronto, David, ho bisogno di parlarti: dove sei?".

"Chiama un taxi e fatti accompagnare al ristorante, io ti attendo qui".

Arrivai al ristorante e dopo i soliti abbracci tra amici, gli raccontai che stavo organizzando un colpo in una gioielleria di Amsterdam, molto fornita e gli chiesi se era in grado di trovarmi un ottimo ricettatore perché si trattava veramente di un bottino "imperiale".

David, conosceva molti ebrei ricchi della zona e ben forniti di denaro liquido.

"Nessun problema, amico, tu vieni qua, e io ti piazzo tutto l'oro del mondo".

"Bene, tra qualche giorno sarò qui, puntuale come un orologio svizzero".

Chiamai la mia *batteria*.

Cinque furfanti di ottimo *pelo*: tutti professionisti già collaudati ed esperti nel campo.

Erano partiti con la massima cautela, dopo l'avventura di Parigi prendevamo delle precauzioni per le partenze da Venezia, di certo, non potevano partire tutti assieme.

Pernottamento in hotel diversi.

Spiegai per bene il piano d'attacco alla gioielleria di Amsterdam, informandoli che non avevamo nemmeno bisogno di kit perché la gioielleria si trovava circondata da un cantiere dove avremmo trovato tutto il necessario per bucarla: niente bagagli a presso, soggiorno a Francoforte per il venerdì e partenza per il giorno dopo in treno per Amsterdam.

La frontiera all'epoca era molto "leggera" nel senso che i doganieri erano soliti vedere molti italiani migrati in Germania trascorrere il fine settimana in Olanda. E noi, ci siamo "camuffati" da migranti lavoratori. Al massimo, e questo, succedeva di rado, alla frontiera chiedevano a qualche tipo sospetto, il motivo per cui entrava in Olanda e se aveva soldi per passare il week-end: tutto qui.

Partimmo di sabato mattina da Francoforte alla volta di Amsterdam: quattro ore di treno e, in seconda classe, confusi con i migranti.

Arrivati nella Kalverstraat, a turno, ci siamo messi a osservare la gioielleria di Paola Rossi e il cantiere che la circondava.

Una bazzecola per ladri esperti come noi.

Nota: in Europa, in particolare modo nei Paesi Bassi ma anche in Germania e in Svizzera, quando una gioielleria è sottoposta a vigilanza diurna e notturna vuole dire che è assicurata. Quindi, quando dico che non ho mai messo sul lastrico un gioielliere è perché poi è stato risarcito dall'assicurazione. Le compagnie assicurative sono una delle lobby più truffaldine legalizzate al mondo, capeggiate da un gruppo di persone legate da interessi comuni e in grado di esercitare pressioni sul potere politico per ottenere provvedimenti a proprio favore, banche comprese.

Se poi, com'è successo in Svizzera nella gioielleria Pik dove ho portato via circa una cinquantina di chilogrammi d'oro e questa ne ha denunciati tre, ebbene, vuole dire che il gioielliere era molto più disonesto di me, perché è persino ovvio che lavorasse in nero senza pagare le tasse dovute. È risaputo anche nel nostro paese, che la dichiarazione dei redditi di notissime gioiellerie denuncia al fisco circa ventimila euro l'anno: lo stipendio di un muratore!

La gioielleria di Paola Rossi si presentava così: durante la chiusura era tirata giù una saracinesca a notte con un piccolo spioncino dal quale si poteva vedere tutta la gioielleria, comprese le due vetrine ai lati della porta centrale stracolme di gioielli.

Che fare per ripararsi? Certamente non era possibile appiccicare un cerotto sulla saracinesca né da fuori né da dentro. L'unica cosa fattibile era, una volta entrati, coprire la visuale della porta centrale con un poster pubblicitario il quale, avrebbe coperto una larghissima parte della visibilità dell'interno e di certo, non avrebbe destato nessun sospetto, calcolato che il poster non poteva che essere stato messo dal gioielliere, ma rimanevano scoperte le vetrine che si trovavano ai lati dell'entrata.

Dovevamo entrare da un punto in cui l'obiettivo grandangolare della visuale non potesse vedere il buco. C'era un pertugio da cui potevamo entrare nascosti dalla veduta.

La gioielleria confinava ad angolo con una viuzza e sul retro con il cantiere: presi le misure "a occhio", come al solito, contando i passi.

Entrammo in azione verso le otto di sera di sabato in una tiepida giornata di fine settembre del 1971. Nonostante la Kalverstraat a quell'ora fosse piena di gente, e molto rumorosa, dovevamo agire sempre con la massima cautela, anche perché, vero era che lavoravamo attraverso un cantiere, ma è altrettanto vero che qualsiasi rumore che provenisse dall'interno del cantiere, poteva insospettire qualche passante.

Dopo il tentato furto alla gioielleria Richard, che si trovava a una ventina di metri più avanti, si doveva agire con la massima concentrazione.

Optammo quindi per bucare a mano quei mattoni rossi e robusti della parete che ci avrebbe permesso di entrare nella gioielleria.

Quella parete in realtà era un muro portante di grosso spessore. Nonostante nel cantiere ci fossero degli attrezzi di tutti i generi, non si riusciva a smuoverli, erano veramente robusti, un sistema di muratura resistente. Di conseguenza si doveva per forza fare del rumore assordante.

Dovevamo cambiare piano.

Decidemmo dunque di entrare in azione in pieno giorno di domenica verso mezzogiorno, quando la Kalverstraat era gremita di gente chiassosa: ma come?

Vestiti da operai con tute sporche iniziammo ad attaccare quel muro con scalpelli e martelli che a ogni colpo facevano un rumore assordante.

"Fermi" ci avvisò il palo "si sentono troppi rumori fuori".

Uno di noi, il più pragmatico, disse: "Fanculo alla vecchia tecnica". E così, detto e fatto, preso un robusto piccone incominciò a picconare la parete che iniziava a cedere smuovendo i mattoni.

"Basta, basta, fermati: va bene così. Ora i mattoni possono essere tolti a mano, lavorare con calma e senza fare altro rumore".

"Attendiamo qualche ora e se tutto fila secondo il nostro piano, entriamo nella gioielleria nel giro di qualche minuto".

Uscimmo dal cantiere vestiti da muratori, nessuno ci notò, del resto era normale che dei muratori lavorassero anche di domenica.

Verso le tre del pomeriggio rientriamo in azione, fuori il palo che osservava la Kalverstraat passeggiando su e giù e ogni tanto avvisandoci che tutto era tranquillo.

I mattoni, dopo quelle picconate, li abbiamo tolti a uno a uno per poi imbatterci in una parete di legno.

"Cazzo che minchia è? Sarà una nuova parete".

"Ma quale parete, non vedi che si tratta di un armadio?".

"Se è un armadio, allora abbiamo sbagliato i calcoli" dissi in tono desolato.

"Lascia fare a me, vaffanculo tu e la tua mania dei calcoli" ribattè il picconatore pragmatico. Infilò uno scalpello da legno e... aveva ragione! Finimmo nella vetrina: quella al centro del negozio che si trova dietro il banco vendita.

Lo vidi togliere una cornice in argento con la foto di Sofia Loren e poi, altre cornici giusto lo spazio necessario per penetrare nella gioielleria attraverso quella vetrina.

Infilai il solito piccione, come avevo fatto nella gioielleria Richard il quale, svolazza impaurito sbattendo all'impazzata le ali nel tentativo di trovare altrove la via d'uscita, che trova dopo alcuni minuti proprio quella da cui l'avevamo infilato.

La via si era aperta come un'autostrada, nessun allarme all'interno della gioielleria: il piccione aveva fatto la sua parte!

Entrò per primo il picconatore che attaccò immediatamente un grande poster sulla porta d'ingresso giusto per coprire la visuale e poi ci fece un cenno. Tre dentro la gioielleria, due fuori a infilare il malloppo nelle borse e il palo che ogni tanto, si prendeva gioco di noi urlando: "Operai, crumiri, lavorate, vergognatevi, lavorare di domenica". In realtà, oltre che prenderci per il culo, era il segnale per poter lavorare tranquilli: fuori nessun sospetto.

Uscimmo dalla gioielleria con otto borse stracolme di gioielli.

Partimmo carichi da Amsterdam per Francoforte. Il furto non era ancora stato scoperto.

Arrivammo a Francoforte verso le 22.30 e andammo subito in hotel da Mimmo, che ci fece passare senza registrare la nostra presenza.

Verso mezzanotte arrivò Der Pirat a cui feci vedere alcuni gioielli mentre pesavamo e catalogavamo tutta la refurtiva.

Venti chilogrammi di perle naturali ritenute tra le più pregiate al mondo, di perfetta rotondità, d'un color bianco argenteo con leggeri riflessi iridescenti tra i 16 e i 17 millimetri di diametro, oggi quasi impossibili da trovare.

Esportammo circa quattro chilogrammi di anelli tempestati di brillanti, una cinquantina di chilogrammi d'oro, tra monili vari e una miriade di orologi pregiatissimi di marche internazionali tra cui i famosi Chopard tempestati di brillanti.

Oggi un orologio Chopard, come quelli che abbiamo sottratto nella gioielleria può costare anche trecentomila euro.

Il giorno dopo Der Pirat ci presentò due noti ricettatori, gioiellieri, i quali muniti di microscopio binoculare, pietre di paragone, bilancini per pesare i brillanti, ci fecero un'offerta ridicola. Volevano smontare le pietre, separare tutto l'oro che secondo suggerimento, doveva essere fuso e, infine pagarlo al prezzo del mercato tedesco, cioè come 14 k. Per i soldi dovevamo attendere qualche giorno.

Naturalmente rifiutammo. Infilammo le borse nel servizio di deposito bagagli delle cassette automatiche "fai da te" della stazione di Francoforte in attesa del convoglio ferroviario notturno: Francoforte-Monaco di Baviera e cambio Monaco-Venezia Wagons-Lits.

Ricordo un particolare alquanto curioso e divertente, mentre un mio amico saliva nel Wagons-Lits a Monaco di Baviera, l'addetto al treno notturno, dopo che aveva ricevuto la mancia, prese una delle borse e inciampò per il peso. Il mio amico impassibile, gli disse: "Lasci fare, sono attrezzi parecchio delicati, mi svegli domani mattina con la colazione a Milano".

L'unico ricettatore che poteva vendere quella di merce era un nostro ricettatore che gestiva una piccola gioielleria a Venezia. Oggi suo figlio è titolare di una delle più grosse e rifornite gioiellerie della città.

Il ricavato di quella gioielleria di Amsterdam è stato talmente alto che alcuni della *batteria* hanno investito il ricavato per dedicarsi ad attività oneste.

Gino e io, siamo stati arrestati tre mesi dopo in Germania a Düsseldorf dove, avevamo già portato a termine il lavoro in una delle più importanti gioiellerie della città. In quell'occasione ho ingoiato venti carati di brillanti purissimi!

PENSIONE WILDNER
RISTORANTE

STRUTTURA
PROTETTA DA
ANTIFURTO

LA BARBERA, BORSELLINO E IL FALSO PENTITO

È bastato un attimo per scrivere la parola "fine" a una vita. Una sequenza di assurde e sincronizzate coincidenze che s'intrecciarono come in un groviglio di arbusti spinosi. Francesco, tutte le mattine di domenica, usciva dal carcere di Rebibbia Penale, per prendere il solito caffè nel solito bar in via Casal dei Pazzi a pochi passi dal carcere. Telefonava alla moglie e attendeva pazientemente il solito autobus per recarsi alla stazione e dopo, prendere il treno per trascorrere una tranquilla domenica in famiglia. Per lui era diventata oramai una routine: uscita, caffè, autobus, stazione e famiglia.

Una domenica mattina, mentre sostava davanti alla fermata dell'autobus, un compagno di cella lo invitò a salire nella sua macchina: "Dai, sali ti accompagno io fino alla stazione".

"No, non ti disturbare, ti ringrazio" rispose Francesco, con aria educata e tranquilla: "Attendo l'autobus". Che però, nel frattempo, era in ritardo; ma questo succedeva spesso. Francesco aveva anche l'abbonamento del bus perché si trovava in semilibertà e tutte le mattine, lo prendeva tranquillo per recarsi al lavoro.

Quante volte aveva rifiutato passaggi in macchina da compagni detenuti? Un migliaio di volte. Era severamente proibito accompagnarsi con altri pregiudicati anche se dividevano la stessa cella. Assurdo penserete voi, ma era il regolamento carcerario, e Francesco, prossimo alla fine pena, non aveva mai accettato un passaggio in macchina, sia per prudenza che per evitare guai con la sorveglianza.

Quante volte ci si adira contro il destino e pensiamo che la colpa sia solo sua. E che noi, siamo solo gli olocausti prestabiliti, impossibilitati a qualsiasi difesa. Tutto è fatale, si dice, e spesso vediamo i segni del destino in cose anche futili.

Poi le cose non vanno come avrebbero dovuto e quegli stessi segni ci ritornano come premonitori di una sorte avversa: il tempo della discussione davanti alla fermata dell'autobus, l'autobus in ritardo per chissà quali motivi, i secondi che sfrecciano veloci come un orologio che doveva sincronizzarsi perfettamente con il passaggio del camion; un semaforo, e poi, un altro, fino a essere investito dal camion, anch'esso sincronizzato e scandito dal tempo. Magari sarebbero bastati altri due secondi di ritardo e non avrebbe incrociato quel maledetto camion, gli stop dei semafori… e via dicendo.

Strana la vita a volte: amici miei, provate a pensare quante coincidenze dovevano baciare la fine di una vita o la nascita. "Se mia madre quel giorno per un banale secondo non avesse incontrato mio padre, oggi non sarei nato". Quante volte abbiamo pensato a queste coincidenze?

"Suvvia dai" insisté l'amico "oggi è domenica e non c'è traffico: in una decina di minuti ti scarico dalla stazione".

Va bene, avrà pensato Francesco, cosa sarà mai, per una volta…

Entrò in quella macchina malvolentieri anche perché, forse, timido com'era, non voleva fare un torto a un amico.

Invece un violento incidente ha distrutto il suo futuro, la sua vita, i suoi sogni. E questo fatto è accaduto in via Tiburtina, a un paio di chilometri dal carcere, quando un camion in un azzardato sorpasso andò a sbattere contro la macchina dell'amico. Un drammatico incidente stradale ha tolto la vita a Francesco: l'amico ne uscì quasi illeso.

Pensai non so quante volte a questo ragazzo e a questa incredibile coincidenza.

E a questa straordinaria e terribile coincidenza ho pensato, nel momento in cui mi arrestarono.

L'aereo atterrò a Fiumicino proveniente da Cuba verso mezzogiorno del 25 aprile: festa della Liberazione. Ricordo perfettamente anche il giorno, era un sabato.

Acquistai all'aeroporto un biglietto di prima classe con cabina-letto singola, partenza da Roma per Venezia. Avevo cambiato duemila dollari all'ufficio cambi, per cui detenevo anche la ricevuta.

Seppure affaticato da tredici ore di volo, mi feci portare con il taxi all'antico ristorante *L'Amatriciana* in via del Viminale a pochi passi dal Teatro dell'Opera vicino alla stazione Termini.

In quel ristorante ero un cliente abituale, conoscevo il vecchio gestore e alcuni camerieri. E fu, credo, proprio in quel ristorante che cambiò il mio percorso di vita.

Notai una locandina del Teatro dell'Opera, dove in un dépliant figurava una sorta di balletto sulla scenografia di Van Gogh. Considerato che avevo tempo da perdere, poiché il treno per Venezia partiva alle ore alle dieci di sera andai dritto in biglietteria.

Quando telefonai a mia moglie per dirle che aspettavo di partire per Venezia, mi riferì che da circa una settimana due tre volte il giorno, riceveva telefonate da un amico che mi cercava. Le chiesi di dirgli che all'indomani sarei arrivato a casa.

"Ma tu dove sei ora? Lo sai che lunedì mattina devi essere a Padova per la questione dell'assicurazione…".

"Certo che lo so, figurati!".

Uscii dal teatro e imboccai la via del Viminale. Mi sentii chiamare. Vidi un mio amico assieme a una donna marocchina, che immediatamente licenziò.

"Ciao, che cazzo fai qua, non sei in casa di lavoro?" dissi sorpreso (La casa di lavoro è una misura di sicurezza detentiva per chi è stato dichiarato delinquente abituale o per tendenza: una misura accessoria).

"Ho usufruito di una licenza e non mi sono presentato alla scadenza" farbugliò l'amico.

"Come tuo solito" risposi. "E come mai da queste parti?".

"Al telefono tua moglie mi ha detto che ti trovavi al Teatro dell'Opera e che saresti partito per Venezia, ma non mi ha detto l'orario, così ho pensato di infilarmi al bar di fronte al Teatro in attesa che uscissi. Sono qui da circa un'ora e mezza. Ho preso un hotel vicino alla stazione: sono a Roma da una settimana".

"Bene, devo affrettarmi perché ho il treno in partenza" glossai indifferente.

"Non hai qualche lavoretto da fare, ho urgente bisogno di soldi!" ribatté l'amico.

"No! In questo momento sono fermo, ho un sacco di cose da fare" risposi camminando di fretta.

"A proposito, vorrei dirti che sono passato dal tuo amico, quello dei documenti, mi sono fatto fare due carte d'identità false, gli ho detto che passavi tu a pagarle".

"Va bene, tra qualche giorno sarò di nuovo a Roma e, come lo vedo, le pago io" pressai scocciato.

Arrivati alla stazione Termini, proprio dove sostava il pronto intervento della polizia e dove sostano anche i taxi, l'amico mi chiese centomila lire in prestito.

Per sbarazzarmi velocemente di lui, tirai fuori il portafogli e gli diedi due pezzi da cinquanta. Mentre stavo andando verso il binario, fui fermato da due agenti in borghese.

"Scusi" disse uno dei due "che cosa le ha dato quel signore poco fa?".

"Nulla, sono stato io che gli ho consegnato centomila lire" affermai in tono infastidito.

"Apra la bocca e tiri fuori la lingua" ordinò l'agente che mi fermò.

"Perché, devo fare questo?" incalzai contrariato.

"Carabinieri! Faccia come le ho ordinato" ribatté con arroganza.

Aprii la bocca, poi mi fu fatta una sommaria perquisizione sia addosso e sia nel bagaglio con esito negativo.

"Senta" dissi mostrando l'orologio "si fa tardi, sto per partire: vede? Ho pure il biglietto del treno".

"Lascialo andare è pulito" rispose l'altro agente.

"Bello quell'orologio che hai al polso" affermò il primo agente.

"Se vai in piazza San Silvestro da Bedetti, lo trovi e ti fanno anche uno sconto del quindici per cento" chiosai irritato all'agente.

"Ah, sì, fai pure lo spiritoso, te lo do io Bedetti, su forza, muovi le chiappe, portiamolo in caserma" ordinò l'agente, rivolgendosi al suo collega.

"Ma dai, lascialo andare che è pulito" ripeté di rimando il suo collega.

"Fai come ti dico" ordinò costui che sembrava tenere le file del comando.

Fui portato in via Selci, sede centrale della caserma dei carabinieri di Roma.

Dopo più di due ore, chiuso in una stanza sorvegliata, vidi arrivare l'agente, che ordinò il mio temporaneo fermo, con due involucri in mano: "È questi, che cosa sono?" mi disse sbattendo sopra il tavolo due incarti.

"E che ne so io? Lo saprà lei che cos'è" incalzai con l'animo sereno pensando fosse uno scherzo.

Ecco quello che era successo.

L'amico, non appena gli consegnai i soldi fu fermato, ma non ho assistito al suo fermo. Gli furono trovati due involucri in tasca, uno contenente tre grammi e mezzo di eroina e uno di pari peso contenente del tè. La marocchina, tossicodipendente, gli procurava nei pressi della stazione Termini qualche sciagurato tossicodipendente a cui vendere il tè spacciandolo per eroina.

Chiaramente ha negato in maniera assoluta che io c'entrassi in questa storia, confermando che gli avevo dato centomila lire in quanto, vecchio amico, conosciuto in carcere.

Ed ecco il verbale: *Noi sottoscritti in appostamento da giorni nei pressi del Teatro dell'Opera a seguito di segnalazioni di spaccio di sostanze stupefacenti, notammo il Baretto Enzo incontrarsi con il noto pregiudicato Pipino Vincenzo il quale, giunto nei pressi della stazione Termini e nascosto dietro un pullman consegnava al Baretto un involucro. Contemporaneamente il Baretto, consegnava al Pipino del denaro di cui in sequestro.*

Accertato tramite il narcotest con esito positivo: uno degli involucri conteneva tre grammi e mezzo di eroina e l'altro del tè pari allo stesso peso.

Un resoconto assurdo e poco credibile.

Sparì d'incanto anche il mio passaporto ma non solo, sparì anche il mio Rolex.

Fui trasportato a Regina Coeli, presso il reparto "nuovi giunti in isolamento" con quarantacinquemila lire:.

"Ti lascio questi soldi per acquistarti le sigarette" disse il brigadiere Rizzo Giuseppe, corrotto fino all'osso del collo, mentre a sirene spianate mi conduceva al carcere.

Il mattino successivo, andai all'aria da solo in un piccolo cortile che funziona come spazio d'isolamento.

Non passò che qualche minuto, che sento urlare il mio nome da una finestra del terzo raggio del carcere: "Pipino, Pipino: a venezià...".

"Chi sei? Non ti vedo" risposi guardano verso le finestre delle celle.

"Sono Marcello, Pipino ti serve qualcosa?".

"Sì, vedi di farmi avere qualche sigaretta Marcè" urlai. Era un amico che avevo conosciuto in libertà appartenente alla banda della Magliana.

"Dopo una decina di minuti, arrivò un brigadiere con degli agenti di custodia che mi consegnarono cinque pacchetti di Marlboro.

"Senti" disse il brigadiere "oggi è domenica, domani passerai la visita medica e poi ti farò mettere al terzo raggio alla cella 25 con i tuoi amici".

"Brigadiere, la ringrazio, ma spero di andarmene in un paio di giorni" ribattei sicuro di essere scarcerato.

"Se ti serve qualcosa non urlare dal cortile, mi fai chiamare e provvederò io" controbatté il brigadiere in tono rispettoso.

All'indomani per prima cosa, mi segnai in matricola per la nomina dell'avvocato, il professor Osvaldo Fassari del foro di Roma, penalista molto conosciuto a Roma, molto noto anche per aver difeso molti terroristi dell'estrema destra.

Fu lui che m'introdusse al Palazzaccio (sede della Cassazione) dove conobbi il cancelliere della prima sezione penale Giuseppe Schiavon, coinvolto con altri colleghi in loschi affari, e il giudice Carnevale anch'esso travolto da presunte combine con mafiosi.

L'avvocato Fassari lo chiamavo amichevolmente, babbo Osvaldo, ogni volta che veniva a Venezia, mi telefonava, io gli procuravo l'hotel. Mi aveva difeso anche in un processo a Venezia. Un giorno mi propose un affare molto redditizio: mi offrì di portare un passaporto a Flavio Carboni in Svizzera ma, mio malgrado, fui costretto a rifiutare perché ero evaso da un carcere svizzero e non volevo rischiare. Suggerii di farlo tramite un amico, ma rifiutò: "È troppo delicata la faccenda" disse l'avvocato.

Al terzo raggio del carcere di Regina Coeli, incontrai un sacco di amici, alcuni conosciuti nelle carceri e altri frequentati a Roma nel periodo della semilibertà.

Alcuni di loro, quelli con cui mi sono trovato in cella per loro richiesta, appartenevano alla banda della Magliana tra cui, Renzo Danesi (detto Cabbajo) un ottimo ragazzo, serio e molto disponibile. Aveva partecipato al sequestro del duca Massimiliano Grazioli Lante della Rovere, bloccò la famosa Bmw del duca mentre questa era seguita da una macchina di piccola cilindrata, uscita dallo stesso casale. Per quel sequestro la banda della Magliana, incassò un miliardo e mezzo dalla famiglia, ma il duca era stato venduto ai napoletani i quali, lo eliminarono e non fu mai più ritrovato.

Della banda della Magliana, conobbi anche Vittorio Carnovale detto il Coniglio, dove stavano i capi della banda in regime 41 bis, cognato di Edoardo Toscano detto Operaietto ucciso per ordine di Enrico De Pedis detto Renatino.

Renatino, lo conobbi in un autosalone sulla Tuscolana gestito dall'ex presunto cassiere della banda della Magliana, Enrico Nicoletti, dove io mi trovavo spesso per affari. Ero anche amico della sua ex amante Sabina Minardi. Viveva da sola con la figlia in un appartamento in zona Trastevere e non mi sembrava che vivesse nel lusso.

Prima di entrare in affari con Sabina, avvisai Renatino il quale, non solo mi diede il benestare, raccomandandomi di aiutarla senza dirle che ci conoscevamo.

Rimasi molto male quando fece una chiacchierata su Renatino

e il caso di Manuela Orlandi; solo molte bugie e forse, come dice Pino Nicotri, quello di Manuela non fu un sequestro.

Nel carcere di Regina Coeli i membri della banda della Magliana erano i padroni assoluti, tutto girava attraverso le loro mani.

Come primo favore, appena entrai in cella, chiesi se potevo incontrare il mio coimputato, che si trovava al settimo raggio, cosa impossibile per qualunque detenuto. Il giorno dopo incontrai il mio coimputato nel suo piccolo ufficio.

"Ti raccomando Pipino, non più di dieci minuti" disse l'ispettore capo.

"Ma che cazzo hai combinato, brutto figlio di puttana" incalzai imbufalito.

"Non ti preoccupare, tu non centri, l'ho già dichiarato in caserma, appena mi chiama il giudice, gli racconterò tutta la verità" rimandò tutto sconvolto.

La verità era questa: il bastardo si era procurato cinque grammi di eroina, pagandola con un documento falso a un tipo di nome Niko Salemi, e aveva nascosto dentro una parete di legno della sua camera il suo documento falso e altri due grammi di eroina che servivano alla sua amica.

Raccontò tutto al giudice che si premurò di recuperare la merce e, putacaso, separò i due fatti, facendo così condannare il mio amico in due diversi processi.

Il giudice era il famigerato Renato Squillante, condannato in seguito per corruzione in atti giudiziari, interdetto dai pubblici uffici e coinvolto nel processo Sme.

Quel processo ha riscosso grande interesse da parte dell'opinione pubblica dato che tra gli indagati c'erano Silvio Berlusconi e Cesare Previti.

Nonostante tutte le prove a mio favore, il gip mi rinviò a giudizio immediato.

Il processo durò sette mesi alla faccia del rito immediato! Sempre rinviato con scuse più strane dalla Presidentessa del tribunale Arianna Vecchiarelli.

Ogni detenuto ha dei sogni: chi sogna di evadere, chi spera in un'assoluzione, chi in una grazia e cosi via. Se un detenuto non si costruisce un sogno, diverrebbe un possibile suicida.

Mors omnia solvit; la decisione sulla propria morte appartiene alla sfera intima dell'individuo, non essendo il suicidio rubricato come reato non è reato nemmeno il tentativo, mentre è reato l'istigazione al suicidio, ai sensi dell'art. 580 c.p., che secondo me, andrebbe imputato a molti operatori dell'amministrazione penitenziaria.

Il colmo avvenne in aula, quando il brigadiere Rizzo raccontò la sua storiella dei fatti contestati. Il pm era la dottoressa Maria Cordova, un magistrato che solitamente si occupava di cose molto più gravi. Mentre il teste corrotto raccontava i fatti, la Cordova fumava tranquillamente in aula con aria apparentemente assente.

Io spiegai per filo e per segno ogni cosa. I soldi che cambiai all'aeroporto, la ricevuta sparita, il passaporto anche, che provenivo da Cuba, che ero andato al Teatro dell'Opera in attesa del treno per Venezia e via di seguito.

La Cordova, che sembrava distratta dal processo, a un certo punto, quando si accorse che il teste traballava come una barca in un mare di tempesta, intervenne con durezza: "Come scusi? Lei brigadiere Rizzo, non si ricorda chi ha visto lo scambio? Qui nel verbale c'è scritto: Notammo il Pipino passare al Baretto un involucro e in seguito il Baretto estrarre dal suo portafogli del denaro che consegnava al Pipino a una distanza di circa venticinque metri, nascosti dietro un pullman nei pressi della stazione Termini.

"Presidente, esigo che siano sentiti i suoi colleghi su questo fatto che ritengo di estrema importanza probatoria, altrimenti sarò costretta a chiedere l'assoluzione a formula piena per il Pipino Vincenzo" incalzò il Pubblico Ministero.

"Ma signor Pubblico Ministero, questo processo sta durando anche troppo, a me pare inutile, abbiamo qui la testimonianza di chi ha visto lo svolgimento dei fatti" ribatté la Vecchiarelli.

Altro rinvio, altra corsa. Rinvio dell'udienza per il giorno 8 ottobre del 1992.

"*Chi ha paura muore ogni giorno, chi non ha paura muore solo una volta*" (Paolo Borsellino).

Il 19 luglio 1992 una violentissima esplosione, in via Mariano D'Amelio a Palermo provocò la morte del giudice Paolo Borsellino. Il 26 settembre 1992 viene arrestato Vincenzo Scarantino per concorso in strage, ricettazione e altro.

Il 2 ottobre, circa sei giorni dall'arresto di Scarantino, venne a trovarmi da Palermo il capo della squadra mobile Arnaldo La Barbera, che fu capo della Squadra Mobile di Venezia fino il 1988, periodo in cui mi trovavo in semilibertà a Roma, che avrebbe spinto Vincenzo Scarantino a mentire per depistare le indagini. Sempre lui avrebbe ordinato un'ispezione non autorizzata nella casa di Nino Agostino, uno dei due presunti agenti che avrebbero salvato il giudice Giovanni Falcone all'Addaura, inviando un suo agente di fiducia a sequestrare e distruggere carte compromettenti contenute nell'armadio di Agostino. Insomma, una rivelazione che apre scenari davvero inediti, sui presunti depistaggi delle stragi di mafia.

Conoscevo molto bene questo funzionario di Stato, ai tempi in cui seguiva la banda di Felice Maniero e i miei furti a Venezia e in Europa.

Non appena me lo trovai davanti in un ufficio del carcere di Regina Coeli, pensai a qualche nuova accusa.

"Toh, chi si vede, a che devo l'onore di questa visita?" dissi in tono tranquillo.

"Caro Pipino, chi non muore si rivede" rispose sogghignando La Barbera.

"Mi serve un favore, solo tu puoi farmelo, e io in cambio, ti copro su certe tue marachelle, come quella di aver procurato un passaporto a una ragazza tutt'oggi ricercata e, il silenzio, sulla telefonata di quel mafioso che ha fatto in casa tua da Palermo, quando fu ucciso in diretta mentre conversavi con lui" disse tutto d'un fiato La Barbera con tono intimidatorio.

"Sono già stato interrogato per quella telefonata, non so chi la fece, forse qualcuno che ho conosciuto in carcere, oppure un'amante di mia moglie" ribattei con l'animo in tumulto.

"E no, caro mio, questo è quello che hai raccontato tu, ma io so esattamente come stanno le cose e ti assicuro che se ci metto le mani, sono cazzi amari" controbatté in tono sempre più minaccioso.

"E che tipo di favore dovrei fare? Sai come la penso, vero? Niente collaborazioni di nessun genere legate a eventuali arresti o cose del genere".

"Nulla di eccezionale, devi soggiornare in cella con Vincenzo Scarantino per un po' di giorni".

"Come? In cella con il presunto responsabile della strage di via d'Amelio e perché? Sei forse impazzito? Nemmeno per sogno e poi, non posso perché il giorno 8 ottobre, cioè, tra un poco, devo affrontare a Roma un processo alquanto delicato" dissi deciso che la questione per me, fosse fuori discussione.

"Non ti preoccupare ci penserò io, ho già l'autorizzazione per il tuo trasferimento a Venezia: vedi? Sono autorizzato a portarti personalmente, sarà un viaggetto semplice e comodo, sia per me che per te" commentò tranquillo "e poi, ti conviene accettare" incalzò in tono duro La Barbera.

"Ok, andremo a Venezia da questo Scarantino, ma cosa dovrei fare?".

"Te lo spiego strada facendo, qui non posso dirti nulla per ora" ghignò a muso duro La Barbera.

Partii verso le dieci del mattino del 4 ottobre, una domenica, con un'automobile di Stato verso il carcere di Venezia.

Naturalmente La Barbera organizzò tutto per bene anche con il maresciallo comandante del carcere.

Durante il viaggio, in un autogrill, La Barbera, separato dai suoi colleghi, si appartò con me per spiegarmi la sua strategia.

"La cella in cui sarai traferito è microfonata, quindi sappi come ti devi comportare. Devi capire cosa c'entra Scarantino in questa storia. Non m'interessa altro, né chi gli ordinò di procurare la macchina né successive sinfonie. Qualsiasi cosa ti dica devi riportarla solamente a me, anch'io avrò un microfono e quando ti farò un cenno, potrai parlare tranquillo, altrimenti stai zitto e sii vago: tu sei l'unico detenuto in Italia capace di svolgere questa mansione".

"Ok, ricevuto, ma io non sono un chiaroveggente".

"Sei astuto e molto intelligente e poi, sei conosciuto come il Sindacalista delle carceri: non è un caso che abbia scelto te per questo compito" rispose il furbacchione.

Arrivai al carcere di Santa Maria Maggiore nella tarda serata di domenica.

Non appena entrai in cella, vidi Vincenzo Scarantino: un ragazzone robusto e che, come mi vide, si premurò di togliere il suo materasso dal primo letto a castello, per metterlo al secondo piano.

Mentre lo faceva, presi una penna e un foglio di carta e scrissi: "Fai silenzio: la cella è microfonata! Se mi devi dire qualcosa, scrivi".

Il problema di Scarantino era quello di essere semianalfabeta: non sapeva scrivere, per cui le lettere inviate alla moglie gliele scrivevo io.

"Ciao" gli dissi "come va?".

"Male, mi hanno accusato di aver rubato una macchina che poi sembra sia stata usata per un attentato, ma io non so nulla di tutta questa faccenda" rispose con le lacrime agli occhi.

Non passava ora e giorno che Scarantino non piangesse e pregasse baciando un santino che aveva con sé. Si svegliava spesso di notte. Aveva voglia di parlare della moglie e dei figli. Le ore dentro quella cella scorrevano lente ed estenuanti per un imputato di un delitto che, secondo la mia esperienza, era molto lontano dalla sua personalità; come uno che stesse vivendo dentro un'angoscia paralizzante: la tremenda nevrosi di chi soffre di un delitto che non ha commesso.

Scarantino era turbato e disorientato.

In certi momenti avevo l'impressione che non si rendesse nemmeno conto della propria situazione. Più che leggere il suo mandato di cattura lo sfogliava come un bambino fa con le figurine.

"Non l'ho rubata io quella macchina" ripeteva ossessivo.

Per interrompere quella monotonia, cercai di confortarlo, perché anch'io per la prima volta ero colpito da un comportamento totalmente opposto a quello di un normale detenuto. Scarantino si comportava come uno che si sveglia da un sogno e non sa dove si trova.

"Fammi leggere il tuo mandato di cattura" dissi "io m'intendo un po' di queste cose".

Nessuno fino a quel momento aveva letto quel terribile mandato di cattura, nemmeno il suo avvocato.

"Beh non mi sembra che sia poi così grave: trattasi di ricettazione e se anche tu c'entrassi, cosa ne sai tu dell'utilizzo che ne è stato fatto di questa macchina rubata" dissi per tranquillizzarlo.

"Non l'ho rubata io quella macchina per dio, e poi… uhm" sussurrò Scarantino, interrompendosi con gli occhi slavati dalle lacrime.

"Guarda che non sei imputato di furto, ma di ricettazione che è una cosa diversa" incalzai cercando di calmarlo e fargli capire la differenza.

Gli scrissi un altro bigliettino, dove lo informavo che domani mattina ne avremmo parlato con calma, fuori dalla cella, nella doccia e nel frattempo continuai a parlare con lui.

"Stai molto attento Vincenzo, perché ti trovi tra due fuochi, qualunque cosa tu dica, sarai creduto a priori, anche se tu dicessi che hai ceduto due chili di cocaina a Berlusconi. Porta avanti la tesi della tua innocenza perché sono certo che non c'entri nulla in questa storia" incalzai.

Scarantino era innocente?

I suoi discorsi erano un vero stereotipo, anche se non capivo bene quello che diceva, lo sentivo imbarazzato, smarrito. Le sue cantilene prive di contraddizioni destavano in me un senso di compassione. No! Non c'era bisogno di un indovino per capire che non mentiva e che era innocente.

Gli consigliai di scrivere una lettera alla moglie disegnando la sua mano sul foglio, come un segnale di persona innocente. Mise la mano sul foglio e io la ricalcai seguendo la forma del palmo con una matita. Poi, scrissi una lettera piena di parole amore per la moglie e per i figli, assicurandola della sua innocenza.

Rimasi con lui una settimana circa. Mi seguiva dappertutto, nella sala giochi con altri detenuti, nella doccia, tolsi pure la microspia dalla cella che trovai infilata nell'interruttore: operazione che fu vista anche da Scarantino. Chiesi al Maresciallo il cambio della cella e di riferire a La Barbera, che il mio compito si poteva definire concluso. Gli comunicai che avevo scoperto la microspia e che, per non insospettire i miei amici, era preferibile il cambio di cella, soprattutto per il ritrovamento di un cellulare nella mia cella, di cui fui avvisato da un mio amico durante la sala giochi.

"Lo sai Pipino, che sotto la tua cella, è stato trovato un telefonino scassato e privo di scheda?" m'informò uno dei miei amici della banda del Brenta con un tono sospettoso.

"E che ne so io? A me di certo non appartiene" incalzai indifferente.

Nel frattempo, arrivò La Barbera che voleva sapere quanto avevo scoperto e il motivo per cui avevo tolto la microspia e il cambio di cella.

Gli dissi che avevo tolto la microspia per non insospettire i miei amici detenuti che sapevano del mio soggiorno con Scarantino, che era una cosa insolita, dato che io, decidevo sempre la cella dove stare. Così mi vantai, durante l'ora della sala giochi, di aver scoperto questa microspia.

"Allora cos'hai scoperto d'interessante" chiese La Barbera, facendomi segno che potevo parlare liberamente.

"Che Scarantino è completamente innocente, l'ho dedotto dal suo volto, dal modo in cui passeggiava nella cella, dalle sue parole senza senso logico. Ho usato tutta l'arte della maieutica. Scarantino è una persona con una scarsa capacità intellettiva, facilmente influenzabile: ha ribadito più volte che la macchina non l'ha rubata lui e che non sapeva nulla dell'attentato, al massimo, ma questo l'ho intuito io, sembra che questa macchina non sia stata nemmeno rubata. Non capiva nemmeno che era accusato di ricettazione, figurati della strage. Mettiti la coscienza tranquilla e gira la testa da un'altra parte" risposi sicuro della mia intuizione.

"Bene!" ribatté La Barbera. "Però sappi che devi tenere la bocca chiusa con tutti e in qualsiasi occasione" ammonì in tono minaccioso. "Ora devi farmi l'ultimo favore, mi sono già accordato con il maresciallo capo Ventura del carcere che ti metterà nella prima sezione del carcere, dove stanno i capi della banda della Magliana. Voglio sapere se vi sono degli attentati in programma, così come sono stato informato dai miei superiori: questa è la voce che circola nelle carceri. Poi, ci penserò io a farti ottenere la libertà provvisoria dal tribunale di Roma" chiosò La Barbera.

"Tu pretenderesti che io faccia la spia, questo non lo farò mai, e poi, per il mio processo non ti devi immischiare perché ne uscirò pulito" ribattei, questa volta deciso a non immischiarmi in faccende che non mi riguardavano.

"E chi ti ha detto di fare la spia? Ti ho chiesto forse qualche nome? Se gira la voce di possibili attentati, me lo dici solo, e io saprò come regolarmi, tu non sarai coinvolto e poi, ricordati che io so tutto di te... dei tuoi contatti con esponenti della banda della Magliana, del passaporto scaduto rubato a Mestre e rinnovato dal tuo amico romano, lo stesso che veniva a prelevarti alla stazione Termini con la macchina dei carabinieri: ti ricordi del bar Tennis sulla Tuscolana? So dei tuoi imbrogli in Cassazione dove giravi come uno di casa. Sei riuscito persino a far sparire da una cassaforte un fascicolo di uno della banda del Brenta, e *dulcis in fundo* so che stavi per rubare nella chiesa di Sant'Agostino a Roma, la Madonna dei pellegrini del Caravaggio per fare un favore al tuo amico Renatino. Vuoi altre storielle sul tuo conto? So tutto Pipino di te! Conosci più mafiosi tu del Ministero degli Interni: hai fatto più documenti falsi tu che l'ufficio passaporti di Venezia, dovresti essere miliardario, porca miseria, hai persino ottenuto un colloquio con il pentito Totuccio Contorno nel carcere di santa Maria Maggiore".

"Ma quale colloquio, facevo lo spesino e il maresciallo del carcere mi ha ordinato di fargli la spesa" obiettai aspramente.

"Sì! La spesa alle dieci di sera! Ma tu credi che io sia uno stupido? È stato Contorno che ha voluto parlare con te e chissà cosa ti avrà detto. Sono stato io a organizzare quell'incontro" tuonò La Barbera con le vene che sembravano uscire dal collo.

"Cazzo" pensai tra me e me "come avrà saputo di tutte queste cose?".

"Insomma cosa vuoi ancora da me?" lo ammonii. "Dimmi cosa vuoi!" domandai turbato dalla gravità delle sue minacce.

"Sarai messo in cella con un importante esponente della banda della Magliana, cerca di capire cosa si muove all'interno delle carceri, tu non hai nessun problema, sei conosciuto da tutti come un leader".

"Forse non hai tenuto bene in mente una cosa, la prima sezione del carcere di Regina Coeli è una sezione speciale, dove sono reclusi esclusivamente detenuti pericolosi e su segnalazione del Ministero, se io entro in quella sezione come detenuto comune, non pensi crei dei sospetti?".

"No! Ho pensato anche a questo. Tu sei stato il promotore di una grossa rivolta dentro il carcere di Regina Coeli, hai parlato solo tu con una delegazione ministeriale, alla presenza della direttrice e dell'ispettore capo. Hai ottenuto tutto quello che hai chiesto, girando il carcere come un calzino e questa è una ragione più che sufficiente per tenerti isolato" disse La Barbera.

"E quanto dovrò stare dentro la sezione?" domandai con il pensiero che in ogni caso e per qualsiasi ragione non avrei riferito un bel niente. L'unico mio problema era di difendermi al processo che mi aspettava.

"Diciamo una settimana, poi ci penserò io a tirarti fuori" continuò La Barbera.

Entrai nella sezione speciale con la scusa che essendo stato il promotore della rivolta nel carcere meritavo questo trattamento, non fu solo una scusa, ma una vera segnalazione di cui non mi liberai mai più. Fu inviata una nota al Ministero di Grazia e Giustizia: "*Si raccomanda alle SS.VV. di tenere rigorosamente sotto controllo il detenuto Pipino Vincenzo il quale, da solo, potrebbe destabilizzare un istituto di pena. Si prega di segnalare ogni suo trasferimento e avvisare questo Ministero*". Questa segnalazione fu inserita nel mio fascicolo.

Nel carcere di Regina Coeli, fui raccomandato da Renzo Danesi che chiese a Vittorio Carnovale, oggi collaboratore di giustizia, di accogliermi in sezione.

Con lui ebbi modo di parlare di molte cose, conoscevamo le stesse persone, i locali che frequentavamo a Roma, di Renatino con cui non era in buoni rapporti; sosteneva che aveva meritato di morire perché non aiutava più gli amici e si era staccato dalla banda mettendosi in proprio. Parlammo anche del famigerato 41 bis, del trattamento duro. Mi disse: "Gli amici fuori si stanno organizzando vedrai che casino succederà, devono finirla con questi pentiti di merda e con il carcere duro".

"Speriamo perché dopo l'uccisione di Falcone e Borsellino le carceri sono più dure per tutti" dissi in tono sincero.

"Tra poco avremo un nuovo governo più favorevole, vedrai che tutto cambierà" incalzò l'amico.

Rividi La Barbera, con il quale ebbi un breve colloquio. "Sì!" gli dissi "gira la voce che presto ci sarà qualche attentato per via del carcere duro e per la legge sui pentiti, stai tranquillo che succederà: la mafia dimentica ma non perdona".

"Non parlare con nessuno, di questo e nemmeno di Scarantino" minacciò per l'ennesima volta con estrema severità La Barbera.

E chi parla? Da quel giorno non l'ho più visto, anche se in seguito ho avuto avuto delle rogne per colpa sua: un processo a Prato e degli interrogatori da Caltanissetta. Ora si sa però a che faceva parte dei servizi segreti deviati; per forza sapeva tutte quelle cose su di me. E la strage del giudice Borsellino? Scarcerazione degli imputati, condannati innocenti a ergastoli per colpa di poliziotti e di un finto pentito creato *ad hoc* che io scoprii fin da subito essere innocente!

Da tutto ciò, si può desumere che non tutti i magistrati sono corrotti!

Nel frattempo avevano fissato una nuova udienza in quanto la Presidentessa Vecchiarelli il giorno 8 ottobre, non vedendomi comparire al processo e non potendo svolgerlo in contumacia, si rivolse al mio avvocato.

(Riporto testualmente dal verbale dell'udienza del giorno 8 ottobre 1992).

Presidente: "Allora l'imputato Pipino non è presente, non abbiamo Pipino".

L'avvocato Fassari fa presente di aver ricevuto un telegramma dal Pipino che è stato trasferito alle carceri di Venezia.

Presidente: "Perché?".

Fassari: "Non so la ragione, dice che la causa sarà rinviata, causa malattia" (Da dove l'avrà tirata fuori questa scusa l'avvocato Fassari?).

Presidente: "Allora, Pubblico Ministero ha sentito cosa è successo con Pipino?".

PM: "Sì, c'è stata questa traduzione...".

Presidente: "Deve esserci stato qualche disguido".

PM: "Mandiamo un ordine di traduzione a Roma, per noi è sufficiente quello: e non possiamo far nulla, neanche prendere atto se c'è malattia o no, dato che non c'è...".

Fassari: "Può darsi che lui sia stato traferito lì o per qualche confronto con altri detenuti, non sappiamo...".

Presidente: "A noi quello che importa è che oggi non l'abbiamo, quindi il processo si rinvia al giorno 21 novembre 1992, ordinando la traduzione del Pipino per la data del 21 novembre, ore 9.30".

Nessuno sapeva il motivo per cui ero stato trasferito a Venezia, oppure tutti lo sapevano, ma facevano finta di non saperlo.

Nel frattempo, nella mia cella, la numero 25 del terzo raggio di Regina Coeli, mi giunse una lettera da parte di Enrico Nicoletti, ex presunto cassiere della banda della Magliana, che mi chiedeva di riferire a un certo Franco Sordini, di stare tranquillo per il suo processo e che tutto era sistemato.

Chiesi ai miei compagini se conoscevano questo tipo.

"Sì! Lo conosco io, è quello che hanno arrestato con sette chili e mezzo di cocaina. Vieni ti ci porto io", incalzò un mio compagno di cella.

Arrivai davanti a questo tipo e gli dissi: "Senti ho ricevuto una missiva da parte di Nicoletti, mi ha detto di riferirti di stare tranquillo che per quanto riguarda il tuo processo è tutto sistemato, non ti devi preoccupare".

Costui da prima fa finta di cadere dalle nuvole, ma poi, informatosi da qualche amico, venne nella mia cella e mi disse: "Scusa, posso vedere la lettera?".

"Per rispetto non dovrei, ma dato che fa riferimento a te, credo che tu ne debba essere informato".

Lesse la lettera e la sua attenzione si soffermò a quelle parole scritte: "*Avvisa Sordini di non preoccuparsi che tutto è sistemato per il suo processo*".

"Scusami, ma sai, a volte fidarsi è bene, non fidarsi è meglio" rispose parafrasando il vecchio proverbio.

"Vuoi sapere perché si è rivolto a me? Perché credo di essere quello più fidato e perché conosco molti suoi amici".

"Ma tu sai perché sono stato carcerato?" domandò preoccupato.

"Si dice in giro per una questione di droga" risposi in tono formale.

"Vuoi guardare il mio fascicolo, dicono tutti che tu sei meglio di un avvocato".

Lessi il suo fascicolo il quale contrastava in maniera violenta con quel *"stare tranquillo..."*

Per un mese era stato pedinato e seguito dai carabinieri in una grande operazione di droga. L'avevano pedinato, filmato mentre ritirava i chili di cocaina. Colto in flagranza mentre li occultava nel suo giardino scattò l'arresto. Un reato da minimo dieci anni.

"Beh, se Enrico ti ha detto di stare tranquillo, significa che avrà i suoi motivi. Non ti pare?" chiosai assicurandolo.

"Boh, non so che dirti: speriamo bene" rispose poco convinto.

21 novembre, ore 9.30, eccomi in Tribunale.

"Bene, signor Pubblico Ministero, se vuole procedere con le interrogazioni, siamo pronti" disse la Presidentessa Arianna Vecchiarelli. *(Seguono testi dal verbale d'udienza che dopo vent'anni tengo ancora in cassetto).*

Teste brigadiere Rizzo.

PM: "Senta brigadiere Rizzo, lei ha affermato in precedenza che lo scambio è stato notato da tutti, lei quindi ha visto l'operazione. Chi come lei potrebbe essere utile? Cioè chi ha visto materialmente lo scambio?".

Brigadiere Rizzo: "Non ricordo".

PM: "Non si ricorda chi ha fermato il Pipino?".

Rizzo: "No, non me lo ricordo".

PM: "Addosso a Pipino, nelle tasche, in valigia, avete trovato un biglietto del treno, una ricevuta di un cambio valuta, un passaporto?".

Rizzo: "Ricordo che aveva un biglietto del treno, non ricordo della ricevuta di cambio né del passaporto".

PM: "Ce li abbiamo qua! Va bene, però come mai non è stata verbalizzata questa cosa?".

Rizzo: "Non lo so, non ricordo...".

PM: "Senta, com'era vestito il Pipino?".

Rizzo: "Il Pipino non me lo ricordo, il Baretto portava un vestito blu".

PM: "Cioè giacca e pantaloni?".

Rizzo: "Giacca e pantaloni".

PM: "Pipino se lo ricorda? Ci pensi bene".

Rizzo: "No, non me lo ricordo".

PM: "Ma aveva un giubbotto, aveva dei jeans, aveva una cravatta, più o meno non lo ricordate?".

Rizzo: "Non lo ricordo".

Teste Appuntato Capozzi.

PM: "Lei su ordine di chi ha arrestato il Pipino...".

Appuntato Capozzi: "Del brigadiere Rizzo sì".

PM: "Di Rizzo, avete raggiunto piazza dei Cinquecento, in prossimità delle fermate dei pullman Acrotal?".

Capozzi: "Sì".

PM: "Va bene cosa è accaduto?".

Capozzi: "A quel punto il brigadiere Rizzo ci ha detto che dovevamo fermare una persona".

PM: "Vi ha ordinato di fermare... chi?".

Capozzi: "Pipino".

PM: "Perché voi lo conoscevate?".

Capozzi: "No, lo conosceva solo il brigadiere Rizzo. Ci aveva spiegato com'era vestito".

PM: "Vi ha fornito una descrizione?".

Appuntato Capozzi: "Sì, ci ha fornito le descrizioni".

PM: "Quindi vi disse di fermare una persona che stava arrivando?".

Capozzi: "Stava uscendo da dietro il pullman ci aveva detto".

PM: "La persona della quale vi forniva la descrizione?".

Capozzi: "La descrizione specifica... da dietro il pullman dell'Acrotal usciva questo signore".

PM: "Secondo la discrezione".

Capozzi: "Sì, aveva un impermeabile chiaro e gli occhiali, è uscito di là e lo abbiamo fermato".

Avvocato Fassari: "Non è possibile, a parte che il Pipino non indossava nessun impermeabile e questo si può notare dalle foto segnaletiche, e poi, il brigadiere Rizzo, prima ci racconta che non si ricordava chi avesse fermato il Pipino, mentre è evidente che fu proprio lui a ordinare il fermo. Attenzione siamo in piena notte, e non si ricordava del Pipino che indossava un impermeabile chiaro, incredibile! E per giunta, nel verbale di arresto si evidenzia: abbiamo notato... quattro agenti di cui tre non hanno visto un bel nulla e, putacaso il brigadiere, dopo insistenze del Pubblico Ministero, afferma: "solo io ho visto lo scambio", al buio e a venticinque metri!".

PM: "Chiedo l'assoluzione del Pipino per mancanza di prove".

La corte si ritira per la delibera.

Entra la Corte: "Visto l'articolo... si condanna Pipino Vincenzo alla pena di anni otto di reclusione e il Baretto alla stessa pena!".

L'ingiustizia in nome del popolo italiano è compiuta!

Il giorno dopo tocca all'amico Franco Sordini sempre con lo stesso giudice, la Vecchiarelli che lo condanna a cinque anni e sei mesi concedendo i domiciliari.

Una sospettosa e vergognosa disparità di trattamento che non può essere giustificata sotto il profilo penale.

Dopo questa sentenza, scrissi al Ministero di Grazia e Giustizia e al Pubblico Ministero Maria Cordova, che scrisse al giudice di appello, indicandomi come vittima di un errore giudiziario.

Il Presidente Lacatena della Corte d'Appello di Roma, si rifiuterà di introdurre le succitate dichiarazioni nel fascicolo processuale e confermerà la sentenza travisando i fatti in maniera vergognosa.

Anche questo galantuomo di Lacatena, sarà indagato ed espulso dalla magistratura.

Il Messaggero
CRONACHE ITALIANE

Martedì 14 marzo 1995
Latina
Fabbricavano prove false: 11 carabinieri indagati.
Perquisizioni con il trucco, anzi con sorpresa Undici carabinieri sono finiti sotto inchiesta per aver aggiustato alcune perquisizioni facendo trovare, ad arte, fucili e pistole nell'auto o in casa di alcuni malcapitati. In questo modo, secondo il Pubblico Ministero Barbara Callari, sono riusciti a portare a termine con successo almeno quattro operazioni, con tanto di arresti, denunce e conferenze stampa finali. Ma dice l'accusa, hanno commesso un errore: hanno usato sempre le stesse armi, fucili e pistole con la matricola abrasa che entravano e uscivano dal deposito dei corpi di reato con estrema facilità. Ora dovranno rispondere delle accuse di falso ideologico e materiale, calunnia e violazione della legge sul controllo delle armi, davanti al Gip Mario Gentile.

E sapete chi era a capo di quest'operazione? Proprio quel brigadiere Giuseppe Rizzo!

Quanti giudici affermano che i veri delinquenti sono i politici, ma dimenticano di affermare quanti giudici corrotti sono presenti all'interno dei tribunali.

I giudici corrotti sono troppi amici miei e, con i loro imbrogli, hanno rovinato la giustizia in Italia!

È bastato un attimo per scrivere la parola "fine" a una vita. Una sequenza d'incredibili coincidenze che s'intrecciarono come in un groviglio di arbusti spinosi?

Sono stato arrestato il giorno 25 aprile: Festa della Liberazione!

Ho incontrato l'amico in un frammento di due secondi!

Ho incontrato un Gip corrotto!

Ho trovato un brigadiere, il più corrotto di Roma.

Ho trovato un giudice che mi ha condannato perché temeva che denunciassi il brigadiere.

Nemmeno un Santo poteva essere assolto da quel processo!

Di quegli otto anni, ne ho scontati quattro in carcere, due in semilibertà e due scontati per buona condotta.

LA REGINA DELLE CONTESSE: MARTA MARZOTTO

Nel corso dei miei furti vi sono ricordi che sopravvivono alla mia anima e razzie che sopravvivono al mio presente che affiora casualmente legato, sebbene da molto tempo, all'immagine di ognuna delle case che ho "onestamente" violato. E le case da me violate, mi preme subito a dirlo, hanno anch'esse un'anima, ma per comodità di coscienza, ho sempre cercato di nasconderla, senza timori, fingendo di crederle, prive di umanità.

L'attico di Marta Marzotto, mi ha lasciato un ricordo indelebile perché è stata una delle case dove credo di aver lasciato frammenti anche della mia anima e paradossalmente — strana questa mia sensazione dopo tutti questi anni — di essermi pure pentito di aver violato quell'attico e l'intimità di una splendida creatura umana: "la Regina delle contesse" affascinante, ingegnosa, artista, generosa e... ladra di sogni.

Succede spesso che, un ladro dei mie tempi, nonostante la "grazia" della sua arte, arraffi dei gioielli e poi li "sventri" dalle loro pietre violando quel filo di ricordi più intimi dei derubati.

Io, per dire la verità, ho sempre pensato che i gioielli non siano emblemi sentimentali, ma solo ricchezze da trafugare.

Il mio destino, se pur poco edificante, s'è incrociato con quell'attico fin dal 1960, dove, per una arcana fatalità, svaligiai — poca roba — villa Margherita al Lido di Venezia, ancora oggi, credo, di proprietà della famiglia Marzotto: (arte, creatività, ed etica) si sono istaurate in un comune destino.

L'idea di violare l'attico della Regina delle Contesse è nata dal mio compare di nozze, durante la ricognizione per svaligiare lo straordinario manifatturato di stoffe e tessuti ispirati ad antichi motivi decorativi della Fortuny Y Madrazzo la cui moglie Henriette de Fortuny con fedeltà e amore volle donare alla città questa patrizia dimora restaurata e illuminata d'arte e della bontà di cui la città ne sarà eternamente riconoscente.

Palazzo Pesaro si trova in campo San Beneto nel sestiere di San Marco dove oggi ospita mostre di straordinarie bellezze culturali.

Anche Henriette va ricordata come una mecenate per aver donato questo splendido palazzo alla mia città in memoria del marito e del suo amore per Venezia.

Il manifatturato di queste eccezionali stoffe ricamate di un design unico al mondo si trova alla Giudecca – la mia isola – a circa cinquanta metri in linea d'area dalla mia abitazione. Anche Henriette è stata depredata: Venezia, si sa, è bella, unica e ladra!

Tutto si può dire dei ladri veneziani, ma va riconosciuto loro il pregio e l'etica di aver sempre rispettato i derubati, di aver custodito con rispetto i loro beni, quasi sempre ritornati nelle loro dimore; mai una violenza fisica alle persone, alle cose, nulla di distruttivo: rispetto, amore e straordinario interesse per gli oggetti di grande valore artistico che non devono mai uscire dalla città.

Marta, ha avuto la "sfortuna" di attirare l'attenzione dei ladri veneziani quando presentò alla "Venice Design Gallery" che si trova proprio nella mia isola. In quella occasione Marta , ha esposto i suoi gioielli; orologi in oro, tappeti, arazzi e coperte da lei progettate: serpenti, pesci, tartarughe, rane, ispirate a Fabergè.

In un mondo in cui gli animali spariscono per degrado, inquinamento, mancanza d'amore. Marta li ha scelti e creati proprio perché sono preziosi, perché per lei, significano la vita.

"I miei gioielli che manifestano animali sono come i frutti della natura" amava dire.

E come non condividere questa sua straordinaria manifestazione? Questo suo amore per la natura non rappresenta un saggio del bello, ma, semmai, una celebrazione di moralità; perché viene creato mediante un'idea artistica; animali che rappresentano ciò che si ama. Marta li ha forgiati nella sua fantasia, in un quieto agire per se stessa come una necessità intima, l'eterno culto di libertà e di amore per la vita; una rappresentazione di una infanzia perduta , la quale rimarrà eternamente suprema nel suo ideale umano.

L'arte non è proprietà dell'artista, ma appartiene alla cultura del mondo, la sia ama, la si ammira e qualche volta... la si ruba.

"In un dono di nozze ho creato un grappolo d'uva in cui i chicchi avevano la forma di cuoricini" (avevano perché ora non li ha più); quel grappolo d'uva è stato spillato dalla sua vestaglia da notte che era "addormentata" nella sua camera da letto: un lavorato a spiga d'oro in un enorme fiore tempestato di rubini e smeraldi e ancora anelli, uno di particolare valore; un brillante a forma di cuore, collane e bracciali, uno di questi ancora oggi lo porta al polso una signora veneziana, una pantera tempestata di brillanti e altre cosucce.

Tutti gioielli riconoscibili e per questo "sventrati".

Per dire la verità, erano gioielli molto belli, ma sgargianti: gioielli grandi, lucenti, luminosi.

"Amo le cose che scintillano, e quelle grandi, dalle proporzioni tipiche dei sogni dei bambini" scrive Marta nel suo bellissimo libro *Una finestra su Piazza di Spagna* che ho avuto il piacere di leggere nella biblioteca del carcere di Reclusione di Padova.

"Tipiche dei sogni dei bambini".

Anch'io avevo dei sogni da bambino, se pur ancora piccolo, avevo capito che forse era più difficile nascere ricchi che poveri; la fame, anche se attinente alla povertà, quando tocca a chi non l'ha mai conosciuta, lo trova sempre incapace a risolvere il bisogno di nutrirsi e alle sottili umiliazioni e durezze che la fame addolcisce e così ho imparato presto a difendermi da queste durezze.

La Regina delle contesse fin da bambina ha vissuto per un sogno, è svanita dentro il sogno. Ma il suo sogno vivrà per tutto quello che ha donato nella sua straordinaria vita.

Dopo aver subito il furto mi pare avesse detto: "E che sarà mai? Non vedevo l'ora che qualcuno rubasse i miei gioielli, ora mi riorganizzerò a rifarne di nuovi".

Una grande forza d'animo, quasi una sfida per i ladri, eppure prima di questo furto ne aveva subito un altro a Roma, ma la Regina delle contesse, imperatrice dei salotti dell'alta società, non si è mai arresa e mai credo si arrenderà.

Si racconta in giro della sua singolare generosità: "Bello questo bijoux Marta!".

"Ti piace? Toh, te lo regalo".

Capace di affittare un intero locale sulla Costa Smeralda e invitare una moltitudine di migranti a banchettare a sue spese.

"Pronto, dimmi?".

"Domani ti attendo in piazza San Marco" stride una voce dall'altra parte del filo del telefono.

"Come domani?" glossai sorpreso.

"Abbiamo un appuntamento con l'avvocato per quella causa".

"Mi trovo a circa settecento chilometri di distanza, sai perfettamente miei vincoli".

"Vedi di liberartene, tu sai bene come fare e poi, si tratta di qualche oretta".

Poche frasi criptate: piazza San Marco, voleva intendere Piazza Borromeo a Milano e domani, significava dopodomani e che avevo due giornate a disposizione per organizzarmi.

"Ok" risposi. "Farò il possibile, ma arriverò senz'altro".

Venivano così stabiliti gli appuntamenti: oggi, significava domani, domani, dopodomani e altri piccoli accorgimenti. All'epoca avevamo i telefoni sovrapposti con quelli della polizia, persino con quelli pubblici. Eravamo i ladri per eccellenza conosciuti da tutta l'Europa e quindi da tenere strettamente sotto controllo.

Acquistai un biglietto aereo andata e ritorno Roma-Milano: telefonino spento lasciato nella palestra dove gestivo un bar in piazza Santa Margherita, nell'occasione mi sono fatto sostituire da un mio amico con la scusa che dovevo fare acquisti di provviste per il bar.

Non fu difficile trovare il mio compare di nozze in piazza Borromeo e dare una fugace sbirciata all'attico di Marta.

"Sei sicuro che l'attico sia vagante" dissi al mio compare.

"Sicurissimo" ribatté. "Marta è fuori con i consuoceri per una cena. Abbiamo tutto il tempo disponibile".

"E il suo fedele filippino?".

"Fuori anche lui. In casa non c'è nessuno".

"Ma come fai a sapere tutte queste cose?", risposi incuriosito.

"Non fare domante inutili, se no che ci farei qui da due giorni?".

"E i gioielli? Sei sicuro che sono in casa?".

"E dove se no: ha lasciato la casa di Roma, sicuramente li tiene in casa, qui a Milano".

"Anche quella volta che siamo entrati in casa a Venezia ai Beni Stabili alla Giudecca, pensavamo che li tenesse in appartamento, ma non trovammo nulla".

"Su, dai, poche domande, diamoci da fare".

Salire con l'ascensore fino all'ultimo piano, tirare un calcio ad una porticina fu un gioco da ragazzi.

Ma spiegare come siamo entrati è un segreto da ladri professionisti che non si può spiegare perché si potrebbe inconsapevolmente suggerire a qualche malintenzionato come entrare con educazione in un appartamento.

Sia Marta e sia le forze dell'ordine, hanno pensato a delle chiavi false, in realtà i blindati all'epoca erano e sono fragili come il burro, basta un piccolo strumento, altrimenti come riuscirebbero le forze dell'ordine a entrare in certi posti blindati e infilare le pulci per intercettare gli occupanti?

Non esiste nulla di sicuro per proteggere i vostri beni: le porte blindate? Le finestre di vetro antintrusione? (Queste le apro con estrema facilità) Gli allarmi? Tutta pubblicità ingannevole. E poi, da dove è stata tinta questa ipotesi? Vero è che i ladri s'infilano nelle vostre case captando segnali e quant'altro di utile. A volte è sufficiente una prenotazione di un ristorante, un cameriere infedele, una voce fuori campo e altre mille modi. Un palazzo adiacente all'attico, un terrazzo con della biancheria stesa e attendere che venga ritirata, anche questo è un pericolo allarmante, una terrazza a cielo aperto e via di seguito.

Anche Simona Ventura è stata derubata, ma attraverso un restauro adaicente al palazzo: obiettivi facili anche per un ladro poco esperto.

Un consiglio lo voglio dare per chi ha paura dei ladri violenti: le porte blindate servono esclusivamente per la difficoltà di abbatterle; troppo ovvio. Per aprirle con altri mezzi, basta andare su internet: "come aprire le porte blindate" e troverete tutto quello che vi serve. A volte e molto spesso, chi si trova chiuso in casa chiude la porta blindata con delle mandate, lasciate sempre la chiave nella toppa interna però, ricordate sempre con una mandata dispari, mai pari; una, tre, cinque, chiunque avesse la copia della vostra chiave non può mai entrare. La catenella non serve, magari un catenaccio interno, in questo caso potete fare a meno di prendere un ansiolitico per dormire. Ricordate inoltre di non abbandonare mai le vostre chiavi, capita spesso, che la cameriera, lo stesso proprietario, in un attimo di distrazione, le appoggi su un tavolino, o in qualche altra posto: oggi non serve più il calco, ma un semplice clic fotografico del mazzo che si può fare furtivamente con un telefonino.

I vetri antintrusione, vero è che per sfondarli con un martello, si può svegliare tutto il palazzo, ma è altrettanto vero che un ladro che conosce il "veleno" li apre con una facilita disarmante. Pure gli allarmi, telecamere e varie, non bastano, anzi attirano ancor più i ladri.

Se avessi dovuto dare un consiglio antintrusione a Marta, gli avrei suggerito di attaccare un bel cartello sulla porta di casa: "Avviso per i signori ladri, la proprietaria di questo appartamento è già stata derubata tre volte; si prega di raccattare la chiave sotto il tappeto, di entrare senza fare danni agli arredamenti. Grazie". Può funzionare meglio di una assicurazione. Tuttavia oggi, purtroppo, bisognerebbe scriverlo in varie lingue, e questo è già un problema, soprattutto per gli analfabeti.

Potrei insegnarvi tanti accorgimenti per proteggere le vostre dimore, basta poco, però non posso farlo per ovvie ragioni.

L'attico di Marta in quel momento era indifeso, troppo facile per non resistere alla tentazione, ben studiato e puntato alla perfezione.

A parte i gioielli trovati nella sua stanza da letto, abbandonati come si abbandona una passeggera amante di una sera, amo questa frase, che ho inserito anche nel prologo. Il soggiorno di Marta era parecchio disordinato; dappertutto bottiglie di vino bianco, vuote e mezze vuote, bicchieri ancora con resti di vino, dipinti di Renato Guttuso sparsi un po' in tutta la casa, insomma, evidentemente Marta, un po' disordinata, avrà avuto parecchi ospiti un po' brilli in casa sua.

Tuttavia il disordine e anche sinonimo di ordine intimo. Succede spesso anche a me. Nel mio appartamento della Giudecca, ho una piccola cameretta-studio, dove leggo e scrivo, e dove appoggio un sacco di cose. Quando mia moglie mette in ordine il mio disordine, non trovo più le cose che avevo disordinatamente costudito. E così mi rivolgo a mia moglie imprecando: "Carla, dove hai messo quella carta che avevo sopra il computer?".

Dopo il furto, ripresi immediatamente l'aereo per Roma, mentre il mio compare il giorno dopo, senza chiedere il permesso, ha letteralmente "sventrato" i gioielli di Marta: un oltraggio alla sua arte. Potevano essere magari restituiti previo un piccolo compenso per il trasporto, era già successo in passato.

Due destini si sono incrociati, il mio purtroppo poco edificante, nato a fine della guerra in assoluta povertà, Marta nata dieci anni prima di me e in piena guerra; è nata anch'essa povera, ma il suo destino se l'è connaturato e meritato per la sua ostinata voglia di vivere e sopravvivere alla durezza della vita.

Scusami Regina delle contesse, se ancora oggi ritorna come un doloroso boomerang il ricordo di aver violato il tuo attico e la tua intimità.

IL SINDACALISTA DELLE CARCERI

Nel biennio 1988-1990 mi trovavo al carcere di Rebibbia.

Tre fatti importanti hanno inciso sulla riforma penitenziaria, tanto sofferta e voluta all'unanimità da tutto il parlamento.

L'entrata in vigore del nuovo codice di procedura penale che prevede delle importantissime novità: il patteggiamento, il rito immediato e il rito abbreviato. Naturalmente queste norme non sono retroattive, e ciò ha causato un'enorme disparità di trattamento.

Era del tutto evidente la disparità di trattamento nei confronti di chi era stato condannato con la vecchia normativa, probabilmente due ore prima dell'entrata in vigore e che non poteva usufruire della riduzione di un terzo della pena prevista dalla novella giuridica.

L'evasione di Giuseppe Strangio e quella di Giuseppe Mastini, conosciuto con il nome di Johnny lo zingaro, hanno dato corpo al massacro sistematico della cosiddetta legge Gozzini.

Johnny lo zingaro era beneficiario di un permesso, grazie a una mio intervento.

Mi ero scusato con Simonetta Matone uno dei magistrati di sorveglianza più preparati che faceva visita al carcere ogni settimana e s'intratteneva con i detenuti. E qual è quel magistrato di sorveglianza che entra nelle carceri oggi?

Johnny ha beneficiato di un permesso premio di alcuni giorni per buona condotta dal Tribunale di sorveglianza di Roma che ha accolto il mio reclamo. Ma non ha fatto ritorno nella struttura penitenziaria per scontare la pena diventando quindi latitante.

Segnalato per una serie di rapine, fu riconosciuto in una foto segnaletica dalla moglie di Paolo Buratti, console italiano in Belgio proprietario di una villa a Sacrofano ucciso da un colpo di pistola nel tentativo di resistere a una rapina. Nel frattempo Johnny conobbe Zaira Pochetti, di vent'anni, di umilissima famiglia, figlia di un pescatore di Passoscuro, residente a Roma in un collegio di suore perché iscritta alla facoltà di scienze politiche dell'Università La Sapienza. Zaira morirà a 21 anni nel mese di dicembre dello stesso anno. Sola. Stesa su un lettino dell'ospedale Gemelli, l'ago della flebo infilato in un braccio nel disperato tentativo di tenerla ancora in vita.

La sera del 23 marzo Mastini e Zaira furono fermati da due agenti di pattuglia in via Quintilio Varo, all'incrocio con la circonvallazione Tuscolana: ci fu un conflitto a fuoco in cui venne ucciso l'agente Michele Giraldi e ferito gravemente Mauro Petrangeli. Johnny, illeso, si diresse verso viale Togliatti, dove incontrò un agente in borghese che intimò l'alt: pur venendo investito da una raffica di proiettili che hanno danneggiato la radio della volante, l'agente riesce a evitare i colpi e a dare l'allarme da una cabina telefonica poco distante.

L'automobile di Johnny si guastò sulla via Nomentana, e lui con la minaccia della pistola, rubò una Lancia Gamma a una coppia. La ragazza, Silvia Leonardi, non riuscendo a scendere dall'auto del fidanzato per lo spavento, venne condotta dai due rapitori fino alla zona della Bufalotta, dove fu rilasciata. Intanto a Roma era stato dato l'allarme agli agenti di tutti i reparti, finché, nell'arco di alcune ore, la Pochetti e Johnny furono arrestati.

Come potevo prevedere una cosa simile? Ne avevo fatti chissà quanti di reclami e richieste di benefici per i detenuti, ricorsi in Cassazione, disquisizioni penali e via di seguito: Johnny fu la mia unica delusione! Eppure avevo intuito qualcosa, ma orami era troppo tardi e poi, non potevo assolutamente evitarla.

Fu un suo amico, Daniele, anche lui giostraio a mettermi la pulce nell'orecchio quando, appena Johnny ricevette il permesso premio, mi disse: "Pipino, Johnny mi ha chiesto in prestito il mio Rolex d'oro: che dici?".

"Uhm, c'è qualcosa che non mi convince: trova qualche scusa, non darglielo" gli consigliai, poi, andai da Johnny e gli dissi: "Ti raccomando, non fare stupidate, rientra tranquillo che poi di permessi ne otterrai altri e, inoltre, aprirai la strada per una semilibertà. Non ti dimenticare di quanto ho fatto per te, per farti ottenere questo beneficio" incalzai con la speranza che si comportasse bene. Da quel giorno non l'ho più visto.

In seguito uscirà Giuseppe Strangio, uscito dal carcere con un permesso ottenuto per gravi motivi familiari, nulla a che vedere con la legge Gozzini. Anche lui non rientrò dal permesso.

Giuseppe Strangio fu il sequestratore di Cesare Casella. Il giovane che è stato vittima di uno dei più lunghi sequestri di persona a scopo di estorsione mai avvenuti in Italia.

Da questi due tragici fatti, partì una campagna fondata su notizie false sulla legge Gozzini. Dal Tg1 condotto da Bruno Vespa che s'inventava "*L'emergenza Gozzini*" alle testate giornalistiche.

La prima nefandezza che venne sostenuta è che Strangio sia uscito dal carcere grazie alla legge Gozzini: falsità documentata!

Con il Partito Radicale mi sono associato come primo firmatario con i detenuti di Rebibbia, sezione penale, con un esposto-denuncia alla Procura della Repubblica di Roma nei confronti del Tg1 e delle testate giornalistiche che riportavano false notizie, che terrorizzavano l'opinione pubblica cui faceva eco il segretario della Dc Forlani, il quale proponeva la pena di morte per i sequestratori e la necessità di porre rimedio alla "follia che è stata la legge Gozzini". Addirittura voleva censire tutti i calabresi, roba da manicomio, come se in Calabria fossero tutti delinquenti. Per altro era la regione dove prendeva la maggior parte dei suoi voti!

All'epoca, nel carcere di Rebibbia mi occupavo di problemi della giustizia. Grazie al Vicepresidente della regione Lazio, Angiolo Maroni, oggi garante dei detenuti. Maroni fu promotore di una legge regionale, furono elargiti cinquecento milioni all'anno per le carceri del Lazio. Di quella fetta, una buona parte era gestita dal circolo Arci Albatros Rebibbia Penale di cui non solo ero stato uno dei fondatori e anche presidente. Con me anche altri detenuti, in particolare Cosimo Rega, altro fondatore del circolo, che si occupava di teatro, sempre disponibile verso i compagni.

Grazie all'impegno di Carmen Bertolazzi, Giovanna Pugliesi, Angiolo Maroni, degli onorevoli Franco Russo e Piero Folena, degli amici dell'area "ex terroristi", in particolare Sergio D'Elia e Alberto Franceschini, degli amici radicali, del direttore Turco e poi Mariani e a tutti i detenuti, mi fu data la possibilità di aprire all'interno del carcere un vero e agguerrito studio legale dove operavo a favore di tutti i detenuti d'Italia.

In sette mesi riuscii a far togliere qualcosa come settecento anni di carcere a vari detenuti che stavano espiando pene senza titolo.

L'idea partì da Carmen Bertolazzi, dovevamo muoverci, fare

qualcosa per difendere la legge Gozzini tanto agognata e maltrattata dai mass-media.

"Quanti soldi abbiamo a disposizione al circolo Arci per le attività del carcere?".

"Circa una novantina di milioni".

"Quanto costa un affitto di una giornata un'aula di Montecitorio?".

"Non lo so" rispose Carmen Bertolazzi.

"Bene, informati e organizziamo una giornata intitolata: "Diritto nelle Pene".

Carmen, si preoccupò di organizzare e riuscì ad affittare un'aula a Montecitorio per circa ottanta milioni.

All'unisono ci organizzammo per invitare i detenuti che usufruivano di permessi premio, invece di andare a casa, dovevano venire in aula a Montecitorio per difendere i diritti di tutti i detenuti d'Italia.

Il 16 marzo del 1990 ci trovammo tutti nell'aula di Montecitorio.

Io, in precedenza, avevo preparato per i detenuti degli interventi. Pretesi che li leggessero fino a impararli a memoria: mi sarebbe piaciuto che quei discorsi uscissero dalle loro bocche a braccio, ma fu un'impresa impossibile, così decisi come un regista, che li leggessero con toni e pause a ritmo teatrale. Gli invitati erano persone note, politici, costituzionalisti, ministri, giornalisti di tutte le testate italiane e qualcuna anche estera, telecamere puntate su ogni intervento.

Io intervenii per ultimo. Carmen Bertolazzi era terrorizzata, perché il discorso lo feci a braccio. Alla fine conclusi dicendo: "Signori, volete togliere la speranza ai detenuti? Massacrarli? Renderli simili alle bestie? Eleminare l'articolo 27 della Costituzione? Ebbene se volete tutto questo, vi avviso fin d'ora, che mi farò promotore di una delle più grosse vendette che mai siano state attuate fino a ora, nemmeno dal terrorismo *(qui Carmen stava per svenire)* mi farò promotore di un enorme sciopero chiedendo a tutti i ladri, a tutti i delinquenti di astenersi per un anno nel commettere reati: ecco questa sarà la mia prossima iniziativa di vendetta".

Ci fu un momento di assoluto silenzio, poi un applauso esplosivo che fece godere Pannella che non terminava più di sogghignare.

La manifestazione riuscì alla grande, l'aula era gremita, parteciparono un sacco di detenuti provenienti da tutta l'Italia e una marea di politici.

Nell'occasione, fui commensale nel palazzo di Montecitorio

dall'onorevole Violante che ci offrì un tè e dei pasticcini, mentre io ammiravo con l'occhio da ladro orologi, mobili d'epoca, poltrone e divani, arazzi, busti, sculture e dipinti, compreso il servizio in argenteria del servizio da tè. Carmen ogni tanto mi dava dei pizzicotti, come per ammonirmi.

"Ma dai, suvvia Carmen, non vedi che è tutta roba falsa?".

Sì, falsa? Avevo un pizzicore nelle mani, che stavo quasi per mettermi in tasca la zuccheriera! Mi trovavo nel palazzo costruito dal Bernini.

Approfittai per l'occasione e diedi sfogo alla mia idea.

"Onorevole, lei lo sa vero, essendo anche un ottimo ex magistrato, che con l'emanazione del nuovo codice di procedura penale, vi è in essa un'enorme disparità di trattamento che colpisce tutti quelli che sono stati condannati in precedenza con la vecchia legge? Qui bisogna intervenire con un condono, ma non come atto di clemenza, ma come atto riparatore" incalzai sicuro della mia idea.

"Certo, però, prima bisogna addomesticare l'opinione pubblica perché un indulto non è mai ben visto, per quanta ragione in esso sia contenuta" ribatté l'onorevole Violante.

"Beh, se è per questo, basta dire la verità" terminai convinto.

Ritornai in carcere con questo chiodo fisso, si doveva far qualcosa per smuovere le coscienze dei politici e dei costituzionalisti. Era evidente che l'entrata in vigore del nuovo codice di procedura penale creava un'enorme disparità.

Radunai tutti i detenuti del carcere di Rebibbia nella sala teatro del carcere e pianificai un discorso semplice ma efficace.

"Amici, qui le cose vanno abbastanza bene. Siamo reclusi nel miglior carcere d'Italia, abbiamo palestra, biblioteca, sala musica, sala teatro, campo da tennis, campo di calcio, campo di bocce, una grande area di passeggio, insomma non ci manca nulla. Tuttavia però dobbiamo anche pensare ai nostri amici detenuti nelle carceri dove sono ammassati come bestie e non godono di benefici, da qui dobbiamo organizzarci per ottenere anche per loro il ritorno alla legalità e al rispetto della riforma carceraria tanto sofferta e ottenuta dopo innumerevoli rivolte nelle carceri. Il circolo non ha più soldi per organizzare feste, partite di calcio, tornei di tennis, insomma siamo al verde, dopo aver speso tutti i soldi per la manifestazione organizzata a Montecitorio in favore di tutti i detenuti. Ora bisogna rimboccarsi le maniche e da qui partire con una nuova iniziativa: l'indulto!".

Organizzai una vera e impressionante battaglia in tutte le carceri italiane. Scrissi un volantino esauriente da inviare in tutte le carceri: una protesta senza precedenti e dove la partecipazione fu totale. Scioperi fino all'ultimo respiro. Una protesta non violenta. Era giunto il momento di confrontarci con le istituzioni democraticamente e così fu!

Organizzai dibattiti all'interno del carcere con politici sulla questione delle carceri, invocai l'indulto che doveva essere imposto come un atto riparatore verso l'entrata del nuovo codice di procedura penale che contrastava violentemente con tutti i detenuti già condannati. I miei discorsi accompagnati da scritti erano prettamente giuridici e fortemente in linea con la Costituzione. Scrivevo e inviavo lettere a bizzeffe a tutti, ai politici, al Governo, al Presidente della Repubblica, alle istituzioni carcerarie, ai detenuti e ricevevo consensi da tutti.

Pretesi e ottenni una partecipazione totale, ricevevo centinaia di telegrammi tutti i giorni di solidarietà dalle carceri, lettere piene di disperazione, petizioni. Ne raccolsi talmente tante da colmare un paio di scatoloni che poi scaricai al Ministro di Grazia e Giustizia.

All'interno del carcere Penale di Rebibbia, avevamo formato una squadra di detenuti con incarichi specifici. Tutto partiva da lì e tutto era organizzato da noi.

Addirittura il mio intento era di far togliere un terzo della pena a tutti i detenuti condannati con il codice di procedura penale soppresso. La logica mi dava ragione, ma l'attuabilità era improponibile. Così, mi presentai in tutte le istituzioni "bombardate" da questa impressionante lotta democratica, alla fine decisero di concedere l'indulto.

Nel frattempo, continuavo a occuparmi dei problemi della popolazione detenuta, legati alle loro posizioni giuridiche: il paradosso!

Arrivammo verso la fine del 1990 e vi era già sul tavolo del Presidente della Repubblica il nuovo Dpr per la concessione dell'amnistia e dell'indulto. Mancava qualche giorno alla firma.

Quando lessi la bozza, portatami da Sergio D'Elia, l'unico che usciva e collaborava attivamente con noi. "Cazzo" dissi tra me e me. "No! Per dio bisogna assolutamente ritoccare il decreto, prima che sia troppo tardi".

Mi rivolsi al direttore del carcere e gli dissi di prendere contatto con Sergio D'Elia, invitandolo a precipitarsi al carcere per una cosa urgentissima e di estrema importanza.

Sergio arrivò verso l'una: "Che c'è Pipino di tanto urgente?".

"Sergio devi correre immediatamente al Ministero di Grazia e Giustizia, devi far togliere l'art. 7 del disegno di legge sull'indulto prima che il Presidente della Repubblica lo firmi" dissi tutto d'un fiato.

Art.7: "*L'indulto non si applica ai delinquenti abituali o professionali, sempre che la dichiarazione di abitualità professionalità non sia estinta o revocata, ed a coloro i quali, alla data di entrata in vigore del presente decreto, si trovano sottoposti alle misure di prevenzione del divieto o dell'obbligo di soggiorno, disposte con provvedimento definitivo ai sensi delle leggi 27 dicembre 1956, n. 1423, e 31 maggio 1965, n. 575, come modificato dalla legge 13 settembre 1982, n. 646. Decreto Pres. Repubblica 22/12/1990 n. 394*".

"Cazzo, Pipino! Volo...".

Fu tolto giusto in tempo l'articolo 7, dimenticanza del legislatore, oppure fotocopia del precedente indulto del 1986?

Ci fu anche un fatto storico. Per la prima volta un deputato del Msi votò a favore dell'indulto. L'onorevole Franco Franchi, dirà sì all'indulto contravvenendo a quella destra forcaiola che per anni ha implorato la pena di morte, semplice e doppia a seconda dei casi, per tutti coloro che violavano la legge. Mai un atto di clemenza è stato votato dal Msi. Tuttavia in seguito il partito cercò di aprire le celle delle carceri per liberare i "banditi" di Tangentopoli.

Grazie a tutti, da Carmen Bertolazzi, a Giovanna Pugliesi, ad Angiolo Maroni, all'Arci nazionale, a Piero Folena, ma soprattutto agli amici detenuti di tutta l'Italia, arrivò l'atteso e agognato indulto!

Sergio, quella corsa veloce, te la ricordi? Hai fatto ristabilire l'uguaglianza di tutti i detenuti di fronte alla legge: un grazie particolare anche a te.

Nonostante tutti gli sforzi per mantenere la riforma della Gozzini oggi le carceri sono superaffollate piene di violenze, soprusi, invadenze e prepotenze tra il silenzio totale delle istituzioni, che tacciono vergognosamente, sulle morti, sui suicidi, sulla mancanza totale di assistenza medica: una bomba esplosiva che prima o poi scoppierà!

La cosa più difficile al mondo, dopo il furto, è quella di aiutare un detenuto!

LA RESA

"L'anno 2013, mese di novembre, alle ore 12, nell'Ufficio matricole della Casa di Reclusione di Rebibbia a Roma, davanti a noi sottoscritti, Ufficiali e agenti di polizia penitenziaria entrambi appartenenti al Corpo di Polizia Penitenziaria effettivi al Reparto in intestazione, è presente Pipino Vincenzo, il quale dichiara di volersi spontaneamente costituire in carcere in quanto – a suo dire – colpito da un provvedimento restrittivo della libertà".

Quando al peggio non c'è mai fine!

Mi trovai davanti alla scalinata del palazzaccio, sede della Suprema Corte di Cassazione sita in piazza Cavour a Roma, in attesa dei miei estremi onori.

Avevo fissato un appuntamento con il mio legale alle nove. L'avvocato era in ritardo. Lo vidi agitare la mano mentre stava per scalare il monte della giustizia: ultima spiaggia per un imputato.

"Buon giorno Pipino, come va? Dormito bene?".

Risposi di sì, anche se per la verità, non avevo chiuso occhio per tutta la notte.

"Bene" glossò l'avvocato, "entriamo!".

Passai i miei documenti alla guardiola, mi venne rilasciato un pass, dopo aver oltrepassato il metaldetector. L'avvocato entrò da un altro ingresso riservato ai soloni della giustizia.

Non era la prima volta che entravo nel palazzaccio: "Guai a voi anime prave, non oserete più tocar lo cielo!".

L'ultima volta fu il 21 marzo del 2013. Allora, la terza sezione penale di quel sontuoso palazzaccio, si dichiarò "incompetente", rinviando il martirio al 22 novembre dello stesso anno.

Scorsi le aule di convitti giudicanti e di speranze morte. Entrai nell'aula della quarta sezione: l'aria era opprimente, adocchiai i giudici, abbelliti con toghe e arabeschi color porpora; sembrano generali, spaparacchiati su pregiate poltrone Frau del primo Novecento. Sopra il trono giuridico color nocciola, c'erano pile di fascicoli, tra cui la maggior parte mai esaminati: la lebbra del processo penale, è quella dell'ignoranza e dell'inerzia; un arcaico vizio angosciante, usurato da secoli di cultura giuridica.

Mentre osservavo questa scenografia, mi mordevo metaforicamente la lingua. Dovrei lasciare da parte questa mia abitudine di osservare con stramberia le cose che mi circondano. Tuttavia, non posso fare a meno di scrutare attentamente un'iconografica contraddizione.

Osservai un crocefisso appeso alla parete sopra le zucche dei giudici e poco sotto, in bella evidenza, una didascalia: "La legge è uguale per tutti". Sorrisi davanti a quel crocefisso che mi pareva volesse dire: "Tu credi che io potrei assolverti raccogliendo qualcosa dal regno delle leggi? Non posso caro mio. Il regno delle leggi è il nulla".

Esiste, ma non è niente. Ho altro cui pensare, barabbino...

Oggi, in tutte le aule giudiziarie, attaccherei una bellissima didascalia: "Giudici: ricordate il povero Enzo Tortora".

In un'affidabile politica giudiziaria, si potrebbe valutare sotto vari aspetti indicativi la magistratura nostrana. Un profilo interessante, e sempre valido, è di considerare a quali e quante condanne ingiuste siano state sentenziate persone innocenti. Dal dopoguerra a oggi, sono più di quattro milioni le persone condannate senza colpo ferire, statistica documentata.

Ma poi, mi chiedo: non occorre stilare l'elenco degli esempi di questa sciagurata nemesi storica. Anche i giudici hanno le loro sofferenze, le loro passioni, le loro stravaganze. Anche loro sono attori che rappresentano una trama scenica, viziati e dominati dalla legge stessa; è l'eterno paradosso della vita umana nel teatro del mondo.

La giustizia e l'ingiustizia sono le facce della stessa medaglia. Devo accettare il fatto di essere stato condannato. Vero è che i giudici quando si trovano a soppesare il carico della bilancia per un recidivo, s'innalza nella loro capoccia l'apologia del moto: "Ma sì! Anche se non ha commesso questo reato, chissà quanti ne avrà combinati in vita sua". È così che va il mondo, c'è sempre la legge del bilanciamento che giustifica tutti i pesi della giustizia! Oggi a me domani a te. Non è mai ingiusta una condanna per un recidivo: vero, togati?

"Causa ricorso Pipino: entra la corte, tutti in piedi!" sbraitò il cancelliere.

"Bla, bla, bla" squillò la voce del giudice relatore che snocciolò la causa e i motivi del ricorso.

Vidi l'avvocato estrarre dalla sua cartella la copia del ricorso da me presentato, si apprestava a darne lettura. È persino ovvio, dal suo modo di leggere, che non ha studiato un bel nulla. Altro che Cicerone.

Parola al Procuratore Generale: "Chiedo l'annullamento della sentenza con rinvio per un nuovo giudizio".

Osservai i giudici, mentre l'avvocato mi dà di gomito sussurrandomi: "Hai sentito il Procuratore Generale? Tutto ok!".

Puntai i giudici come un bracco da caccia, solo che loro erano i cacciatori e io la preda. Sembravano veramente degli spettri. Completamente assenti dal processo. Forse assorti da pensieri tipici di chi ha altro cui pensare.

"Che farsa spettacolare" dissi al mio avvocato.

"Pipino, stai tranquillo".

"Tranquillo avvocato? Sono come una gocciolina di valium" ribattei.

Presidente: "Bene. L'udienza è chiusa. Avanti la prossima vittima!".

Il tutto è durato circa cinque minuti.

Cancelleria Penale, quarta Sezione, Corte Suprema della Cassazione.

Avvocato: "Scusi cancelliere, com'è finita la causa di ieri della quarta Sezione Penale per il Signor Pipino Vincenzo?".

Vidi il cancelliere pigiare un tasto del computer: "Confermata!" tuonò la voce incorporea del cancelliere.

"Strano" chiosò l'avvocato alquanto perplesso: "Il Procuratore Generale aveva chiesto di riformare la sentenza con rinvio".

"Infatti, la sentenza è stata riformata, ma senza rinvio; evidentemente vi era il rischio della prescrizione" ribatté il cancelliere, freddo e impersonale come l'anima di quel tasto computerizzato.

Volevo dire al cancelliere, in tema di prescrizione, che io mi chiamo Vincenzo e non Silvio, ma preferii tacere. Il processo durava da circa dieci anni: doveva andare così!

La fretta è la nemica numero uno per l'armonia della giustizia.

"Pipino, che farai ora?" disse l'avvocato con tono di voce dispiaciuto.

"Nulla. Avrei voglia di ruzzolare per terra e sporcarmi tutto, come quando, da bambino, minacciavo la mia povera nonna se non mi dava i soldini per le caramelle. Che cosa vuole che faccia avvocato? Vado in hotel, preparo la valigia e mi costituisco in carcere. Oggi festeggio la mia resa: le sentenze giuste o sbagliate, vanno rispettate in onore della polis" ribattei ironico.

"Alla polis? Che cosa vuol dire Pipino?" glossò l'avvocato confuso.

"Ricordi Socrate, avvocato? Condannato senza colpo ferire: accusato da Meleto di empietà; bevette la cicuta per rispetto della polis. Non sfuggì, non evase seppur invitato a farlo, sacrificò la propria vita per il bene della giustizia ateniese, sapendo di essere innocente".

"Certo! Ma quella è mitologia greca e poi, sebben ricordo, Socrate, era ultrasettantenne" disse l'avvocato, che non aveva compreso la mia strampalata filosofia.

"Anch'io avvocato sono un settantenne: non si tratta di età, ma di giustizia" chiosai ironico e continuai.

"Quanti di noi nella vita hanno avuto dei Meleto, dei giudici incapaci, dei poliziotti fuorviati? (Volevo dire avvocati incapaci, ma mi sono trattenuto) Lex dura lex. Buona fortuna avvocato, io vado a festeggiare la mia sconfitta".

Stefano, capo ispettore della matricola della Casa Penale di Rebibbia, era all'epoca poco più di un ventenne, quando l'ho conosciuto per la prima volta nel lontano 1986. Ora me lo ritrovo con i capelli grigi, quasi dispiaciuto per trovarmi davanti a lui, mentre stava prendendo contatto con l'ufficio esecuzioni della Procura Generale di Venezia, chiedendo se era vero che avevo una condanna da espiare. La risposta fu fulminea: "Si! Trattenete quell'animale sociale da galera. Deve espiare sette anni di carcere; tra qualche istante la cancelleria v'invierà l'ordine di esecuzione".

Meleto, ha colpito ancora, pensai tra me. Cambia la storia, ma gli uomini rimangono perennemente uguali.

"Cazzo, Pipino, sette anni..." disse Stefano, in tono sbalordito.

"Beh, che c'è di strano? 71 più 7 uguale 78, se la matematica non è un'opinione, uscirò quasi ottantenne, vorrà dire che la cicuta la berrò goccia a goccia, giorno per giorno fino alla fine della pena, non vorrei fare un torto ai vari Meleto, semmai crepassi prima".

La polis, gli amici, il mio editore, i miei familiari, i detenuti, agenti di polizia penitenziaria: tutti a disapprovare, anche con aspre critiche, la mia decisione di essermi costituito: "Ma chi te l'ha fatto fare di costituirti poi, alla tua età; roba da pazzi" mi rimproveravano tutti.

"Meleto" rispondevo.

Mentre Stefano, stava completando le pratiche d'entrata: un passepartout per ogni dove carcerario, mi avvisò che le cose erano cambiate e di parecchio: "Pipino, questo carcere non è più quel fiore all'occhiello del Dap che hai lasciato tanti anni fa. Oggi, questo carcere è un inferno. Rebibbia Penale è sparito, disintegrato, raso al suolo".

Nemmeno lo ascoltavo quel brav'uomo. Stranamente, come mi capitava di solito nelle mie disavventure. La mia mente spaziava in altri lidi.

Ora, settantenne, il rendiconto della mia vita è diventato una specie di favola, che si è rafforzata ironicamente alla saggezza che mi sono conquistato con gli anni.

Oggi, come vedo il mondo? Festeggio la mia resa; lontano dal denaro e dal potere. Il furto come una virtù per essere sopravvissuto, nel bene e nel male. Festeggio anche la mia sconfitta, lontano dalle cronache consumate dal tempo.

Oggi, festeggio la mia nullità e forse anche la vostra. Non so se mi sono chiuso volontariamente in carcere o meglio, ho chiuso la società fuori. So solo che sono un individuo che tanto ha donato e tanto ha ricevuto. Appagato della mia vita: scrivo le mie storie e metto a disposizione un'eredità più preziosa della stessa esistenza, per chi mi avvicina.

Mi viene in mente - in modo bizzarro - uno spezzone tragico di Shakespeare, quando Amleto uccise Polonio scambiandolo per un topo.

Il Re: "Ebbene. Amleto, dov'è Polonio?" sapendo che l'aveva appena ucciso.

Amleto: "A cena".

Re: "A cena? Dove?".

Amleto: "Non dove mangia, ma dove viene mangiato. Una certa assemblea di vermi politici si sta occupando di lui. Il verme è il solo imperatore, per quanto riguarda la dieta! Noi ingrassiamo tutti gli animali per ingrassare noi, e quindi ci ingrassiamo a nostra volta per ingrassare i vermi. Un Re bello e grosso e uno smunto pezzente non sono che due piatti diversi a una stessa tavola. E questa è la conclusione".

Re: "Ahimé. Ahimé".

Amleto: "Un uomo può pescare con quello stesso verme che si è piaciuto del Re, e mangiarsi poi, quel pesce che si è cibato di quel verme".

Re: "E che vuol dire questo?".

Amleto: "Volevo soltanto mostravi come un Re possa permettersi un viaggio ufficiale attraverso le budella di un mendicante".

Meleto, giudici, poliziotti, ricchi, politici, ecco la fine della vita: unico rimedio universale dei nostri mali e delle nostre ambizioni. Sappiate però, che un giorno anche a noi tutti, capiterà che un povero, un pezzente, un ladro, un mendicante, un innocente che attraverserà le nostre budella.

Così ci accompagna la fine della nostra vita. Diventiamo tutti un banchetto per un unico commensale. Chi brama il denaro, chi vuole diventare ricco, chi avvocato, chi giudice, chi politico, chi brama il potere o qualcosa di altrettanto monotono, magari sicuramente diverrà quello che aspira, non importa con quali mezzi o fini.

Il mistero finale risiederà solo alla fine della vita: unica redentrice dei nostri egoismi.

Passato, presente, futuro non è che un battito d'ali: tempo e spazio, alternanza e crescita, sono soltanto situazioni occasionali di un clic fotografico.

Un mio grande amico, che non è un filosofo, ma un pragmatico, mi disse: "Pipino, meglio essere il più povero del cimitero che non il più ricco di chi è in vita!". Sante parole. Fatele proprie.

EPILOGO

Mentre sto terminando questo mio racconto è caduto il Governo! Piove! Governo ladro! Così si usa dire in giro.

Un nuovo Parlamento e l'addio al vecchio, un nuovo capo di Stato e l'addio al vecchio, un nuovo capo del Governo e l'addio al vecchio... E ogni volta, per ogni vecchio addio e per un nuovo arrivo, le eterne liturgie del potere, il segno più esteriore che sempre abbaglia: Nuovi intrecci? Nuove speculazioni? Nuove corruzioni? Nuovi ladri? E noi? Semplici cittadini gabbati.

Voi, perché io mi tengo fuori, giacché appena nato, mentre rubavo i *biberon* nelle culle dei neonati, mi hanno interdetto dalle *pubbliche poppate* a vita.

Segno di un passato che rischia di essere cancellato per sempre. Ce ne sono parecchi, sparsi anche nella mia vita, ma altri da troppo tempo sono dimenticati.

Sto scrutando il mondo fuori da me, lontano dal denaro e del potere, distante dagli interessi disgiunti dal sapere e dalla moralità consumata da certi politici e da molti ricchi.

Adesso celebro la mia nullità e anche la vostra. Nondimeno sento dentro di me un coro che viene da tutti voi amici che credo nutriate ancora una speranza, come bambini che ascoltano nella pioggia e nelle favole che varcano i confini della fantasia.

Fuori continua a piovere e io continuo a vedere certi governanti figli della meschinità, nati senza sole, da chi pone il denaro prima della vita. Figli incompiuti di gente senza affetto che vogliono dominare solo il proprio egoismo calpestando il diritto di tutti, come disonorevoli belve hanno inflitto dolore a molti ragazzi che scendono nelle piazze per ottenere i loro diritti, per avere un futuro. Fuori piove e mi sto costruendo un *parapioggia* pieno di parole e di speranze; continuerò il mio viaggio nella speranza che le cose cambino.

Quel cammino con una remissiva lampada per cercare nei sentieri bui la verità in un comune sentimento per chi ha tolto il sapere e sta distruggendo il futuro.

Termino questa mia avventura con la famosa dichiarazione fatta al processo di Alexandre Jacob, più noto come Marius Jacob, un anarchico francese. Usò il furto ai danni dei ricchi borghesi per finanziare il movimento anarchico. È una delle possibili fonti d'ispirazione per il personaggio romanzesco di Arsenio Lupin, il ladro inafferrabile di Maurice Leblanc, uno degli epiteti appioppati dalle cronache a me, forse uno dei più corretti.

Signori, adesso sapete chi sono: un ribelle che ha vissuto del ricavato dei suoi furti. Di più ho cercato di difendere la mia libertà contro l'aggressione degli agenti del potere. Ho messo a nudo tutta la mia esistenza di lotta e la sottometto come un problema alle vostre intelligenze. Non riconoscendo a nessuno il diritto di giudicarmi, non imploro né perdono né indulgenza. Non sollecito ciò che odio e che disprezzo. Siete i più forti, disponete di me come meglio credete. Tuttavia prima di punirmi, lasciatemi dire l'ultima parola...

Avete chiamato un uomo: ladro, applicate contro di lui i rigori della legge e vi domandate se poteva essere differentemente. Avete mai visto un ricco farsi rapinatore? Non ne ho mai conosciuti. Io, che non sono né ricco né proprietario, non avevo che queste braccia e un cervello per assicurare la mia conservazione, per cui ho dovuto comportarmi diversamente. La società non mi accordava che tre mezzi di esistenza: il lavoro, mendicità e il furto. Il lavoro, al contrario di ripugnarmi, mi piace. L'uomo non può fare a meno di lavorare: i suoi muscoli, il suo cervello, possiedono un insieme di energie che deve smaltire. Ciò che mi ripugnava era di sudare sangue e acqua per un salario, cioè di creare ricchezze dalle quali sarei stato sfruttato. In una parola mi ripugnava di consegnarmi alla prostituzione del lavoro. La mendicità è l'avvilimento, la negazione di ogni dignità. Ogni uomo ha il diritto di godere della vita. Il diritto a vivere non si mendica, si prende.

Dal momento in cui ebbi possesso della mia coscienza, mi sono dato al furto senza alcuno scrupolo. Non accetto la vostra pretesa morale che impone il rispetto della proprietà come una virtù, quando i peggiori ladri sono i proprietari stessi.

Ritenetevi fortunati che questo pregiudizio ha preso forza nella gente, giacché è proprio esso il vostro miglior giudice. Conoscendo l'impotenza della legge, o per meglio dire, della forza, ne avete fatto il più solido dei vostri protettori. Ma state accorti, ogni cosa finisce. Tutto ciò che è costruito dalla forza e dall'astuzia, l'ingegno dei poveri e la forza possono demolirlo.

La nazione si evolve continuamente. Istruiti in queste verità, coscienti dei loro diritti, tutti i morti di fame, in una parola tutte le vostre vittime, si armeranno di un "piede di porco" assalendo le vostre case per riprendere le ricchezze che hanno creato e che voi avete rubato. Riflettendo bene, preferiranno correre ogni rischio invece di ingrassarvi gemendo nella miseria. La prigione non sono prospettive troppo paurose di fronte a un'intera vita di abbruttimento, piena di ogni tipo di sofferenze. Il ragazzo che lotta per un pezzo di pane nelle viscere della terra senza mai vedere brillare il sole, può morire da un momento all'altro, vittima di un'esplosione di girasoli. Il lavoratore che lavora sui tetti, può cadere e ridursi in briciole. Il marinaio conosce il giorno della sua partenza, ignora quando farà ritorno. Numerosi altri operai contraggono malattie fatali nell'esercizio del loro mestiere, si sfibrano, si avvelenano, si uccidono nel creare tutto per voi. Fino ai giudici, ai poliziotti, alle guardie carcerarie, trovano spesso la morte nella lotta ai vostri nemici.

Chiusi nel vostro egoismo, restate scettici davanti a questa visione, non è vero? La comunità ha paura, voi dite: "Noi lo governiamo con il terrore della repressione; se grida, lo gettiamo in prigione; se brontola, la confiniamo, se si agita, lo uccidiamo". Cattivo calcolo, Signori credetemi. Le pene che infliggete non sono un rimedio contro gli atti della rivolta. La repressione invece di essere un rimedio, un palliativo, non fa altro che aggravare il male.

Le misure coercitive non possono che seminare l'odio e punti di sutura di vendetta. È un ciclo fatale. Del resto, fin da quando avete cominciato a carcerare i poveri, a popolare le prigioni e i penitenziari, avete forse impedito all'odio di manifestarsi? Rispondete! I fatti dimostrano la vostra impotenza. Per quanto mi riguarda, sapevo esattamente che la mia condotta non poteva avere altra conclusione che il carcere, eppure, come vedete, non è questo che mi ha impedito di agire. Se mi sono dato al furto, non è per guadagno o per amore del denaro, ma per una questione di principio, di diritto. Preferisco conservare la mia libertà, la mia indipendenza, la mia dignità di uomo, invece di farmi l'artefice della fortuna di un padrone. In termini più crudi, senza eufemismi, preferisco essere ladro che essere derubato.

Certo anch'io condanno che un uomo s'impadronisca con l'astuzia del frutto dell'altrui lavoro. Ma è proprio per questo che ho fatto la guerra ai ricchi, ladri dei beni dei poveri. Anch'io sarei felice di vivere in una società dove ogni furto fosse impossibile. Non approvo il furto, e l'ho impiegato soltanto come mezzo di rivolta per combattere il più iniquo di tutti i furti: la proprietà individuale.

Per eliminare un effetto, bisogna, preventivamente, distruggere la causa. Se esiste il furto è perché "tutto" appartiene solamente a "qualcuno". La lotta scomparirà solo quando gli uomini metteranno in comune gioie e pene, lavori e ricchezze, quando tutto apparterrà a tutti. (Marius Jacob)

Ripeto ancora per l'ennesima volta...

Nel mio racconto di vita, tutto è fonte di verità. Quando parlo di giudici corrotti, cioè di quelli che vigliaccamente inventano trappole giudiziarie per incastrare persone innocenti o intrallazzano nei palazzi di giustizia con compiacenze varie, questi non devono identificarsi con giudici onesti. Quando dico che la polizia giudiziaria inventa falsi verbali per incastrare persone innocenti, anche questi non possono confondersi con la maggior parte di coloro che nell'esercizio del loro dovere hanno perso la vita per il bene della giustizia; quando racconto di ricchi, ovviamente non tutte le loro ricchezze provengono da ladrocini e infine, quando segnalo la disonestà palesata di certi politici, il mio non deve essere inteso come un monito rivolto a tutti in ugual modo.

Ma non posso fare a meno di ricordare un semplice esempio: in casa di un politico membro della loggia massonica P2 fu ritrovato un tesoro, in mazzette di banconote nascoste nei divani, pile di Bot e Cct nascosi nei puff, lingotti d'oro nascosti nei mobili della cucina, sotto i materassi, gioielli, dipinti e monete antiche e moderne fra cui rubli d'oro dello zar Nicola II e krugerrand sudafricani: gli furono allora confiscati ben 39 miliardi di vecchie lire.

Non avete idea di quanto sia rimasto esterrefatto nell'apprendere la notizia e l'invidia che mi soffocava per non aver *visitato* il suo appartamento. La condanna è stata scontata prevalentemente agli arresti domiciliari e con l'opera nei servizi sociali.

Il suo compare, Ministro imputato con l'accusa di associazione per delinquere e corruzione, fu condannato a cinque anni e quattro mesi di reclusione, mai espiati.

Diceva: "Io non ho bisogno di rubare perché sono ricco di famiglia".

Poi si scoprì che suo padre era ricco perché aveva sempre rubato.

"Non ho bisogno di rubare perché sono già ricco" ha detto di recente un altro Ministro, però si faceva pagare l'affitto da un suo portaborse e tutt'oggi percepisce lo stipendio in contanti, contrariamente alle regole bancarie.

Tutte giustificazioni ottime per gli italiani ubriacati dalle loro menzogne.

Basta vedere quello che sta succedendo ancora oggi, il fiorente ritorno, dell'anno di tangentopoli, forse mai scomparso, sta infestano le istituzioni come un cancro insanabile oramai radicato nel nostro Paese.

Da che mondo è mondo sono i ricchi e i politici quelli che hanno sempre rubato molto più di tutti i poveracci messi insieme. Per predisposizione, per temprato potere.

Sono povere quelle masse di ricchi-nullatenenti con conti in Svizzera e panfili a Montecarlo o all'inverso battente bandiera panamense da prestanome?

Per quanto stramazzato nell'abisso morale, è tutt'oggi impossibile che uno sbrindellato ladro di strada, riesca a penetrare negli intrecci della politica per perfezionare i suoi ladrocini.

In verità anch'io sono un ladro, ma non ho mai usato violenza, nemmeno un contatto fisico con i derubati, li ho sempre rispettati, dandogli la possibilità di difendere i loro beni e ho sempre avuto rispetto anche per le cose da me rubate.

Non ho mai rubato, né mai voluto derubare un povero; non ho mai usato violenza, non ho mai adoperato un'arma: il mio unico accorgimento era l'educazione, il rispetto per la vita e gli attrezzi di lavoro. Nelle gioiellerie da me svaligiate, mai ho rubato dai laboratori gioielli in riparazione appartenenti ai clienti e ho lasciato sempre una buona parte di mercanzia per non rovinare il gioielliere; al massimo ho fatto pagare alle assicurazioni, originando spesso, un favore pure ai derubati stessi.

Non sono diventato ricco perché la maggior parte di quello che ho rubato è finito, in buona sostanza, ai più poveri. Mi piaceva, e mi attrae ancora più, il donare che il rubare: questa è la filosofia che mi distingue e che ha caratterizzato tutta la mia esistenza.

BREVE GLOSSARIO DEL MILIEU VENEZIANO

Riporto qui di seguito, per chi non conosce il veneziano, alcune parole nel mio dialetto e altre che usiamo in gergo nei nostri ambienti.

Barda = i carabinieri (per la striscia rossa sui pantaloni).

Bandiera = banda al vento; *andar in bandiera,* darsi alla latitanza.

Battente oppure *bòvolo* = orologio per via del suo battito e per la fonna della chiocciola, che noi veneziani chiamiamo appunto *bòvolo.*

Batti = il processo (il martello che sancisce la pena diventa iconografia del termine).

Bava = in veneziano indica il refolo di vento che arriva dal "piede" delle porte o dalle *"sfese"* (fessure) delle finestre. Il termine è diventato sinonimo di "buco" da quando abbiamo attuato con questo metodo la preparazione al "colpo": consiste nel forare il pavimento o la parete fino al limite massimo della "tenuta" dell'intonaco per avere poi facile accesso all'ambiente adiacente.

Bèla = la fuga o anche l'evasione (dunque corsa, fretta).

Bertòn = chi mantiene una donna. Il termine deriva da "berta" (lo scialletto in uso fino al primo dopoguerra): *"meter le man in berta"* significa tirare fuori i soldi dalla tasca.

Bevuo = arrestato (o anche *"impachetà"* senza bisogno di altre spiegazioni).

Bianco = argenteria.

Bòca = qualsiasi entrata nelle case (come agg. anche ciarliero, bugiardo o falso promettitore, insomma uno che parla troppo).

Bòita = il carcere: anche *Boiòsa.*

Bòvolo = indicazione di tutti gli orologi (vedi *battente).*

çalle = la tipica "strada" veneziana, spesso stretta. Dim. *calletta.*

Carbona = l'abitazione, dimora, casa, appartamento.

Chèba = la gabbia (il carcere, per metonimia).

Ciàcole = chiacchiere, parlare a vanvera.

Ciéca = la torcia elettrica; il termine deriva dal fatto che se una persona punta la torcia negli occhi, questa ti acceca.

Colombo (o *pulisin)* = il morto ammazzato.

Copi = le tegole (percorsi difficilissimi e insidiosi per chi non li conosce).

"A copo" sono dette anche le spalle di chi se ne frega di tutto, di chi sopporta tutto.

Cucca = ricettatore, forse da cuccagna: l'albero della cuccagna è attualmente un gioco popolare i cui partecipanti devono cercare di prendere dei premi posti in cima a un palo.

Drita = indicazioni e informazioni, mirate, per il *pero* (vedi).

Fèri = *attrezzi da scasso,* anche indicazione d'arresto: *"i me ga messo i feri" mi* hanno messo le manette.

Fondamenta = il percorso pedonale che costeggia un canale.

Giusta = la polizia. Il termine proviene probabilmente da Giustizia, amministrata a Venezia con molto rigore e presa con stesso rispetto da parte dei Veneziani.

Grata = il ladro, quello che "gratta via" che ripulisce...

In campana = *"star in campana"* stare attenti, con gli occhi e le orecchie tese...

Magnà = letteralmente mangiato: visto, beccato, preso (v. *"bevuo"). Dopo che i te ga magnà, i te beve:* ti arrestano.

Mama (o *papada)* = il bottino (chiaro il rapporto di somiglianza con il conforto materno e/o con la sazietà di un buon pasto già consumato...).

Marangòn = falegname (in antico chi riparava l'opera viva delle navi, marangone *da mar).*

Marco = termine derivato dalla moneta tedesca, il Marco: di una donna mantenuta, ovviamente con soldi, da un uomo, si dice che *"la ga 'el marco"... ;* e viceversa, per l'uomo, che *"el ga la marca".*

Marmòta = la cassaforte.

Masègni = pietre, mattoni. Con il termine *masegni* si indicano anche i tipici blocchi in trachite della pavimentazione Veneziana.

Maton = agente penitenziario nel gergo del Canton Voud Svizzera.

Matons = idem in plurale.

Nèto = pulito (nell'accezione strettamente veneziana il *neto* è il "via-libera" e anche sinonimo di persona senza una lira: *el xe un neto).*

Nòtola = la guardia notturna (la nottola, *Nyctalus noctula,* è un pipistrello).

Ombréta = bicchiere di vino: nella Venezia antica, si diceva dei bicchieri di vino che venivano serviti all'ombra del campanile di San Marco, da qui *L'ombréta,* ma è più probabile che ci si riferisse a un'ombra intesa come metafora per dire qualcosa di molto piccolo. *L'ombra* di vino, infatti, è un bicchiere piuttosto piccolo. In uso anche oggi.

Palchista = l'*operatore,* colui che entra dal *palco* e apre al resto della *batteria.*

Palco = tutte le possibili entrate dall'alto: finestre, verande, mansarde, tetti e cornicioni.

Péro = il furto (forse dalla sacca piena, a pera, del bottino).

Pianta = la posizione più difficile: il "palo" è, di solito, quello che viene *"bevuo"* per primo. Sinonimo anche di agente penitenziario: *ea pianta.*

Polenta = l'oro, assimilato al colore della polenta gialla.

Polenter = quello che ha sempre "polenta" il gioielliere.

Quaia o taco = il portafoglio.

Sambo = persona che tiene la bocca chiusa, che non *squàquera* (termine veneziano).

Sbarbà = ragazzino inesperto; letteralmente: imberbe...

Scaràcio = *messaggio, pizzino,* foglio di carta scritto: in molti casi, criptato.

Segnàl = piccolo accorgimento.

Sòrbola = la chiave.

Spòrco = il termine indica un pericolo generico.

Spussa = letteralmente puzza: scarsa fiducia, sospetto, persona non affidabile *"El spussa"* (verbo); c'è qualcosa che non va o, se riferito a persona, di lui non c'è da fidarsi.

Stecca = il bottino, più precisamente una parte di esso.

Storta = informazione errata (contrario di *drita).*

Stua (o ribatin) = riferito alle armi: fanno fuoco e l'eco ne ripete il suono.

Tachista = borseggiatore.

Vacante = vuoto, disabitato.

Varìgola = succhiello, trapano a mano.

Zampogna = si preparano le cose personali perché si è in partenza: trasferito oppure in libertà, usata nelle carceri, da noi anche *"fate estrasse".*

Zìzola = giuggiola, pallottola.

RINGRAZIAMENTI

Alla fine di questo mio racconto, terminato nel carcere di Padova, più in là di un fatto dovuto, è da un piacere personale, ringrazio Beatrice Mancini, che mi ha ritratto in varie riviste con passione professionale di clic fotografici dal sapore poetico e per l'assistenza prestata con l'editore. Direi che questo libro, l'ha voluto proprio lei.

Lo stesso discorso vale per le dottoresse Sara Gambino e Giulia Casciani che, nonostante i loro innumerevoli impegni all'interno del carcere, sono riuscite a trovare il tempo per una collaborazione preziosa come la loro straordinaria capacità in psicologia e in criminologia con eccezionale temperanza umana, rivolta a tutti, e a sopportare tutte le mie richieste al fine di "alleggerire" l'uscita del libro.

Un ringraziamento per la direzione dell'istituto sia per la sensibilità e sia per la disponibilità dimostrata nei miei confronti, nell'aver facilitato i miei contatti con l'editore.

Un ringraziamento all'equipe educativa dell'istituto, per avermi concesso l'attività di bibliotecario e al mio compagno Rapone Bruno, che mi ha lasciato l'eredità di una dolce e serena tranquillità in questa biblioteca, da lui creata.

Un ringraziamento specifico a Ciccio e a Gigi, che continuano imperterriti a sopportare con nonchalance i miei attacchi alla loro privata pasticceria.

Un encomiabile ringraziamento a Valentina prima, Valentina seconda, Laura, Silvia, Deborah e tutti "Gli angeli del pigiama verde" che con smisurata professionalità infermieristica si occupano della mia e della salute di tutti.

Un grazie a Edoardo Caizzi per l'audacia nel pubblicare questo scarabocchio.

Un ringraziamento ai miei amici di merende Berto e Roby,

quest'ultimo per i suoi gustosissimi piatti che mi dilettano sia nella cura del corpo e sia in quella dello spirito.

Al mio compagno di scuola dottor Mario Pace, che mi prende sempre in giro apostrofandomi come "vecchiaccio" e per aver scritto una bellissima favola dedicata in mio nome: "Pipino il pesciolino malandrino" (da leggere).

Infine, come dimenticarlo? Al mio carissimo mentore My Bob, maestro di vita e di straordinaria coltura, colui che mi ha sempre esortato a scrivere anche il primo libro.

Entrambi abbiamo un difetto; a me mi chiama "brutto comunista" e io di rimando: "Brutto berlusconiano", ma una cosa ci lega entrambi: nell'anima abbiamo tatuato il vessillo del nostro Leon!

Se mi sono dimenticato di qualcuno, non fa nulla, sappiate però che siete sempre nel mio cuore.

Ora, mi trovo responsabile di una biblioteca dove, mi sono fatto dei nuovi amici: Christian Andersen, i fratelli Grimm e Charles Perrault.

INDICE

Prologo 5
Sua maestà la roulette Caro, l'imbattibile 9
La contessa Bianca Bevilacqua 27
Assalto ai cambi valuta 36
La sala del Bellini del museo Correr 44
I piccioni del salotto del mondo 50
Caccia al ladro 57
L'accattone e le due avare 65
Lo spargipepe 70
La luna nel pozzo 75
I due nobili conti e il maresciallo Sinisi 80
Lo zio d'America 86
Vicenza 91
Il consolato svizzero 101
Monaco di Baviera 110
La guardia notturna 118
Il piccione, lo Zombi e l'idiota 126
Amsterdam, gioielleria Paola Rossi 146
La Barbera, Borsellino e il falso pentito 165
La Regina delle contesse: Marta Marzotto 185
Il sindacalista delle carceri 191
La resa 198
Epilogo 205
Breve glossario del milieu veneziano 211
Ringraziamenti 215

BANDITI SENZA TEMPO

Francis Faccia d'angelo
La Milano di Turatello
Antonella d'Agostino

Lo Statuto dei Gabbiani
Da Ormai è fatta! alle poesie, vita e opere del bandito gentile
Horst Fantazzini

Il bandito dell'Isola
Ezio Barbieri, Nicola Erba

Kociss
Passione e morte dell'ultimo bandito veneziano
Roberto Bianchin, Giovanni Dell'Olivo

Il ragazzo di Via Padova
Vita avventurosa di Jess il bandito
Arnaldo Gesmundo, Matteo Speroni

La casa del nulla
Giuliano Naria, Rosella Simone

Il Gobbo del Quarticciolo
E la sua banda nella Resistenza
Massimo Recchioni, Giovanni Parrella

Fuga da Fresnes
Storia del bandito bergamasco che doveva uccidere Berlusconi
Emiliano Facchinetti

www.milieuedizioni.it

NELLA STESSA COLLANA

Finito di stampare nel mese di settembre 2015
presso Geca srl - Industrie Grafiche
San Giuliano Milanese (Mi)